高速公路联网收费系统运行监测与运维保障一体化建设指南

交通运输部路网监测与应急处置中心　组织编写

人民交通出版社

北　京

内 容 提 要

为提升我国高速公路联网收费系统的运行保障能力,特别是提高系统运行监测和运维保障的协同效率,特编制本指南。本指南共分为6章,通过系统梳理我国高速公路联网收费系统的发展脉络,剖析运行监测与运维保障中的关键问题和发展需求,创新性地提出一体化协同框架和建设思路,并通过典型案例解析部、省和路段三级系统的建设内容和应用效果。

本书紧密结合工程实践经验,具有较强的指导性和实用性,可供从事高速公路联网收费技术相关工作的人员学习使用,也可作为政府部门、建设单位、监理单位、施工单位等管理人员的参考用书。

图书在版编目(CIP)数据

高速公路联网收费系统运行监测与运维保障一体化建设指南/交通运输部路网监测与应急处置中心组织编写.
北京:人民交通出版社股份有限公司,2025.7.
ISBN 978-7-114-20638-2

Ⅰ. U412.36-62

中国国家版本馆 CIP 数据核字第 20251VX823 号

Gaosu Gonglu Lianwang Shoufei Xitong Yunxing Jiance yu Yunwei
Baozhang Yitihua Jianshe Zhinan

书　　名	高速公路联网收费系统运行监测与运维保障一体化建设指南
著 作 者	交通运输部路网监测与应急处置中心
责任编辑	王　丹
责任校对	赵媛媛　刘　璇
责任印制	刘高彤
出版发行	人民交通出版社
地　　址	(100011)北京市朝阳区安定门外外馆斜街 3 号
网　　址	http://www.ccpcl.com.cn
销售电话	(010)85285857
总 经 销	人民交通出版社发行部
经　　销	各地新华书店
印　　刷	北京科印技术咨询服务有限公司数码印刷分部
开　　本	787×1092　1/16
印　　张	14.25
字　　数	323 千
版　　次	2025 年 7 月　第 1 版
印　　次	2025 年 7 月　第 1 次印刷
书　　号	ISBN 978-7-114-20638-2
定　　价	88.00 元

编委会

前言

截至 2024 年底，我国高速公路通车里程已达到 19 万公里，居世界第一位。随着高速公路通车里程的快速增长，高速公路机电系统及设施的种类和数量也日益增多。发挥好它们的功能，更好地服务于大众的安全和便捷出行，以及更好地支撑起高速公路的运营和管理工作，显得尤为重要。加强对高速公路机电系统的运行监测与运维保障，已成为高速公路运营管理中的一项重要内容。高速公路联网收费系统（简称"联网收费系统"）作为机电系统的关键组成之一，与高速公路出行服务和运营管理水平均密切相关，其稳定运行对推动高速公路高质量运营具有重大现实意义。但目前大部分省（区、市）在对这类系统的运行监测、告警提示、保障处置等方面仍缺乏成体系的规划和明确的定义，致使监测效果与预期往往存在一定差距；此外，虽然已有部分省（区、市）建有专项的高速公路联网收费运行监测与运维保障系统，但是两者间大多缺乏有效的协同和联动，导致监测出来的运行问题未能及时得到有效的响应和处理，脱节现象比较明显。这一系列不足无疑大大削弱了运行监测系统与运维保障系统的预期效能，不仅影响其对联网收费系统的运行保障作用，还会影响路段的运营管理和大众的出行体验，与建设"人民满意交通"这个强国目标存在较大差距。由此可见，全网亟须提升对于联网收费系统的日常运行监测与运维保障能力。

本书从我国高速公路机电系统入手，尤其是从联网收费系统的发展概况出发，分析了联网收费系统运行监测和运行保障的现状及存在的问题，阐述了两者一体化建设的必要性，详细介绍了运行监测体系及运维保障体系的总体框架、业务构成和技术支撑，提出了部级、省级及路段级相关系统的建设思路，列举了具体的建设案例，以供读者更好地理解这两套体系的一体化联动对于行业发展所起的作用，并可在后续实践中予以参引。

编 者
2025 年 6 月

目录

第1章　我国高速公路机电系统发展概况

1.1　我国高速公路机电系统现状

1.1.1　系统简介

高速公路机电系统主要由三大系统与隧道机电系统组成。三大系统分别为通信系统、监控系统、收费系统。其中，通信系统为"桥梁"，负责各个系统的连接与数据传输；监控系统为"眼睛"，负责高速公路的路况检查与事件确认，且能为高速公路运营人员提供决策数据；收费系统为核心，一条高速公路建成后的收益基本由收费系统承担，并且由它基于相关业务数据展开的流转、统计、应用等来支撑路段的运营管理。高速公路隧道机电系统则犹如一个独立的分支，主要由隧道监控、供电、照明、通风、消防等子系统组成(图1.1-1)。

图1.1-1　高速公路常见机电系统及设施

由于本书主要介绍联网收费系统运行监测与运维保障一体化建设方面的知识,为更好地贴近主题,且考虑到联网收费系统主要归属于三大系统中的收费系统,本书所提及的高速公路机电系统主要聚焦于前述的三大系统而展开,暂不在隧道机电系统方面展开太多。

1)通信系统

通信系统主要为监控系统、收费系统提供必要的话音业务及数据、图像等的信息传输通道,它是保障高速公路安全、高速、畅通、舒适、高效运营及实现现代化交通管理不可或缺的工具。各省(区、市)通信系统一般采用"通信站—路段通信分中心/区域通信中心—省通信中心"的三级管理体制,主要由光纤数字传输系统、语音交换系统、数据图像传输系统、会议电视系统、通信电源及光电缆工程等组成。

2)监控系统

监控系统一般由监控中心和外场设备两部分组成。

监控中心由计算机系统、闭路电视监视控制设备、大屏显示设备、不间断电源系统等组成,采用局域网结构,通过接入视频、数据和语音信息构成一个多媒体信息平台,具备良好的扩展性。在监控中心处,一般部署有系列的信息技术(IT)设备及软件设施,如服务器等,这些设施有效支撑着路段的不间断监控保障工作;另外中心的监控软件工程也是整套监控系统的灵魂所在,它通过采集外场设备检测到的信息,进行分析处理,生成相应的控制方案,最后通过外场的信息显示屏等设备发布路况信息达到管控效果。

外场设备主要分为信息采集设备、信息发布设备、视频监控设备以及其他辅助设备。信息采集设备主要包括车辆检测器、能见度检测器、事件检测设备、气象站等,信息发布设备主要是电子信息显示屏,视频监控设备主要是摄像机,其他辅助设备有路侧广播、出口/雾区诱导灯、超速抓拍等。通过这些外场设备实现对道路运行状态的监测、应急指挥调度等。

3)收费系统

收费系统是运营管理单位实现高速公路建设费用回收的途径,一般采用"收费车道—收费站—路段收费中心—省收费结算中心"的四级收费体制[目前也有些省(区、市)采用三级架构,其中既有强化收费站级的模式,也有强化路段收费中心的模式,有关这些模式的差异在此不作过多赘述,有兴趣的读者可查看《收费公路联网收费技术标准》(JTG 6310—2022)作更深的了解]。各级节点的核心都聚焦在相关应用系统上,这些系统依托计算机设备,通过以太网交换机连成网络,完成基于业务的数据流动。例如,收费车道采集原始收费数据,通过网络实时传送到收费站;收费站将采集的数据集中后发送给相应的路段收费中心和省收费结算中心;省收费结算中心对每次出口的收费按照该车辆的车型和实际行驶所通过的路段、里程进行拆分计算,得出各路段的应收款,然后存入数据库中,将清分的结果发送给相应路段,并且最终通过资金结算得以体现。

1.1.2 建设现状介绍

1)通信系统

高速公路通信系统以光纤数字传输系统为主,传输体制从 PDH 发展到 SDH,再逐步发展到 MSTP、OTN、PTN、ASON 等,部分省(区、市)也采用了 IP RAN、万兆以太网的技术组网方式,甚至也有省(区、市)开始尝试通过 SD-WAN 的组网方式来完成高速公路通信传输。目前干线传输系统的等级一般在 10G 以上,综合业务接入网的等级在 GE 以上。同时,作为通信系统另一组成部分,高速公路语音交换系统也从电路交换技术逐步向软交换技术发展,设备也从数字程控交换机向软交换设备方向升级。

对数据、图像传输需求的不断提高无疑将给高速公路通信系统提出更多新的要求,也会带来更多变化。例如,网络从有线光纤网向"有线 + 无线网"的方向发展,网络由硬件配置转变为软件定义,通信专网向"公网 + 专网"结合的方式转变,多网融合的发展路线正在成为未来的发展趋势。

2)监控系统

高速公路监控系统负责对道路沿线的交通状况进行实时监视,并进行有效的诱导控制。它主要由信息采集设施、信息处理设施和信息发布设施构成(图 1.1-2)。

图 1.1-2　高速公路监控系统应用示例

(1)信息采集设施包括摄像机、交通流量采集设备、气象环境采集设备等。其中,摄像机经历了从模拟到数字、从标清到高清的发展历程,路段监控的区域也逐渐从互通、服务区、大桥、隧道的重点点位监控发展到全路段监控;交通流量采集设备则经历了线圈车辆检测器、视频车辆检测器、微波车辆检测器等发展历程;气象环境采集设备除目前已普及使用的能见度检测器、风速风向检测器及全要素气象检测器外,部分省(区、市)也通过与气象、应急等相关部门的对接获取更全面的气象信息。由此可见,信息采集设施的不断进步给监控系统支撑数据的丰富和完善奠定了重要基础。

(2)信息处理设施由最初比较单一、简单的处理功能(如信息的存储、提取、检索等),逐渐发展为采用大数据、人工智能等技术进行更为深度的挖掘与处理,并以此支撑数据的汇集、存储、综合处理、查询和策略制定等多项功能的实现。这种发展趋势不仅是为了适应系统日益丰富的数据应用需求,也是行业对于监控管理能力不断强化的需求所致。

(3)信息发布设施由最初的 LED 可变信息标志逐渐扩展到广播、微信、微博、网站、App等多渠道发布手段的应用,并且发布内容也得到进一步丰富,如由路况信息扩展到周边的旅游信息、气象信息等。从这些信息的内容和特点不难发现,它已经超脱于原有监控的传统认知范畴,正朝全方位提高高速公路服务水平的方向不断演进。

3)收费系统

纵观我国高速公路收费系统的发展历程,收费方式经历了人工收费、人工半自动收费(Manual Toll Collection,MTC)、计重收费、联网收费、电子不停车收费(Electronic Toll Collection,ETC)等多个发展阶段。自 2020 年取消高速公路省界收费站以来,联网收费采用了"ETC 为主、车牌图像识别为辅、多种支付手段融合应用"的技术路线,也采用了集开放式和封闭式优势于一体的 ETC 门架精确计费,从而实现了世界规模最大、最复杂的高速公路网一体化运行服务。截至 2024 年底,全网共建成收费站 12341 个(图 1.1-3),ETC 门架 31356个,收费车道 96340 条。其中,ETC 专用车道 42054 条、ETC/MTC 混合车道 54286 条;ETC用户数量约 2.3 亿。可以预见,结合前期打下的坚实基础,未来高速公路将继续朝着 ETC 自由流收费方向发展,并且收费系统将与云计算、大数据、第五代移动通信技术(5G)、北斗等新兴技术不断融合,实现能力的持续升级迭代;同时,在完善车辆识别和车辆精准定位技术的基础上,收费手段也将向多样化方向发展。

图 1.1-3 高速公路收费站

1.1.3 管养现状介绍

纵观我国高速公路的发展历程,机电系统主要由收费、监控、通信三大系统共同组成,并且随着高速公路的不断发展,也衍生出现金传输系统、计重收费系统、ETC 收费系统、自动发卡机系统、防雷系统、视频会议系统、应急指挥可视调度系统等各类辅助系统,它们不仅成为机电系统的重要组成部分,而且此类型系统的增进趋势仍将持续。正是这些系统及配套设备的 24 小时不间断工作,保证了高速公路收费车道的正常运行、收费数据的准确上传、路况信息的及时获取与发布等。

要确保这些系统的稳定持续运转,必然离不开对它们的监测与保障。目前,高速公路机电系统养护管理的常用模式有自维模式、代维模式、自维与代维相结合模式三种,其各自的利弊主要体现在以下方面。

1）自维模式

高速公路管理单位的机电人员自行对本路段机电系统进行维护、维修和保养,这种维护作业方式称为"自维"。该方式的好处是机电系统维护人员是本单位职工,在设备设施出现故障时响应比较及时,对本路段机电系统设备设施情况比较清楚,排查故障、解决问题的速度相对较快,维护维修成本也会相对较低。但该模式下需要机电人员本身在机电理论认知、实践操作经验等方面具有较高水平,并且这些群体或个体因素将会直接影响运维保障质量;同时,在大面积、大规模的机电维护维修工作时也可能会因为人员配置相对有限出现捉襟见肘的局面,面对重大故障时还需求助于专业单位,此时沟通和协调成本将会大幅提高,容易影响维护效率。

2）代维模式

高速公路管理单位将机电系统的维护维修业务以合同的方式整体承包给专业公司,这种维护作业方式称为"代维"。该方式的好处是能够聘请到专业技术力量较强、设备资源丰富的公司,对高速公路机电系统巡检养护的有效开展、复杂问题的及时解决、高难度技术项目的专项攻关等都具有较大的帮助。但其同样存在不足之处。例如:由于这些单位未必能持续驻扎在现场,当机电系统出现问题时容易出现反应不够及时的情况,此时代维人员往往不能在第一时间赶到现场进行故障排除和修复工作;并且,承包中出现职责权利不明确时也容易引起纠纷,例如界面不清、权责不清等,进而容易造成机电系统维护、抢修等工作的耽搁和阻滞;此外,长期的维护外包可能导致对专业公司的过高依赖,容易产生较高维护成本的隐患。

3）自维与代维相结合模式

在高速公路各路段机电专业人员配备参差不齐的情况下,自维与代维相结合应该是相对比较理想的一种维护模式,它有效地结合了两种模式的优势,又弥补了彼此的不足。例如在对大型机电系统进行维护、维修和保养时,可以聘请市场上的专业公司进行,有助于缩短维修时间,加快维护速度,保证维修质量;对于日常性和较为常见的维护,则可以由高速公路运营管理单位自己的机电人员进行,这样既可以让专职机电人员熟悉本路段机电系统设备设施,提升故障处置能力和人员技术水平,又可以减少运营成本,节约机电维护费用,真正实现"预防为主、维修为辅"的运营管理目标。

回看联网收费系统,它作为机电系统中的重要组成部分,是高速公路运营管理的核心系统,虽然不同单位选择的养护管理模式会有所不同,但取消省界站后的"一张网"运营管理要求,使得行业越来越重视在保障力度上的投入,管养水平也随之不断提升。

1.2　我国高速公路联网收费体系介绍

1.2.1　总体发展概况

1988 年,沪嘉高速公路成为中国大陆第一条建成通车的高速公路,自此以后,我国高速公路建设突飞猛进,加之社会经济的持续发展与科学技术的不断进步,驱使我国高速公路收费系统从功能单一逐步走向功能多样、从机械手动逐步走向人工智能;同时,收费方式也顺应发展潮流,陆续经历了人工收费、半自动收费、电子收费等历程。

1)收费模式

在 20 世纪 80~90 年代,国家基础设施建设面临着众多压力,包括技术、经验、资金等,高速公路建设也不例外。为突破资金瓶颈,国家制定了比较开放、宽松的政策,吸引了众多资金投入到高速公路建设中,大大缓解了行业起步阶段面临的资金紧张问题,让我国高速公路建设在起步后一直保持在较佳的"加速"状态。这种建设上的投融资模式和渠道的多样化,导致了"一路一公司"或"一路多公司"经营模式的产生,从而造成了高速公路上分段收费、收费站冗余情况的出现。

为了保证主干线畅通,减少道路使用者在途中的交费次数,部分省(区、市)提出了"联网收费"的概念。交通部在 2000 年发布实施的《高速公路联网收费暂行技术要求》,对国内高速公路收费领域的"联网"起到极大的促进作用,基本解决了高速公路联网收费中"一事一议"的弊端,突破了监管体制的限制,实现了省域或省内区域的联网收费。至 2007 年底,已有江苏、广东、浙江、重庆、湖南、福建、江西等 27 个省(区、市)实施了省域或省内区域高速公路联网收费。同年,交通部发布了《收费公路联网收费技术要求》,用以指导联网收费系统的建设,并且组织开展了京津冀和长三角区域高速公路电子不停车收费示范工程,2010 年 10 月份,实现了京津冀、长三角区域的电子不停车联网收费。2011 年交通运输部发布了《收费公路联网电子不停车收费技术要求》,为全国范围内的 ETC 联网收费奠定了基础。2014 年 3 月 7 日,交通运输部下发《关于开展全国高速公路电子不停车收费联网工作的通知》,正式启动全国高速公路 ETC 联网工作;2014 年底前,实现北京、天津、河北、山西、上海、江苏、浙江、安徽、福建、江西、山东、湖南、陕西、辽宁等 14 省(区、市)区域联网;2015 年 9 月底,基本实现全国 ETC 联网。2020 年取消高速公路省界收费站之后,更是实现了全国高速公路"一张网运行、一体化服务"。

回顾我国高速公路联网收费的发展历程,可以归纳为三个阶段:省域或省内区域联网收费、跨省市联网收费和全国联网收费。

(1)省域或省内区域联网收费。

在高速公路联网收费发展过程中,在 1993 年建成通车的 143 公里的京津塘高速公路建立的收费运营模式具有重要意义。尽管京津塘高速公路投资建设涉及北京、天津和河北两市一省,但是为了减少主线站,以京津塘高速公路为资产组建的跨省市、按照线路联合收费运营的专营公司——华北高速公路股份有限公司,负责该路段的统一收费运营管理,从而为高速公路的区域联网收费管理奠定了良好开端。

随着行业发展,越来越多的省(区、市)建立起自身的联网收费体系。省域联网收费的典型代表有浙江、福建、湖南、重庆等。以浙江为例,从 2002 年开始,将全省高速公路作为路网实施联网收费的试点,成立事业性质的联网收费管理中心,负责全省高速公路收费的结算与划拨等业务,采用以非接触式集成电路卡(IC 卡)为核心的人工半自动联网收费技术,研发统一的联网收费软件,推动出行者一卡在手就可以走遍整个浙江高速公路路网,任意一笔通行费收入均可在 48 小时内完成拆分划账,并划拨到各路段公司的财务账号内。

省内区域联网收费的典型代表则是江苏、广东等。从 2002 年开始,江苏以长江为界,利用长江上的江阴公路大桥、南京二桥等主线站将全省高速公路分为苏南、苏北两个区域路网来实施联网收费,由路网内各路段业主联合成立具有行业协会性质的联网收费管理委员会,以共同管理路网内的具体事务,并分别成立了苏南、苏北联网收费管理中心,采用以非接触式 IC 卡为核心的人工半自动联网收费技术;2003 年,广东省将全省高速公路网划分为粤西、粤北、粤东、广州、珠三角、深圳六个区域实施联网收费,成立了不以营利为目的的联网收费专营公司,由省政府授予其联网收费专营权,统一负责全省公路联网收费和电子不停车收费实施工作和技术支持工作,联网收费采用了基于“两片式电子标签 + 双界面 CPU 卡”的组合式电子不停车收费技术,制定了强制性地方标准《广东省高速公路联网收费系统》,全省在交通量大的收费站统一使用非现金支付卡,实现电子收费“一卡通”。

(2)跨省市联网收费。

省域或省内区域联网收费只是解决了“分段建设、分段收费”的问题,实现了以行政区域划分所辖高速公路联网收费的统一管理,一定程度上突破了高速公路监管体制的限制。2003 年 10 月,交通部组织实施的跨省市国道主干线京沈高速公路联网收费示范工程,按照“全线联网、分区结算”的方案,将京沈河北廊坊段、天津段、河北宝山段,河北唐山西外环和唐津高速公路 5 个路段组成一个收费路网实施联网收费,成立京沈联网收费结算中心,撤销了两个省界主线站,不仅突破监管体制的限制,而且突破了行政区划的限制。京沈示范工程的开通,充分彰显了“以人为本、以车为本”的服务理念,进一步增强了全行业有关广泛深入推广高速公路联网收费发展的信心,同时也积累了成套的跨省市国道主干线联网收费技术经验,为高速公路联网收费技术进一步发展奠定了坚实的技术基础。2010 年 10 月,长三角、京津冀 ETC 联网收费(图 1.2-1)正式并网开通,实现跨省市的区域电子不停车收费系统联网收费。

图 1.2-1　京津冀 ETC 联网收费开通仪式

（3）全国联网收费。

2014 年 3 月 7 日，交通运输部下发《关于开展全国高速公路电子不停车收费联网工作的通知》，正式启动全国高速公路 ETC 联网工作，并于 2014 年 6 月 9 日成立了全国 ETC 联网工作领导小组和专家组。在交通运输部的大力推动下，2014 年底前，实现北京、天津、河北、山西、上海、江苏、浙江、安徽、福建、江西、山东、湖南、陕西、辽宁等 14 省市区域联网，2015 年 9 月底，基本实现全国所有省（区、市）ETC 联网，为全国高速公路联网收费奠定坚实的基础。

2018 年 5 月 16 日，李克强总理在主持召开的国务院常务会议上明确提出"推动取消高速公路省界收费站"①，进一步提升高速公路服务能力和水平，促进物流降本增效，更好地服务经济社会发展，保证人民群众安全便捷出行。

2019 年 3 月 5 日，李克强总理在第十三届全国人民代表大会第二次会议上作的政府工作报告中明确提出："两年内基本取消全国高速公路省界收费站，实现不停车快捷收费，减少拥堵、便利群众。"②

2020 年 1 月 1 日，是我国高速公路发展里程碑式时刻，实现了全国高速公路真正意义上的联网收费；同时，在取消高速公路省界收费站后，全国高速公路进入了"一张网运行、一体化服务"的新阶段，畅通了经济发展经脉，为公路交通数字化、智能化发展奠定了坚实基础，为加快建设人民满意、保障有力、世界前列的交通强国提供了有力支撑（图 1.2-2）。

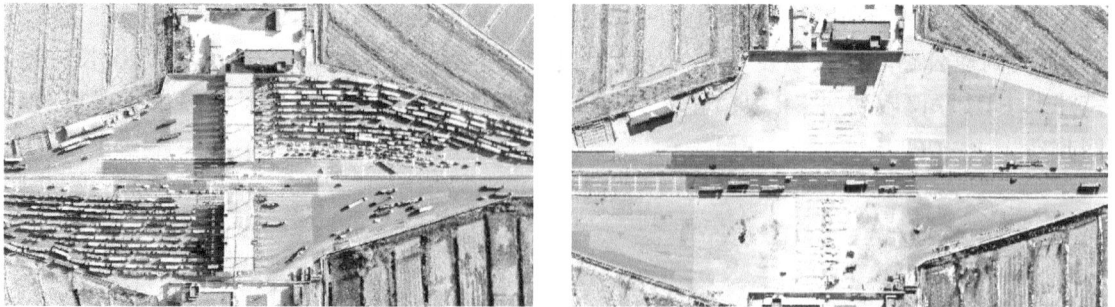

图 1.2-2 某省界收费站建设及取消前后的拥堵情况对比图

2）收费方式

除了从"分段收费"走向"联网收费"外，在具体的收费方式上，我国通过全国 ETC 联网、高速公路营改增和取消高速公路省界收费站工程，推动收费方式从以人工收费、半自动收费为主，走向以电子不停车收费为主的新发展局面。

（1）人工收费和半自动收费。

在我国高速公路发展初期，由于当时的社会经济尚不发达和计算机技术相对落后，高速公路收费方式多为人工收费和半自动收费（图 1.2-3）。此时，为了能找到一条符合自身特点

---

① 中国政府网.李克强主持召开国务院常务会议，部署推进政务服务一网通办等.2018-05-16.
② 新华社.政府工作报告.2019-03-16.

的行业发展道路,我国大量研究人员对这两种收费方式展开了研究,经过充分比较,最终得出全封闭、半自动收费系统更加适合当时高速公路的发展建设状况。同时,由于人工收费需要耗费大量人力,效率低下,并且随着高速公路建设的不断发展以及汽车保有量的逐年攀升,人工收费这种生产作业方式越来越阻碍着我国高速公路服务能力的进一步提升。由此,很多行业从业人员认为,在不久的将来,人工收费将会退出行业的历史舞台。正因有了这种认识,半自动收费作为一种较优的手段,在我国已存在了很长的时间,至今仍和其他收费方式共同服务于我国的高速公路收费行业。

图1.2-3　人工收费和半自动收费方式的入口发卡服务

(2)电子不停车收费。

随着我国汽车保有量的逐年增加,收费站的拥堵情况也越发严重,极大影响了收费站的通行效率。借鉴国外电子不停车收费发展之道,辅以多年的研究及论证,我国自主研发了基于5.8GHz专用短程通信技术的电子不停车收费技术(ETC),并且形成了相应的国家标准与规范,由此促进了全网对此技术的大规模推广和应用。电子不停车收费技术在我国发展应用已超20年,从20世纪末期交通部组织的联合研究到21世纪初的国家科技创新项目,再到"十一五"国家科技支撑计划重大项目课题"国家高速公路联网不停车收费和服务系统"的研究,我国在不停车收费系统构建上走了一条循序渐进、自主创新的道路,在充分吸取发达国家技术和工程应用经验的基础上,形成了一套既符合国际技术发展方向又符合我国高速公路营运和管理实际的电子不停车收费系统国家标准。并且在此基础上,交通运输部还组织了国家高速公路区域联网电子不停车收费系统示范工程,重点解决了我国联网不停车收费系统工程应用中的一系列技术和工艺问题。

当然,电子不停车收费技术在我国高速公路上的应用,也是由试点,再到普及,最后形成规模化效应。2004年12月,广东省在当时2400多公里的高速公路收费站点上,开通了当时国内规模最大的联网电子不停车收费系统;2007年开始实施京津冀和长三角区域高速公路联网不停车收费示范工程;2009年11月,长三角区域中的上海、安徽、江苏实现跨区域ETC联网;2010年10月,长三角、京津冀ETC联网收费正式并网开通,标志着全国联网不停车收费示范工程顺利完成;之后,在国家和交通运输部的强力推动下,在2015年9月28日实现了全国ETC联网,此时无论是ETC用户规模还是配套基础设施均得到跨越式增长，且均为全国性普及；取消省界收费站后，ETC 规模化应用更为凸显（图 1.2-4）。

图 1.2-4　高速公路 ETC 车道实景图

　　另外，我国 ETC 与 MTC 共同服务于联网收费系统的时间较长，但是经过多轮努力，逐步推动行业的 MTC 业务占比不断降低，让大部分的业务均可以通过 ETC 方式处理完成（此过程是一个综合发展过程，涉及主管部门、路段、发行方、车主等的共同努力和支持），极大地提高了车辆的通行效率。以计重收费为例，在取消省界站之前，货车需要在出口处先完成计重，根据重量来计算通行费额，这种方式不仅使整体通行耗时较长，也不太适合与 ETC 相结合；在制定取消省界站的总体技术方案时，相关行业主管部门调整了货车通行费的计费方式，规定从 2020 年 1 月 1 日起，货车统一按车（轴）型收费，并确保不增加货车通行费总体负担，同步实施封闭式高速公路收费站入口不停车称重检测，这一规定无疑避免了以往货车计重收费的不足，也让其与 ETC 有了结合点。经过这样的系列变更，据统计，撤站后 ETC 车辆在全部通行车辆中的占比已接近 70%，高速公路已转变为以 ETC 车辆通行为主，且通行更加顺畅；同时，在基于 ETC 的高速公路联网收费体系下，相较于过往，全国高速公路车辆平均通行速度从 71 公里/时提高到 80 公里/时，日均拥堵缓行收费站减少了近 70%。

　　3）高速公路收费技术发展现状及趋势

　　随着信息技术和互联网技术的发展，在一些消费场景上人们已不再拘泥于现金支付，刷卡消费、电子消费等模式已相继出现，这些支付模式都很好地避免了人工找零的不足，提高了高速公路的通行效率。微信支付、支付宝、云闪付、数字人民币等新支付手段的普及，更是对人们日常生活产生了极大影响，也改变了人们出行时的一些行为习惯，最终促使高速公路新收费方式的产生。其实，交通运输部在 2014 年就提出要实现智慧交通、平安交通、绿色交通与综合交通，从这几年的行业发展历程不难看出高速公路收费领域对此积极响应，努力朝着智能化、信息化方向发展迈进。在如今大数据、"互联网+"等技术获得广泛应用的背景下，联网收费系统与其他技术的相互融合变为必然，数字人民币在高速公路上的应用、大数据技术在运营管理上的支撑等都是典型体现，也是行业发展之必然。

　　另外,当前我国智慧高速公路建设仍处于初级层次。结合当下的发展基础,不难预见,ETC 技术将对我国未来智慧高速的发展起到极其重要的作用。众多的行业从业人员、学者也在不同场合中提出要充分利用好 ETC 技术来发展我国的智慧高速,并且要以实现高速公路自由流收费为目标。当然,要想全面实现 ETC 自由流收费,还需攻克许多技术难关,除了应继续发展 ETC 技术并充分发挥其优势之外,还需要与云计算、大数据、5G、北斗等新兴技术积极融合,不断提升车辆识别和精准定位能力。另外,收费手段也应注重向多样化方向发展,根据不同的道路特点采取不同的收费方式,从当下发展态势来看,未来极有可能形成以 ETC 为主、北斗等新兴技术为辅的自由流收费系统。

1.2.2　运营架构及组成

　　我国高速公路联网收费管理采用多级管理体制,分别为交通运输部路网监测与应急处置中心下的联网结算服务部(以下简称"部联网中心")、各省(区、市)收费公路联网结算管理机构(以下简称"省联网中心")、发行服务机构(以下简称"发行方")和收费公路经营管理单位(以下简称"区域/路段中心"),全国联网收费系统架构示意图如图 1.2-5 所示。

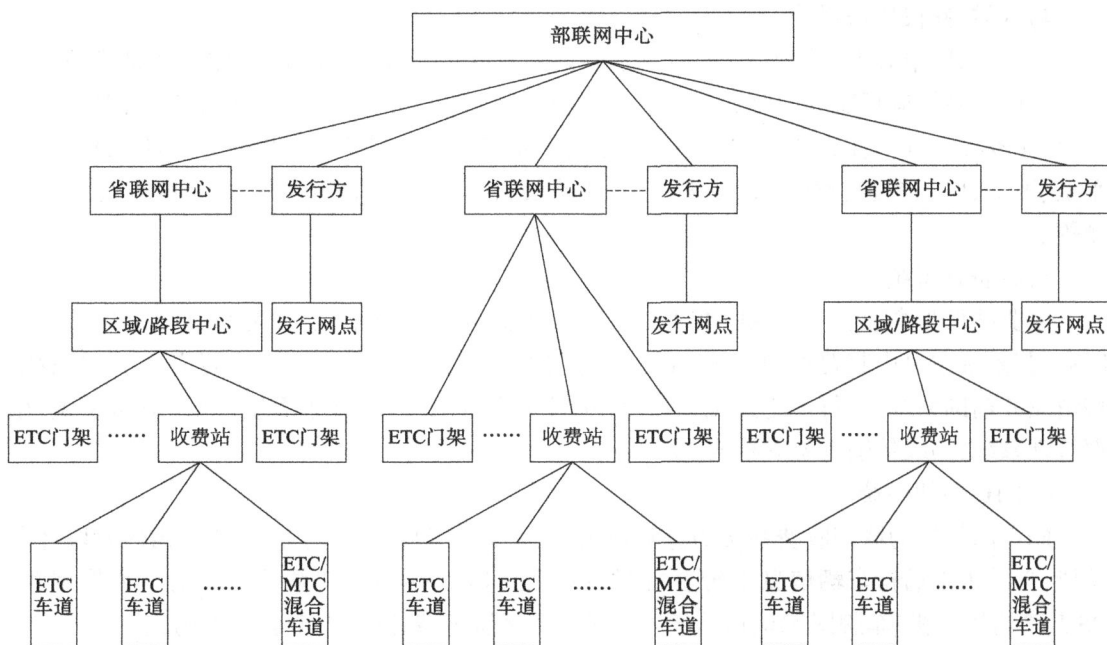

图 1.2-5　全国联网收费系统架构示意图

1.2.3　系统架构及组成

　　全国联网收费系统由部联网中心系统、省联网中心系统、发行方系统、区域/路段中心系统、收费站系统、ETC 门架系统、ETC 车道系统、ETC/MTC 混合车道系统构成。

1）部联网中心系统

部联网中心开展的业务主要有全国联网收费运营服务规则制定、跨省清分结算、通行介质管理、全网费率管理、ETC 发行认证与监管、数据汇聚管理、收费稽核管理、全网运行监测、高速公路通行预约、处理客服投诉等,其系统主要由部级清分结算系统、部级交易对账系统、全网费率管理与计费系统、发票服务系统、稽核管理系统、全网运行监测系统、数据管理与服务系统、基础信息管理系统、预约通行系统、通行介质管理系统、发行认证与监管系统、特情业务辅助系统、客服系统等构成。

2）省联网中心系统

省联网中心开展的业务主要有省内清分结算、费率管理、通行介质管理、稽核管理、特情业务处置、系统运行监测、通行预约、在线密钥管理等,配合部联网中心进行跨省清分结算,其系统主要由省级清分结算系统、省级费率管理系统、省级稽核管理系统、省级运行监测系统、省级预约通行系统、省级数据管理与服务系统、省级通行介质管理系统、省级在线密钥系统等构成。

3）发行方系统

发行方开展的业务主要有客户发行、售后和客服等,其系统主要由记账处理系统、卡签发行系统、客户服务系统、数据交互系统、在线密钥接口系统等构成。

4）区域/路段中心系统

区域/路段中心主要汇聚所辖路段收费数据,协同部、省两级系统,支撑所辖路段内相关业务开展和系统运行监测,其系统的主要功能有:收费站/服务区入出口和 ETC 门架的数据汇聚,业务报表查询,ETC 门架交易流水、通行记录和交通流量等数据的统计分析,服务区按车型、客货、时间等进行交通流量统计,所辖路段收费站/服务区和 ETC 门架的系统运行监测等。

5）收费站系统

收费站作为高速公路联网收费工作的重要节点和基础设施,直接为车辆用户提供通行服务,其系统主要由收费管理系统、站级运行监测系统、特情管理系统、通行介质管理系统、特情业务辅助系统、通行预约系统、入口称重检测系统、交接班管理系统、统计分析系统、票据管理系统、站级传输系统等构成。

6）ETC 门架系统

ETC 门架作为联网收费系统的基础设施,主要实现 ETC 车辆与非 ETC 车辆的分段计费功能,自动识别通行车辆信息上传至省联网中心、部联网中心,其系统主要由车道控制器、RSU、高清摄像机、车牌图像识别设备、补光灯、门架服务器、网络安全设备等构成。

7）车道系统

收费车道主要为高速公路通行用户提供直接服务,保障通行费的收取。

ETC 车道主要用于装有 ETC 设备的车辆,这些车辆通过 ETC 设备自动识别车辆信息并从车主的账户中扣除费用,车辆无须停车即可直接通过,无须人工干预。

ETC/MTC 混合车道既支持 ETC 车辆自动识别,也能进行人工收费,这种车道结合了 ETC 和人工收费的功能,提供了更多的灵活性,适用于不同类型的车辆通行需求。

1.3　运行监测和运维保障现状分析

自 2020 年取消高速公路省界收费站后,全国高速公路进入了"一张网运行、一体化服务"的新阶段,全网的日均通行量由 2019 年的 2800 万辆次增长到 2024 年的 3500 万辆次;跨省交易持续增长,交易量已占全部交易量的 21%,交易额已占全部交易额的 60%;ETC 用户增长到近 2.3 亿,ETC 交易占比大幅上升,全网联网收费系统相关设备总量接近 65 万台(套),收费门架已超过 3 万个。虽然基础设备规模庞大,但整体缺乏完善的运行监测和运维保障联动体系。

1.3.1　运行监测与运维保障现状介绍

目前,我国高速公路联网收费运营管理多以收费站为单位,传统监测方式以视频监测为主,同时结合了人工排查等作业方式来实现对设备和系统故障的监测和处理。对于这种处置模式,在实际应用中主要有以下不足。

(1)人工识别排查故障需要较长时间,效率低下,完全处于一种滞后发现、被动接报的状态。

(2)故障缺乏分级分类标准,故障的严重程度主要依赖于人员或团队的运维经验来作出判断,不仅容易影响事故处理效率,而且存在较大主观性,在紧急情况下难免出现疏漏。

(3)对故障何时发现、处理和恢复等过程、环节都缺少有效记录,对故障处理状态难以展开有效跟踪和管理。

与目前快速发展的联网收费系统相比较,传统运维方式和信息化发展水平脱节现象比较严重。面对当下全网大量系统和设施较为离散地分布在不同省(区、市)、地区、高速公路沿线等问题,传统运行监测和运维保障方式无疑难以对它们进行较为全面、及时、有效的管控。此外,虽然经过多年发展,ETC 门架系统、收费站系统等高速公路的核心业务系统已经可以产生与之相关的运行监测数据来支撑高速公路运行监测工作,但在目前的运维保障方式下,未与运行监测真正形成联动,监测的内容、范围和深度也有所不足,数据分析和利用程度仍未有效发挥。

1.3.2　现存问题及挑战分析

纵观目前行业运行监测与运维保障的现状,随着我国高速公路的快速发展,以及新设备、新技术的广泛应用,高速公路运行监测与运维保障面临的问题和挑战主要有以下几方面。

(1)缺乏专业运维人员。

高速公路机电系统科技含量高、涉及专业面广,一般要求维护人员的专业水平一定要够高,实际操作经验也要足够丰富,特别是在传统的运维管理模式中,个人能力往往起到非常重要的作用(图 1.3-1)。但现有的机电系统维护人员专业技能大多十分有限,加之行业近几年快速发展,各类新设备、新技术、新方法被大规模推广应用,致使维护人员的压力越来越大,与维护工作的契合度也逐步下降,很多地方已经出现维护人员的知识和经验储备无法满足现有工作要求的情况。

图 1.3-1　运维人员在车道上开展巡检工作

（2）运维方式落后,新技术应用不足。

目前在大多数高速公路开展的机电设备维修、维护管理过程中,传统的运维方式仍是主流,故障频繁发生、故障维修不及时以及故障在处理过程中缺少有效跟踪和考核等问题凸显,这些问题不仅导致维护人员工作量大,并且维护质量也得不到有效保障;同时,机电设备维修和管理过程中缺乏专门的故障信息库,在执行机电设备维修和管理时大多都是凭借维护人员自己的主观经验开展工作,在设备管理过程中也多运用人工盘存的方式进行库存管理,导致机电设备利用率也不高。除此以外,机电设备在巡查过程中缺乏专门的专业平台或工具支撑,导致设备的管理、维护、专项巡查等存在很多问题,难以高效持续地开展运维工作。

（3）建设时缺乏规划,后续维护难度加大。

建设高速公路机电系统前的实地考察不科学、不全面、不充分,造成了建设过程中的材料浪费或不足、施工人员缺乏或过剩、建设经费不足或浪费等问题;建设时管理人员监管不力造成质量不合格问题,例如光电缆数量少、发电机配置不到位、LED 可变信息标志安装位置不当等,这些问题往往会导致在后期高速公路机电系统运行和保障时出现故障,自多地开展高速公路扩建、养护工程以来,多次发现电缆线路、光缆线路和LED 可变信息标志受损严重,直接影响了高速公路的正常监控及通信,甚至影响到了正常收费工作。

（4）运维力量单一,难以满足行业要求。

目前我国大部分地区的高速公路机电系统维护都是由相关管理处或运营分公司来完成,力量来源太过单一,尤其是在维护人员组成、维护效率方面缺乏长足支撑和提升,显然是不能满足现有机电系统高速建设的需求。每一年都有新增的设备,同时每过一年旧设备就会老化、损毁更严重,如果维修力量来源始终那么单一、技术人员在数量和效率上也没有太大提升的话,那么实际的作业质量一定会有所下降,甚至最终出现无法承担的风险。

1.4　运行监测与运维保障一体化建设的必要性

1.4.1　系统运行异常影响介绍

在互联互通的高速公路网内,联网收费系统中的各级设备应该尽可能地安全稳定运行,尽量降低故障产生概率或尽快修复故障,否则将直接影响到收费作业或数据传输,进而影响到全网收费业务的正常运转。以下对行业系统中的几类关键组成及其异常影响进行简要的介绍。

1)收费站及车道出现异常的影响

当收费站及下辖车道系统发生异常时,最典型的影响就是车道无法收费、车辆无法通过,甚至导致车道塞车,进而造成整个收费站大面积堵塞,还可能造成周边市政道路的交通拥堵等。这些情况无疑会直接导致路段的收费效率下降、费用损失,而对于车主的影响则表现为通行体验不佳,甚至还会产生不必要的投诉和舆情。

2)ETC 门架出现异常的影响

当 ETC 门架(图 1.4-1)发生异常时,最典型的问题就是计费异常,例如可能出现相同车型、相同行驶路径的车辆,其收费金额却不同的情况,还可能出现无法识别过往车辆导致收费流水数据记录不完整等情况。这些情况无疑于路段和车主均无益处,且易诱发舆情、导致通行费流失。

图 1.4-1　高速公路沿线的 ETC 门架

3)部/省联网中心出现异常的影响

由于部、省两级联网中心涉及的系统众多,任何一个系统出现异常均会造成严重的影响,例如清分结算系统异常就会造成资金无法清算划拨,费率计费系统异常就会影响到全省(区、市)乃至全国的收费站无法正常收费等。

1.4.2　监测与运维的关系及意义

1)监测与运维的关系

(1)监测是运维开展的基础。

运维行业有句话:"无监测、不运维"。监测与运维本质上有着非常密切的关系,监测旨在事前能够及时预警发现故障,事中能够结合监测数据准确定位到问题所在,事后能够提供故障数据用于分析和总结,甚至挖掘出有助于未来预防故障发生的规律和知识。

监测主要的服务对象无疑是技术与业务。在技术层面上,通过监测可以了解到技术的环境状态,可以帮助检测、诊断、解决技术环境中的故障和问题。然而监测的最终目标仍应该落到业务支撑上,即是为了更好地支持业务运行,确保业务持续稳定开展。

(2)运维是监测闭环的必然。

通过各种监控手段,在将整体系统的功能、性能进行完整监测后,可以及时发现系统中存在的故障和潜在问题,然后可以及时作出预警,或者以其他方式通知运维人员,让其快速处理和解决隐患,避免这些故障或问题影响业务系统的正常使用,将负面影响遏制到最小。

2)监测与运维的意义

联网收费系统引入运行监测与运维保障的意义是实现对联网收费系统的全过程实时监测,并且通过对相关数据的准确测量、指标的合理计算和异常的对应转换,切实提高联网收费系统的运行安全系数和运行保障效率。当中最直接的意义,必然是体现在经济性上。由于高速公路建设成本高,现阶段我国大部分高速公路的建设资金都是通过贷款形式来获得,这决定了高速公路收费业务在整个行业中的重要性。前面我们已经有所谈及,现有行业系统中某些重要组成的异常影响深远,甚至直接影响到正常收费或者导致费用流失,而运行监测和运维保障则是有效规避、抑制异常影响的重要手段,两者缺一不可、相辅相成。

1.4.3 一体化建设应用的必要性

1)传统运维中存在的问题

传统的监测和运维是基于各系统的运行监测及各设备厂家的监测工具来获得支撑,如获取这些对象系统及设施的运行状态和性能指标等。虽然高速公路收费业务系统越来越多,但在有关这些系统的运行监测和运维保障上却缺乏联动,两者的一体化协同有所不足,例如在众多的业务系统组成中,必然会涉及服务器、程序应用、数据库、网络设备、外场设备等多种保障内容,但由于没有体系化的监测和运维结合体作支撑或统筹,导致保障的难度变得越来越大,或者缺乏协同以致效率过低、成本过高。其中存在的问题主要体现在以下几方面:

(1)难以感知业务应用健康状况。

无法及时了解核心系统的运行状况(网络、服务器、数据库、程序应用及业务系统运行是否有性能问题、错误等);无法及时了解不同业务系统运行时所进行的业务数据交换情况,以及在业务调用时的网络质量和性能状况等;无法了解不同业务用户使用业务时的真实体验。

(2)系统出现问题无法快速定位。

业务系统出现问题时无法第一时间进行准确定位,导致无法及时修复故障;数据过于分散和碎片化,彼此间缺乏关联,无法有效整合,无法最大化挖掘数据价值。这些问题必然导致无法对故障原因清晰定位,进而无法协调合适的人员或执行合理举措。

2)监测运维一体化必要性

随着行业的进步和业务要求的提高,为解决传统运维中存在的问题,进一步提高行业的运维管理水平,监测与运维一体化是大势所趋,也是满足当前需求及应对未来行业在发展中伴随的保障挑战的最有效方式。

通过监测与运维的一体化联动,可以有效实现系统在未来运行保障管理方面的流程化、规范化和自动化。在过往的传统机电设备管理中,大多是通过相关人员进行机电设备的检查和问题处理来实现保障,此过程不仅对个体能力和经验依赖高,也可能存在明显的碎片化问题,例如这些机电设备相关资料一般是由高速公路运营单位和机电设备检修单位分开进行管理,共享查阅比较麻烦。在实现监测和运维的信息化、数字化,以及两者完成更好的一体协同后,相关信息、资料在不同保障环节中得以共享互用,这样当机电设备出现故障时,可以得到科学解决,进而保障系统及设施的正常运转。

为便于理解,在此就从"事前""事中"和"事后"三个角度提出两者一体化协同的工作要项及预期效果。

(1)所谓"事前",是依托运行监测的预警能力,在业务层面上构建与之对应的风险防控保障举措。具体应该体现为,可以结合运行监测体系,提升对联网收费系统中某些软件、硬件、数据等对象具备的风险或隐患的识别能力,及时获知相关数据,并且在运维保障中设定与之对应的作业策略,通过任务作业形式触发相关责任部门安排人员在出现风险时进行风险部位的锁定、风险情况的核实和风险问题的处理。由于相较于已经产生的故障而言,风险隐患相对较为隐蔽,或者存有不确定性,为此,在制定此类作业策略时应注意"恰当性",确保性价比达到最优,这不仅需要提前设定预案,甚至在实际应用时还需要关注如何用具体保障的结果来提升运行监测体系预警的准确性,或者运维保障体系防范的恰当性,例如通过持续跟踪触发预警的对象,确认该对象最终是否产生故障或异常事件、相隔时间为多久等,这些信息无疑会对运维工作的执行和改进大有帮助。

(2)所谓"事中",是依托运行监测的告警能力,在业务层面上构建与之对应的故障和问题处理模式。具体应该体现为,可以针对运行监测体系发现的系统故障和异常作出迅速响应;在及时形成排障的作业任务后,可以及时向责任部门下达任务,确保其可以据此进行资源调度,实现故障和异常的有效处理。由于"事中"型事件的问题位置和内容已有较明确的呈现,其不确定性较"事前"风险要少很多,为此,在制定此类作业策略时应多考虑"精准性"和"及时性",确保故障问题能被合理地进行处理,不会产生更大范围的影响。此类影响不应仅考虑故障本身,还应从对其他系统的影响、产生不必要的舆情等方面进行考虑,这也正是制定处理策略需多作注意的地方,也即前面提及的不同类型事件,必须采取不同关注事项驱动的处理措施作出应对,这些内容无疑是运维保障体系在打造协同和呼应能力时需要重要参考的依据。

(3)所谓"事后",是依托运行监测持续的异常监测能力,在业务层面上构建与之呼应的问题处理成效评价反馈机制。具体应该体现为,运维保障体系对于各类保障任务(含前面提及的"事前"和"事中"),在作业处理完毕后都应该形成评价反馈信息,将其回传到或触发到运行监测体系中与之保障对象相关的状态和指标,并对此进行定向采集,以此认定保障效果是否达到预期,例如指标风险是否真正下降、故障现象是否真正消失、异常情况是否真正恢复等。这样才能促进运维保障体系作业效果有效落实到预期的"闭环"成效上面,才能不仅让责任主体主观认为保障完毕,也能让保障工具客观参与证实其保障完毕。由此可见,监测与运维的"事后"联动无论是对联网收费系统运行的保障,还是对后续各类评价和考核的开展均有着基础性的支撑作用。

第2章 高速公路联网收费运行监测体系建设

2.1 运行监测体系总体框架

2.1.1 体系概述

如前面章节所介绍,自2020年取消高速公路省界收费站后,高速公路联网收费模式由传统的封闭式计费转变为当下的分段式计费。在新收费模式下,前端高速场景不仅依赖于收费车道系统,也依赖于ETC门架系统;同时,部、省级主管部门及路段、发行方等参与主体也会根据新模式所带来的运营、管理和服务上的新要求,展开配套的数字化、信息化等支撑系统建设和改造。这些系列的内容组成了当下的联网收费系统,对于这些系统的作用和定位已在前面章节作了介绍,在此就不再赘述;但是不难发现,由于它们都是高速公路联网收费业务运转的重要支撑组成,为此,只有对它们的运行状态和业务运营情况作出有效监测,并能以此实现在运营、分析、管理和决策上的精细、科学和主动,才能有助于保障这些系统及其所承载业务的安全、稳定和可靠运行。

1)构建总体原则

随着行业近年的高速发展及要求提高,运行监测能力的打造已备受行业所认可,在很多省(区、市)已启动相应建设,能力也随着对收费业务纵深的认识和发展而不断变得强大,例如:有些省(区、市),不仅在省联网中心建设有运行监测系统,在一些高速集团、路段等也有建设,且监测广度、深度都在持续强化,成为省联网中心、路段中心等联网收费系统或设备运行保障的重要支撑组成。根据行业的发展现状和趋势,结合运行监测业务的运行特点、影响范围和职能定位,运行监测的重要性必将越来越显著,在全网中也越来越受到重视,可预期是未来整个行业均将聚焦重点打造的要项之一。

虽然运行监测在不同层级和主体上所承载的监测内容和作用有所差异,但其所遵循的建设原则在本质上都基本一致,在建设时需重点关注以下几点原则:

(1)重要性

从实际运营中会发现影响联网收费系统运行的因素很多,但这些因素的重要程度却有所差异,若全部都予以关注,会容易造成信息混杂,既增加复杂度,也导致整体建设投入的"性价比"不高(即花费很大力气攻关某些信息或者挖掘某些规律,但对整个行业发展未必能带来成比例的帮助或提升)。为此,构建联网收费系统的运行监测体系时,应该要着重、有选择性地对这些因素进行筛选,找出其中会对系统运行重要环节产生影响的因素,并且有针对性地落实识别方法和策略,将其映射为成体系的关键指标;但需要注意的是在制定指标时,要兼顾好全面性,因为运行监测指标大多都是非孤立存在的,只有全面、系统地掌握它们,才能真正地把握运行监测对象的真实运行状况,保证监测精度,确保处置准确。

(2)敏感性

运行监测体系之所以能够对联网收费系统运行状况产生预警作用,主要在于监测体系能够检测、识别联网收费系统运行状况的变化,并且还能够从中映射和界定出一些异常值或告警值。但是随着联网收费系统近几年快速发展,其涉及的关键设施类型越来越多,这些不同类别的对象及对应监测指标的敏感程度也会有较大差异,有的监测指标在运行状况发生小的改变时就会产生明显波动,有的监测指标则是需要逐步积累或者经过一定的时间间隔后才会有明显的变化。无疑敏感度较高的指标更容易被识别,也更容易判断。因此,在搭建运行监测体系时应尽可能地选择敏感度高的指标,或者通过一些转化机制来凸显指标的"高振幅"变化,如方差式转化等,这样才有助于运行监测体系能够及时发现系统运行中的异常或者隐患,更好地作出预警及处理。当然,在实操时敏感性应该还是要恰当地关注,因为一味追求高敏感,也容易导致对于噪声信息的易接纳,增加误判风险,这需要我们在实践中不断地作出修正。

(3)可获得性

在信息化、数字化和智能化高速发展的时代,联网收费系统运行状态数据应尽量可以通过日常的自动化采集手段获取,这样才能持续、有效地支撑运行监测工作开展。从实践经验来看,运行状态相关数据的自动检测这一技术门槛已逐步被跨越,但是在"可获得性"这项原则的贯彻上,我们觉得仍需予以更深入的理解和探索,一方面,要注意对未实现标准化采集的一部分数据作出处理思考,如服务器、网络设备等设备的型号数据,目前行业并未有相关的技术标准作配套,个性化特点还比较明显,对此,在制定运行监测指标时,要进一步推进数据采集的标准化,否则可能会大大增加数据的应用难度和可读性;另一方面,对于在"事前"和"事后"运行状态的"可获取性"也要予以更多的关注和投入,因为已经产生的问题肯定比较容易察觉和响应,但是对于那些将要发生事件的"预测"能力,或者发生后会产生多大影响的"评价"能力同样需要予以考虑,否则容易导致建立的运行监测体系"缺了肩膀、少了个腿",发挥的功能受限。

2)关键建设要项

无疑总体原则能为我们运行监测体系的建设指明一些关键方向或者明确应重点打造的能力,但是运行监测体系应该建什么、怎样建等,必然也是大家在构建时不断反复思考的内容。结合一些实践经验和理解,为全方位、多维度地保障联网收费系统的稳定、健康、持久运行,有如下几项工作可以在体系建设时重点考虑(图 2.1-1)。

(1)应该建立联网收费系统关键设施及对象的故障及业务指标运行风控子体系。在"一张网运行、一体化服务"的新业态下,很多关键设施及对象(如相关机电设备、应用系统、业务数据、通信传输等)的功能或性能(如站部网络链路、门架的费率版本参数等)异常,都非常容易影响联网收费业务的稳定运转。为此,如何从这些关键设施及对象(如 ETC 门架系统、收费车道系统等)中识别出可能会影响整个行业关键业务或环节稳定运行的风险点,并且采取合理、有效的风控处置措施,将是运行监测中一项非常重要的内容,也是当下很多运行监测系统或工具比较缺乏的部分;为此,可以有针对性地增加这部分投入,让体系能够做到"防患于未然",即在异常或故障发生前就作出防范处理,从而最大限度地保障"经济性"(所谓保障"经济性",就是通过措施获取最大的保障效益,一般情况下,已经产生的问题更像一种"止损"行为,而予以防范,让其止于发生前,无疑更具经济性)。

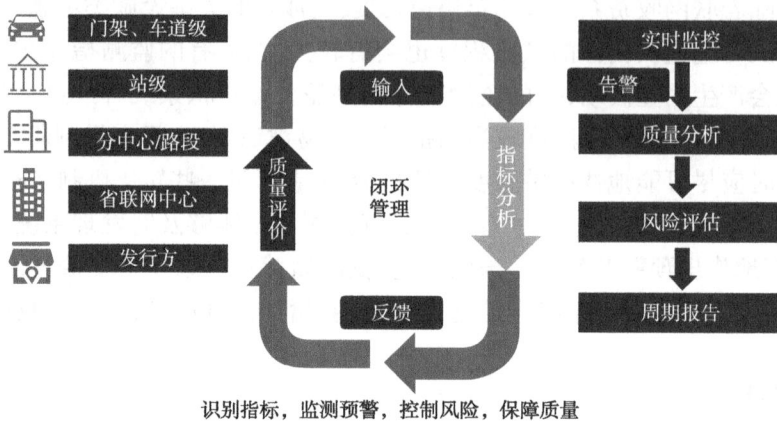

识别指标,监测预警,控制风险,保障质量

图 2.1-1 运行监测体系关键要项的组成示意图

(2)应该建立起联网收费系统关键设施及对象的故障及业务指标运行监测子体系。前面已经提到,在取消省界收费站后,"一张网运行"对于整个联网收费系统的运行保障提出了更高要求。在此过程中,我们行业也已经做了很多工作,例如部、省级运行监测系统纷纷建成,并且逐步承载起对系统中关键设施运行状态的监测工作,甚至已经实现对 ETC 门架系统、收费车道系统及其他关键系统运行情况的远程监测和异常故障的全面感知。随着对行业这些设施了解得越发深入,对于它们运行情况的认知也在逐步加深和改变,例如:有关这些设施及对象运行的好与坏不仅仅是通过一个状态变量(即"好"与"坏")进行表达就足够的,还可以从业务、技术等角度重新对它们作出审视,辅以定量、定性的分析方法作出进一步的剖析,只有这样才能更全面、深入地去掌握它们,既让前面"可获得性"原则所对应的范畴得到逐步扩大和加深,也能为运维保障提供全方位支撑。

(3)应该建立起联网收费系统关键设施及对象的故障及业务指标质量评价子体系。在繁杂的联网收费系统中,涵盖着大量的信息单元,这些信息单元可能有着我们前面提到的"风险""异常"等内容,也可能已经在给定的环节上发挥了不可或缺的作用,例如"风险"给我们提前防控予以了支撑,"异常"则给我们告警提醒带来了帮助。但这并不是这些信息的全部价值,因为做好保障工作目标的本质就是希望解决质量问题,为此,这些信息若能流入对这些关键设施及对象的总体质量状况评价上,无疑将更有助于风控监测、运行监测等,有助于回归到这项业务树立和开展的本源,例如:通过总体的质量分析和评定,我们了解到 ETC 门架系统、收费车道天线等的运行质量,并且这里所指代的质量不是某个点、某条线的碎片化定论,而是从更整体(如对业务的影响、对处置的要求等)的方向作出的综合性、全面性评价,最终可以使其赋能给其他一些关键环节,如建设环节、选型环节、售后环节等,更大范围地帮助、促进整个行业质量保障的提升。此项子体系无疑意义重大,可视为本套体系中的"点睛之笔"。

2.1.2　总体架构

虽然前面介绍了很多有关运行监测体系建设的原则和要项,但从实践来看,运行监测并不仅仅只是前面提到的运行监测系统,也不只有后来把它进一步打开的"事前风控""事中监测"和"事后评价"这几点关键内容,而应该是一个整体性、组织性、紧密性很强的整体,既有技术内容,也有业务内容,更有保障它能够持续运转的流程、组织和制度。鉴于此,我们认为行业运行监测体系可以由运行监测对象、运行监测数据、运行监测组织、运行监测制度、运行监测流程和运行监测系统这六大要素所组成(图 2.1-2)。

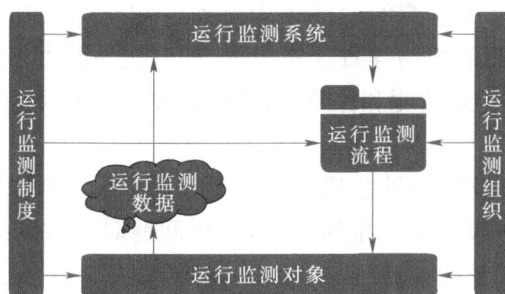

图 2.1-2　运行监测体系总体架构示意图

1)运行监测对象

运行监测对象是运行监测体系各大组成中的根本,它明确了运行监测的范畴和边界,也能让大家清晰地了解到,为更好地保障联网收费系统正常运行,有哪些关键层级、主体、设施、属性是需要重点关注的。若大家还记得前面"2.1.1 体系概述"章节中描述过的"重要性"和"敏感性"这两点内容,那么运行监测对象则可视为对这两点内容的最直接响应。回过来看我们联网收费系统的运营架构及技术组成特点,运行监测对象的圈定则可以从如下抽象和实体的维度展开。

(1)运营层面的重要参与方应纳入其中。高速公路联网收费的运营层级多、主体多,为此,对于在不同层级或主体中搭建的运行监测体系,首先必须要将与之关联的参与方涵盖在对象中,例如:作为发行方,它的运行监测体系不是仅仅瞄准自己,还应该看看与自身相关的其他参与方,包括:部联网中心、省联网中心、合作银行及下辖的各发行合作机构、渠道等。因为只有这样做,才能更全面地去审视影响自身业务稳定运行的方方面面,也只有锁定好这些方方面面,才能更好地进一步去从中找联系、找重点、找规则。其实做这个工作并不复杂,最重要的是思考怎样才能做得更好,对此,我们认为可以遵循"向上看、向下看、向左看和向右看"的梳理原则,从业务的承上启下和左传右递来逐步展开,我们以几个重要运营主体为例进行介绍说明。

①部联网中心运行监测对象,包括:自身、各省联网中心、各发行方、各路段(含门架、收费站和车道)、其他重要支撑主体(如银行等)。

②发行方运行监测对象,包括:自身、部联网中心、所属省联网中心、所辖发行合作机构、

所辖发行合作渠道、其他重要支撑主体(如合作银行、其他合作领域主体、渠道等)。

③路段运行监测对象,包括:自身、部联网中心、所属省联网中心、所辖发行方(有可能涉及一些客服协同等)、所辖 ETC 门架、所辖收费站、所辖车道、其他重要支撑主体(如地方交通局、地方公安等)。

由于省联网中心与部联网中心的运营属性十分类似,为此,省联网中心的运行监测对象可参考部联网中心开展,在此不作赘述。

(2)技术层面的重要设施应纳入其中。技术层面在这里指的是非狭义上的技术,直白表述就是一系列的关键硬件、软件、数据、通信等。当然目前联网收费系统涵盖的设施类型多、项别多、数量多,为此应该挑一些重点来展开监测,否则一定会导致信息过载、认知复杂,效果无法达到预期。结合过往的实践经验,有以下几个思路供选择:

①硬件:将对业务有重大影响的硬件作为重点监测对象,如门架的 RSU 天线、车道的 RSU 天线,若它们出现故障就容易导致计费失败、车道交易能力下降等;对装载关键应用程序的控制机或服务器必须重点监测和保障,若它出现异常或崩溃,承载的业务也将无法正常运转。

②软件:一般分为两大类,一种是通用型软件,又可称为系统软件,如操作系统、数据库、中间件等,这些对象一般很少产生问题,但出现问题时导致的结果往往比较严重,特别是数据库,它若崩塌,不仅影响业务运转,还可能导致数据毁坏或丢失,一般都被列为重点监测对象;另外一种就是与业务密切相关的各类应用,如省联网中心的跨省清分结算系统、省内拆分结算系统等,随着行业发展,这些应用必然越来越多,从监测角度来看,与"钱"和"人"有关的应用系统都应尽可能地作出重点监测和保障,因为它们非常容易影响到行业的公信力。

③数据:数据是高速公路联网收费业务运转的基础。结合行业特点,运行监测中的数据对象,同样可以围绕"钱"和"人"来作出选择,例如:交易流水、拆分结果、清算结果、发票数据、费率参数等都应予以监测,这种监测对象不仅是数据本身,还应包括数据的流转和有效性等。

④通信:通信关系着各个系统,甚至前面说到的不同运营主体间的联系。对于当中的重要联系,无论是系统,还是主体,都应该是运行监测的重要对象,例如:路段(站)与省联网中心的联系,省联网中心与部联网中心的联系等。若这种联系产生了异常,可能就会导致数据滞留,给路段带来直接损失,或者产生一些不必要的社会舆情。

(3)业务层面的关键要项应纳入其中。业务层面是支撑高速公路联网收费运行的各项业务环节和内容,业务本身可能不是一个实体,并且业务的好与坏有时不像某些硬件和软件那么直观。但是业务对象又是整个行业运行的基础,那必然也是运行监测的重点所在,可以尝试从以下几方面做好监测:

①"点"层面的监测:看这些业务对象、业务环节是否有问题。一般而言,这种问题的表征比较凸显,容易观察到,例如:省联网中心的拆分无法进行,这无疑就是一种非常明显的异常,当然导致这种异常的可能是软件、数据等,对此,我们也可以通过进一步打开这种关联属性的状态来进一步进行确认。

②"线"层面的监测:这个其实是从业务联系来看待,它呈现的问题不是只看一个点,而

是需要多个点来判读。一般而言,可以通过一些逻辑性原理和方法来实现这些监测效果。例如:省联网中心拆分可以进行,但是结果流转到错误的路径(如某个路段未收到等),这不是仅通过"点"的监测就能识别到的,而是只能通过一些逻辑性认识来实现;如后续目标未达预期等,这种形式在实践中能发现很多逻辑性问题,并且在我们行业中它一般还会与业务紧密相关,对业务运行保障作用十分突出。当然从实际上来看,这种逻辑对象的观察是会随着我们对业务的了解和认知加强不断得到丰富。

③"面"层面的监测:跳出现有的框架,对于一些业务效果的预测、评价可以视为这种类型,它们不是从点、线来表达,而是走到另外一个维度来看待。这种监测对象的把握难度更大、抽象性更强,在很多行业中也在进行尝试,但是其正经受精准性、有效性等难题的挑战。不可否认的是,若能解决面临的各类难题,这种方式可以将我们行业的运行监测能力提升到一个更高的层次。

有关监测对象敲定的方法有很多,但最根本的还是运行监测的对象范围要足够全面、层级要足够清晰、重点要足够明确,才能从根源上解决影响高速公路联网收费体系稳定性的异常和故障。

2)运行监测数据

运行监测数据来源于监测对象,它是发现和定位联网收费系统异常的基础。对于运行监测数据的来源,除了大家比较熟知的直接通过源对象(如硬件、软件等)给出的数据之外,其实还有很多类型的数据可以在运行监测体系中使用。以下对可纳入运行监测体系支撑数据的类型及内容进行简要介绍。

(1)设施状态数据

纳入运行监测体系的对象有很多,硬件和软件就是其中较为常态的两种重要组成。为了更好地让大家可以把握到这些设施的健康程度,现在行业应用的大部分硬件和软件都具备状态分享能力,例如RSU、车牌识别、服务器等硬件设备基本上可以通过给定的接口及信息体构成来表达自身的运行状态情况,甚至有些已经成为具有较强通用性的状态信息分享手段。SNMP就是目前在计算机、通信领域应用比较广泛的一种设备运行状态信息共享协议,众多的服务器、交换机、路由器等网络化设备都支持通过这类协议来完成设备的配置、状态的告警等操作(图2.1-3)。

与硬件相比,软件在状态数据的生成和播报上则有较大的差异,特别是随着行业的纵深发展,行业中配套的应用软件也越来越多,并且涉及不同类型的开发工具和方法的使用,从而导致对对象(如线程、进程、关键数据存储、关键任务调度等)及其异常的表达上会有所差异。但是随着近年软件状态探针技术的应用兴起,让大家也能够很好地获取到软件更底层的运行状态信息,并围绕这些信息展开更为细节的状态监测和跟踪。

(2)行业业务数据

联网收费系统是一个业务属性特别强的系统,其是否正常运行在很多业务层面上也会有比较凸显的表现,这些表现大多可以通过它们产生的业务数据敏感地表达出来。鉴于此,有关这些业务数据在运行监测体系中的采集和使用应很好地利用起来,以下我们就结合自身的一些实践总结,向大家推荐一些可纳入体系内的业务数据内容。

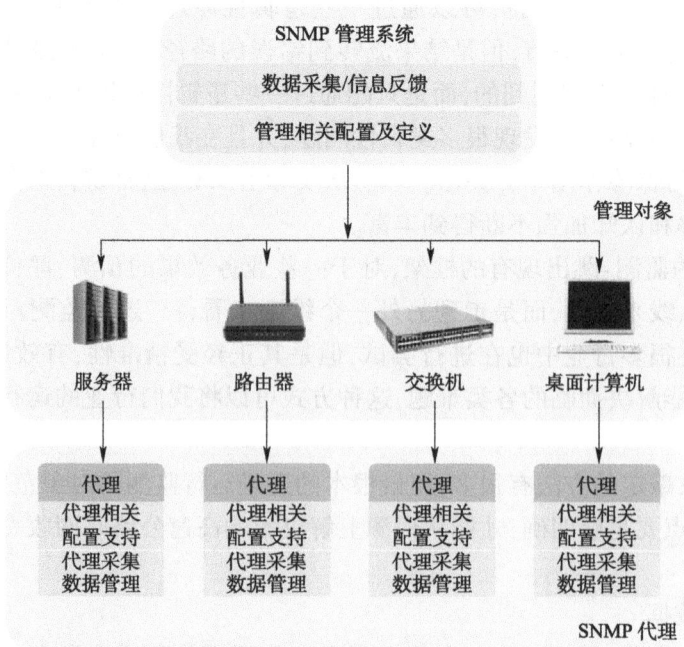

图 2.1-3　基于 SNMP 协议展开的网络、计算设备监测架构示意图

①入口、出口的交易流水数据、牌识数据和流水合计数等。通过这些数据可以分析车道（含硬件、软件等）的整体运行情况，包括特情多不多、集中在哪几类、日交易流量的波动是否很大等，再以此去剖析可能存在的硬件、软件等异常隐患。

②ETC 门架的交易流水、通行记录、牌识数据和流水合计数等。通过这些数据可以分析 ETC 门架（含硬件、软件等）的整体运行情况，包括 RSU 交易失败多不多、反向特情多不多、日计费成功率波动大不大等，再以此去剖析可能存在的硬件、软件等异常隐患。

③省联网中心的 ETC 记账数据、清分结算通知数据、发票数据等。通过这些数据可以了解省联网中心的清分、结算业务整体运行情况，包括是否存在记账争议、记账和发票的平均完成时耗是多少等，还可以通过这些业务信息去挖掘一些较为隐蔽的运行异常状况。

其实，像这种以业务数据来推断某些硬件、软件、数据等是否存在异常的方法还是很多的，并且随着对业务了解或规则认知程度的加深而不断得到丰富。随着行业标准化、规范化的进一步提升，通过业务运行来分析体系运行将会越来越受重视，它比仅单独看待某类"点"状问题所呈现的价值要大得多，能直接认知到问题对业务的影响情况。

（3）标准日志数据

在过往，系统的日志大多是给技术人员使用，它的特点是可以记录很多细节性信息（图 2.1-4），因此可以从中得到很多基础、底层性的系统运行情况，这非常有利于技术、专业性较强的运维人员去发现和定位一些比较隐蔽的问题，例如代码编写低效导致的问题、底层逻辑错漏导致的问题、通信交互丢包导致的问题等。虽然系统日志优点很多，但目前这类数据在运行监测中还未得到规模化应用，主要是由于当下日志的通用性和可读性不足，因为它们的生成和表达规则基本是由原有开发单位制定，大多属于"谁制定谁才能看得懂"的情况。

若未来联网收费系统日志逐步走向标准化、规范化,有理由相信这些日志必然会成为运行监测体系的重要数据基础。

```
1 ▾ {
2      "axleCount": 0,
3      "enTime": "2020-04-30T09:07:30",
4      "enTollLaneId": "G0001220010070",
5      "exTime": "2020-04-30T11:18:32",
6      "exTollLaneId": "G00012100100402010050",
7      "mediaNo": null,
8      "mediaType": 1,
9      "plateColor": 0,
10     "plateNum": "吉AW62Y3",
11     "units": null,
12     "vehicleClass": 0,
13     "vehicleStatusFlag": 0,
14     "vehicleType": 1
15 }
```

图2.1-4　应用系统中记录的处理结果日志图

3）运行监测组织

运行监测组织是对运行监测体系中各参与主体的一种表达,它除了描述运行监测体系中各大主体的组成外,最主要的是表达了这些主体间的层级、责权利等关系。结合高速公路联网收费的运营架构和职能分布特点,运行监测体系的组织关系主要是由部联网中心、省联网中心、发行方、路段这四大类型层级及主体组成。对于这四大类组织所建的运行监测体系,虽然在组织的内容和关系表达上会有所区别,但是结合目前全网化的发展业态和趋势,每个层级运行监测体系的目标均是更全面地对所辖联网收费系统及设施展开有效监测和保障,为此在这些体系里面一般都将这四大类组织要素纳入其中,以便与前面提到的"承上启下、左右兼顾"的能力锻造相吻合。

当然,除了需要对这四大类组织关系予以关注外,在实际的建设时还需要对更深一层的组织内容进行关注,前者主要重在"对外"看,后者则是重在"对内"看,本质就是将前面谈及的监测对象通过组织方法真正落实到合适的、可监管的权责客体上,如某个机构、某个单位、某个部门、某类岗位、某个人员等。说到这里,可能大家会觉得"组织"梳理好像很抽象、很难理解,但在实际建设时,该部分工作其实不难开展,就是全面地去盘点体系中应涵盖的干系方,但要注意"抓重点",这才有助于保障建设时的性价比,也有助于未来在流程执行上的高效性和制度落地时的可行性。例如:

(1)省联网中心运行监测体系中的组织组成,应包括部联网中心、发行方和路段。一方面,省联网中心承担着全省高速公路联网收费运行保障的主要职能,有义务对相关干系单位展开监督及管理,为此,省(区、市)内的发行方和路段均应纳入监管范畴内,同时还应与部联网中心保持畅通联系,确保两者间的关键信息能做到及时互通,如一些特大运行事件的上报等;另一方面,还应明确这些组织内涉及的干系部门、岗位、人员,如省联网中心的清分结算部、运维保障部,发行方的业务部、客服部等都应在体系表达时一一确定到位,确保日常工作真正能落实到人、到岗,这才能有效地发挥体系的客观价值。

(2)发行方运行监测体系中的组织组成,应包括部联网中心、省联网中心、路段、合作机构等。一方面,发行方日常业务与部联网中心和省联网中心同样有着密切关系,如发行、记账等,为此这两类主体在体系中是不能被忽略的;之所以建议将路段也涵盖其中,是我们认为路段作为发行方的场景支撑主体之一,有些运行情况的分析、事件的处理等也有参与和支持,例如天线与卡签的兼容性情况等分析,最好还是能通过真实场景所反馈的信息作为分析基础,这才能让监测源于实际、支撑实际。另一方面,则要考虑发行方自身所辖分支业务机构的纳入,如合作机构、合作渠道等,这同样是一项非常重要的组织举措,否则它们的运行异常事件容易出现"无人管理"的情况,对发行方的业务运转和品牌形象都容易带来损伤。

上述仅是我们对一些主体的运行监测体系组织作出的梳理和建议,大家在搭建时还是应尽可能因地制宜和因事制宜,但无论哪种操作,都必须关注全面性、严谨性,特别是多与后面介绍的制度和流程紧密结合。

4)运行监测制度

运行监测制度是运行监测体系中的重要依据和支撑,它将体系中的很多技术性、业务性要求通过管理的模式、描述作出进一步的定义和说明,例如:它会清晰地表述体系中参与主体的各项职责、工作要求、作业方法等,以及与之配套的考核评价方式,确保在日常工作时可以以此完成制度的更好闭环。

在制度的建设过程中,重中之重就是要明确好权责,且应让其是可考核的。明确权责的重要性,相信大家都比较熟悉,权责清晰了,大家在故障产生时、故障需要处理时都会清晰认知到"自己应该干什么";对于"可考核",则是把"权责"要求深深地烙印到大家的心中,让它尽可能地持续发挥,也可视为一种不断要求权责人自我完善、提升的一种有效"提醒"手段。

5)运行监测流程

运行监测流程在体系中同样有着非常重要的作用。一方面,在技术层面上它可以以业务为驱动、以数据为介质,将运行监测过程中的系列系统有效地串联起来,达成运行监测的预期效果;另一方面,在业务层面上将前面说到的组织和制度,通过流程化的形式表达出来,例如:涉及的流程节点(涉及哪些干系主体)、涉及的流程工作(涉及干系主体的责任,如分派、执行、反馈等)等都在流程中予以有效体现。

其实,相较于后面将会介绍到的运维保障体系,运行监测体系在流程上会显得更为简单或者无太明显的作业流,它更多的是促进相关主体认识到哪些"应该注意""应该查看""应该报备""应该响应"等。为此,我们对于运行监测体系的流程就不作展开性的介绍,大家可以结合后面的一些案例(参见第5章)来看看运行监测会涉及哪些流程及其是怎样运转的。

6)运行监测系统

运行监测系统可视为运行监测体系中各系列组成的技术集成和表现,是日常监测工作开展时的重要支撑工具。目前,很多省(区、市)都结合自身运行保障的需要建设了各自的运行监测系统。这些系统的工作原理大多都是以前面介绍过的监测对象为范畴,通过监测数据的采集、分析和处理,按照相应的组织和制度要义,通过内含的处理流程和表现形式为相关的干系主体提供关键设施及对象的运行状态信息。

随着行业进步,相较于过往的技术贫乏时期,目前大多数的运行监测系统都有了更为充足的技术支撑,包括人工智能(AI)、云计算、大数据等,新技术的出现无疑为运行监测系统能力的提升提供了更为广阔的思路和方法。当中最为凸显的作用就是助力突破原本在算力、算法等方面所存在的瓶颈,让前面提及的很多分析手段可以真正获得落地,例如多维业务指标的分析、海量日志的检索和挖掘、智能算法在趋势预测中的应用等;另外,大数据的多种"易读解""高辨析"的展示手段,也让运行监测的成果可以更好地服务于各监测单位、机构和人员,通过更好的表现方法和共享渠道促使大家可以对这些关键信息进行快速认读和及时获知(图 2.1-5)。

主要:
· 路段设备状态监测
· 报警总览
· 任务总览
· 查询服务
· 评价分析
次要:
· 任务执行(接单/回单等)
· 作业记录(图像记录上传等)

网页端

主要:
· 任务执行(接单/回单等)
· 作业记录(图像记录上传等)
次要:
· 路段设备状态监测
· 部分报警查看
· 任务查看
· 查询服务

移动端

图 2.1-5　运行监测系统常用网页端和移动端展示示意图

2.1.3　与其他体系的协同关系

在前面体系的介绍中,我们谈及了很多有关运行监测体系在架构和组成方面的搭建要点,当中就提到了一个非常基础性的支撑——运行监测数据。当下数据在众多业务和应用中所受关注的程度正不断提高,因为它既带有重要的"标签"资讯,更是可以通过流转来促成既定业务,所以要达成体系搭建的预期目标,数据要求上的满足必不可少。那这些数据又是从哪里来,或到哪里去? 这就与本体系和其他体系的联系有密切关系。下面我们就对运行监测体系与其他体系的协同关系向大家进行介绍,让大家可以从中看到运行监测所需监测数据的来源及其在业务上促成的协同效果(图 2.1-6)。

1)与门架体系的主要业务关系

作为联网收费系统中的重要基础设施,ETC 门架系统产生的异常和问题很容易对全网或省(区、市)联网收费业务运行造成影响,甚至还可能因为收费异常引起公众舆情。因此,ETC 门架系统的软件、硬件、数据、网络等资源需要纳入运行监测体系中进行管理。

当中,对于 ETC 门架系统关键软件的监测主要包括 ETC 门架前端软件和 ETC 门架后台软件,监测细化属性主要为软件的关键功能是否可用,如计费模块的调用、卡签或 CPC 卡的读写处理等;对于 ETC 门架系统关键设备的监测主要有门架控制器、RSU、车牌识别设备等,重点监测是它们能否正常运作、是否已经产生了单点故障(注:主要 ETC 门架系统的关键设施大多采取高可用的冗余方式配置)、是否存在性能上的崩塌等;对于关键数据的监测主要为门架-部联网中心和门架-省联网中心的数据接收和上传功能是否可用、关键数据的有效性和及时性是否满足要求、是否存在数据积压等;对于关键网络的监测主要是 ETC 门架系统与部联网中心、省联网中心系统的网络链路的可用性,对于这部分在数据监测的时候一般会进行连带观察。

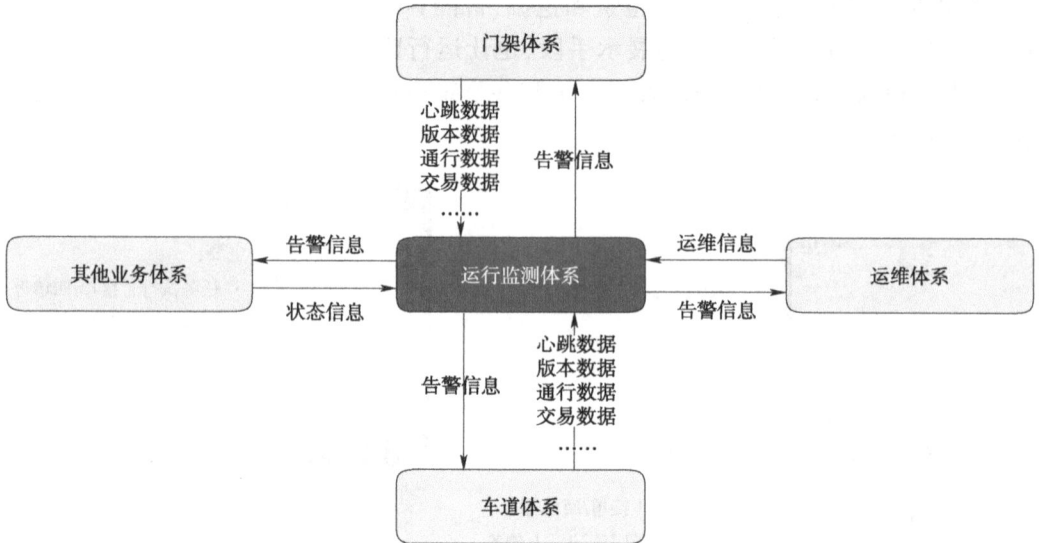

图 2.1-6　运行监测体系与其他体系的协同关系示意图

上述系列监测动作的开展,均是根据门架系统提供的运行状态数据和通行记录数据所作出,为此,运行监测体系必须通过给定的采集交互手段,如通信中间件、数据库读写等来实现与 ETC 门架系统的数据级对话,再根据自身内在的模型和算法,例如通过预先设定好的阈值来对相关指标的运行状态进行计算和判断,发现异常时及时定位异常并将该异常的告警信息及时推送给相关运维责任单位,帮助其快速对 ETC 门架系统的问题进行处理。

2)与车道体系的主要业务关系

与 ETC 门架体系类似,车道体系同样被视为联网收费系统中的重要基础设施。由于它承载的是入口放行和出口缴费的关键职能,因此,结合当下收费运营模式特点,有关车道体系的运行保障要求一般相较于 ETC 门架系统而言往往还要更高,相关的软件、硬件、数据、网络等设施都应纳入运行监测体系中进行管理。

其中,对于车道系统关键软件的监测主要包括 ETC 车道软件和混合车道软件,监测细化属性同样为软件的关键功能是否可用,如 ETC 车辆处理、非 ETC 车辆处理、特情判读和处理、交易流水字段填写等,并且还应关注对应的软件版本是否为最新及是否与全省(区、市)基本保持一致等;对于车道系统关键设备的监测主要有门架控制器、RSU、车牌识别设备、车辆检测器等,重点监测它们能否正常运作、是否已经产生故障、是否存在性能崩塌,甚至对于当下一些新型车道机电设施的应用,也应纳入在内,如入口车道自助发卡设备、出口车道自助缴费设备、车型自动识别设备等;对于关键数据的监测主要为车道系统中所产生的系列业务和监测数据情况,如数据的接收和上传是否可用、数据(如状态名单、稽查名单、计费参数等)的有效性和及时性是否满足要求、是否存在数据的积压、滞留等;对于关键网络的监测主要是车道系统与站级系统、路段系统等的网络链路可用性情况,若涉及一些站场使用了无线 VPN 备用链路,也应将此涵盖在监测保障范围内。

与门架系统类似,上述系列监测动作的开展,均是根据车道系统提供的运行状态数据和通行记录数据作出的,因此,运行监测体系须通过给定的采集、交互等手段来实现与车道系统的数据级对话,再根据自身内在的模型和算法,例如根据预先设定的阈值对相关指标的运行状态进行计算和判断,从而发现当中是否存在异常。

3) 与其他业务体系的主要业务关系

当然,联网收费系统中不是仅有 ETC 门架和收费车道,前面专门将其拉出来谈及,主要是因为这两项业务主体最为基础和根本。其实,前面已介绍过行业内存有很多种类的业务系统,且它们的运行情况都备受关注和重视。由于它们实在太多了,且不同层级、地域还存有明显的差异,我们这里仅以层级维度作简要介绍,让大家有一个初步的理解,后面在"2.2 运行监测体系业务构成"中还会作更为体系的介绍和说明。

(1)在部级运行监测体系中,一般与其有关联的系统有通行介质管理系统、交易拆分结算系统、费率管理系统、稽查管理系统、特情业务辅助系统、数据汇聚管理系统、ETC 交易清分结算系统、综合业务处理系统、发行认证监管系统等;除此以外,还可与省联网中心、发行方的核心业务系统进行数据交互,以便这些对象存在异常时可以及时定位并将异常信息及时推送给对应相关运维责任单位,助力其及时掌握、响应和处理相关异常。

(2)在省联网中心的运行监测体系中,与其有关联的系统一般有通行介质管理系统、交易拆分结算系统、ETC 交易清分结算系统、费率管理系统、稽查管理系统、移动支付系统、密钥管理及服务系统、数据汇聚管理系统等;除此以外,还可与发行方和路段后台级(如路段中心、收费站等)业务系统进行数据交互,以便助力其及时掌握、响应和处理相关异常。

(3)在发行方的运行监测体系中,一般与其有关联的系统有卡签一发系统、卡签二发系统、客服系统等;除此以外,对于所辖的合作方、渠道等关键业务系统也应进行数据交互,这部分可能相较前面而言会存有一定个性化,这与发行方的运营业务面有较大关系,如有些发行服务机构还涉及 ETC 拓展、类金融服务等业务。

(4)在路段的运行监测体系中,一般与其有关联的系统有路段中心系统、收费站系统等,这些系统的规模和对象本质上与路段的业务架构和分布密切相关,例如有些路段的收费站业务就会比较简单,此时可能更多地需要集中在一些数据传输交互的监测上。

4) 与运维体系的主要业务关系

运行监测体系本质是发现问题,运维保障体系本质是解决问题,二者必然是相互协同、相互促进的,这样才能促成业务闭环。行业的运行监测体系大部分都与运维体系协同联动,例如:部联网中心目前已打造的运行监测体系就融合了运维管理方面的职能(图 2.1-7),并且随着行业发展所需不断丰富和加深,这也正是前面提及的两者一体化发展的要求所在。由于后面会有专门章节向大家体系地介绍运维保障体系,因此有关这两者的协同情况先不作展开介绍。

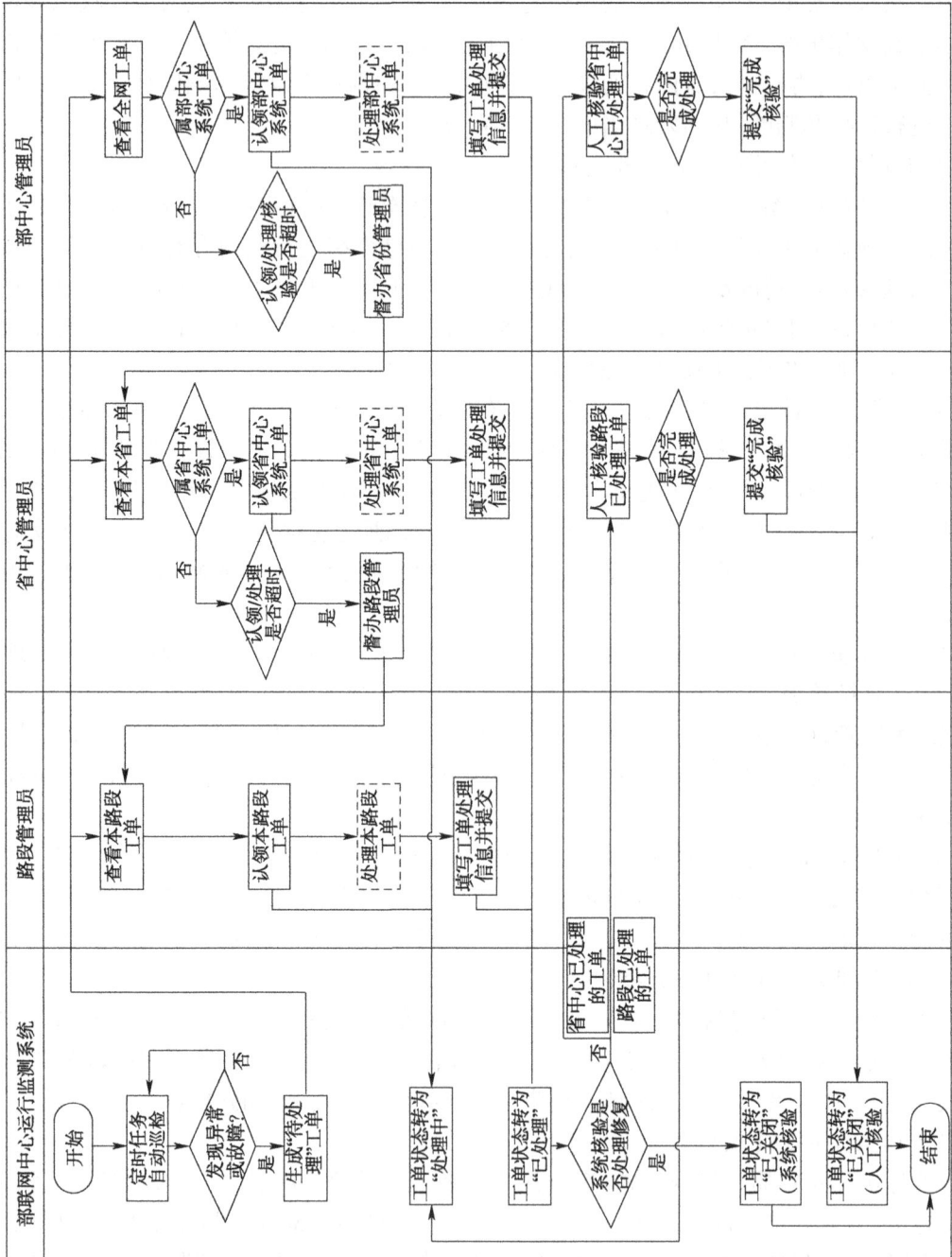

图2.1-7 部中心运行监测系统工单业务流程图

2.2　运行监测体系业务构成

运行监测体系涉及的业务内容众多,有体现在功能和性能方面的,也有体现在流程和组织方面的,结合前面在"关键建设要项"中提出的三大子体系(即运行风控子体系、运行监测子体系和质量评价子体系)重点建设内容,本章节将会围绕这三个方面展开更为详细的介绍,以便大家更清晰地认知当中的业务构成细节、分层处理方法和配套管理机制。

2.2.1　运行风险监测

有关系统的运行风险监测可视为一种重要的"事前"管控措施。它主要是根据可能对高速公路联网收费业务运行造成影响的,或者容易引起社会、公众舆情的设施及要素展开实时状态和变化趋势的采集及跟踪,通过内置的风险识别方法和模型,完成对它们所存在风险或隐患的态势预判,为"防患于未然"的系列配套举措(如专项巡检、养护等)执行提供高效、科学的决策支撑。

要做好运行风险监测,重点应处理好风险层级的界定、风险指标的构建和风险管理办法的配套,详细介绍如下。

1)风险层级

结合行业的运营架构特点,从全网角度出发,应考虑建立起能将部联网中心、省联网中心、路段/发行方串联起来的三级收费系统运行风险监测子体系。该体系可以通过信息化的配套手段,对各级收费系统的关键业务展开有关运行状态、运行效率等方面的风险识别和监测,准确、及时地预判出风险点,并依托管理办法所要求的相关责任主体,要求其安排的专业队伍与人员予以响应和处理。结合这一构建思路和原理,所述三级主体无疑都应根据自身承载的职能要求,有侧重地展开工作。

(1)作为行业指导部门,部联网中心的运行风险管控应面向全网,并且应具备足够的广度。为此,它可以通过相应的信息化手段或系统,对全网门架计费、车道运行、发行客服、结算处置、介质管理、计费支撑等业务运行情况,及容易引起公众舆情的系统、设施和组件功能或性能(如站部网络链路、门架的费率版本参数等)等异常问题,展开较为广泛的风险监测和分析,并且能及时将这些识别出来的风险预警精准地推送到责任方,确保它们可及时获取警告并高效作出响应;另外,部联网中心可以采用一些管理手段,例如定期通报全网联网收费系统的风险预警处置情况,通过考核评价手段促进全网积极对待,让工作落到实处。

(2)作为省域的行业负责部门,省联网中心可以参照部联网中心的操作方式来开展自身的运行风险管控工作。但是它们的重点是聚焦在省域,并且应充分考虑省域的个性化情况,如涉及的内容、边界和深度等;同时,有关识别出来的风险预警也应做到精准推送,并且应借助一些管理制度和办法支撑这些工作能得到有效执行。

(3)作为面向一线服务的发行机构,对于它的运行风险管控,应更多聚焦于与发行相关的业务中,特别要将可能会引起公众舆情的业务和设施运行状况纳入其中;所通报的风险预警除面向自身运维保障部门外,还可能会涉及客服部门及其他合作机构,甚至还可能需要与一些危机公关工作协同完成。

(4)路段的运行风险监测与分析同样不可忽视,由于它更多的是面向前端的车辆收费和通行服务场景,与现场交通(即人、车、路)运行情况关系紧密,若有不妥则可能产生拥堵等事件,既劳民、又伤财。因此,对于可能会影响这部分业务正常运行的系列风险都是路段需重点监测的对象。从实践中可以看出,软件、硬件、网络、数据等设施的功能和性能风险占比较高,可对此予以重点关注,这也是后续有关保障措施开展的重要依据。

2)风险指标

风险指标是运行风险监测的根本,如果没有它,无论是哪个层级、哪类主体,它们所搭建的运行风控子体系也只能是无源之水。对于风险指标的制定,最重要的是它的可用性,即真正能够敏感地呈现出风险所在。为此,它们一定是源于高速公路联网收费运行时所出现过的运行风险问题,并辅以日积月累的不断积存和总结所得出;同时,它应该能被有效识别、计量和监测。

以下我们结合一些实践经验,先从数据和运行的角度提出一些指标方案,包括:指标类型、对象、项别和计算方式。在后续的相关系统工程实施中,不仅可以将这些示例作为参考,也能借此了解到一些指标的构建要点,助力建立适合自身特点的风险指标。

(1)收费设备运行风险指标。

收费设备运行风险指标主要是以收费车道和ETC门架为对象,围绕一些关键设备及属性,以日常运行中尽可能应达到的必要功能和性能状态为准线而设立得出。相关指标定义参见表2.2-1。

收费设备运行风险指标定义参考　　　　　　　　　　表2.2-1

类型	对象	指标	计算方式
收费设备运行风险	收费车道运行风险	连通告警率	收费车道连通告警时长/连通运行总时长×100%
		天线设备告警率	收费车道天线设备告警时长/天线设备运行的时长×100%
		牌识设备告警率	收费车道牌识设备告警时长/牌识设备运行总时长×100%
		车道控制器告警率	收费车道控制器告警时长/控制器运行总时长×100%
	ETC门架运行风险	连通告警率	门架连通告警时长/连通运行总时长×100%
		天线设备告警率	门架天线设备告警时长/天线设备运行的时长×100%
		牌识设备告警率	门架牌识设备告警时长/牌识设备运行总时长×100%
	系统设备运行风险	服务器CPU异常率	每5分钟采集一次,服务器产生异常的次数/总次数×100% CPU异常定义为CPU使用率超过设定的阈值
		服务器内存异常率	每5分钟采集一次,服务器产生异常的次数/总次数×100% 内存异常定义为内存使用率超过设定的阈值
		服务器磁盘异常率	每5分钟采集一次,服务器产生异常的次数/总次数×100% 磁盘异常定义为磁盘使用率超过设定的阈值
		应用心跳接口请求异常率	每5分钟采集一次,应用心跳接口请求异常的次数/总次数×100%
		中间件消费异常率	每5分钟统计一次,中间件消费异常的次数/总次数×100%
		数据库异常率	每5分钟统计一次,数据库异常的次数/总次数×100%

(2)收费业务运行风险指标。

收费业务运行风险指标主要是以业务数据和业务运行为对象,围绕一些关键内容及变化情况作为分析域,若它超过给定的正常或可接受水平则视为是一种风险和隐患。结合自身实践,将它们分为前端和后台两类,前者指代面向一线场景所用的相关指标项别,后者指代面向后台管理所用的相关指标项别,例如省联网中心、发行方等。收费业务运营风险指标定义参见表2.2-2。

收费业务运营风险指标定义参考   表 2.2-2

类型	对象	指标	计算方式
收费业务运营风险	前端级的业务风险	应收金额小于最小费额的比例	通行交易中应收金额 < 最小费额的数量/总的通行交易 ×100%
		车型降档收费率(风险)	出口交易中出口车型 < 入口车型的交易数/出口总交易量 ×100%
		货车三型六型车型比率波动率	货车出口交易中三型车交易量与六型车交易量的比值/前 7 日两种车型交易比率的平均值 ×100%
		ETC 通行转现金率	ETC 通行使用非 ETC 缴费的交易量/ETC 传输交易量 ×100%
		出口绿通车流量波动率	(出口交易中绿通车通行量 – 前 7 日绿通车平均通行量)/前 7 日绿通车平均通行量 ×100%
		出口免费车流量波动率	(出口交易中免费车通行量 – 前 7 日免费车平均通行量)/前 7 日免费车平均通行量 ×100%
		出口 ETC 车流量波动率	(出口交易中支付方式为 ETC 和 ETC 刷卡交易的流量 – 前 7 日支付方式为 ETC 和 ETC 刷卡交易的平均出口流量)/前 7 日支付方式为 ETC 和 ETC 刷卡交易的平均出口流量 ×100%
		出口货车车流量波动率	(出口交易中货车交易的流量 – 前 7 日出口货车交易平均流量)/前 7 日出口货车交易平均流量 ×100%
		入口 ETC 车流量波动率	(入口交易中支付方式为 ETC 和 ETC 刷卡交易的流量 – 前 7 日入口交易中支付方式为 ETC 和 ETC 刷卡交易的平均流量)/前 7 日入口交易中支付方式为 ETC 和 ETC 刷卡交易的平均流量 ×100%
		入口货车车流量波动率	(入口交易中货车交易的流量 – 前 7 日入口交易中货车交易的平均流量)/前 7 日入口交易中货车交易的平均流量 ×100%
		最小费额占比	出口交易中使用最小费额计费的交易量/出口总交易量 ×100%
		在线计费占比	出口交易中使用在线计费的交易量/出口总交易量 ×100%
		出口车道特情占比	出口交易中含有特情的交易量/出口总交易量 ×100%
		入口车道特情占比	入口交易中含有特情的交易量/入口总交易量 ×100%
		门架计费特情占比	门架计费交易中含有特情的交易成功的量/门架总交易成功的量 ×100%
	后台级的业务风险	卡状态名单下载及时率	省联网中心卡状态名单版本的下载时间与部联网中心生成版本时间之差 <0.5 小时的数量/版本总数量 ×100%
		标签状态名单下载及时率	省联网中心标签状态名单版本的下载时间与部联网中心生成版本时间之差 <0.5 小时的数量/版本总数量 ×100%
		卡状态名单占比	卡状态名单量/用户卡总量 ×100%
		标签状态名单占比	标签状态名单量/标签总量 ×100%
		跨省 ETC 交易逾期风险	出口 ETC 数据传输到部时间与交易时间之差 >3 天的交易量/总交易量 ×100%
		跨省现金交易漏传风险	部站出口其他交易中跨省交易数据未上传到部省其他交易的数量/部省其他交易总量 ×100%
		跨省 ETC 交易波动率	(部省 ETC 出口交易量 – 前 7 日省 ETC 出口平均交易量)/前 7 日部省 ETC 出口平均交易量 ×100%
		跨省现金交易波动率	(部省其他出口交易量 – 前 7 日部省其他出口平均交易量)/前 7 日部省其他出口平均交易 ×100%
		记账返回及时率	规定时间记账返回的交易量/规定时间内应及时记账返回的交易总量 ×100%(1 天返回算及时)
		门架汇总拆分方式比率	出口交易拆分方式中,按门架汇总记录拆分的交易量/总拆分量 ×100%

3）风险管理办法

为了更好规范和指导高速公路联网收费各层级、各单位的运行风险管控工作，确保对应级别的相关系统可靠稳定工作，除了要明确权责和给出方法外，还要从管理组织、管理方式、管理内容等方面配套相应的管理办法，这样才能让这套运行风险监测子体系持续地运转起来。

（1）管理组织

风控管理组织是由其中所涉及的各层级管理单位所构成，这些单位的风控管理负责人根据管控的范畴和规模，可成立风控管理小组或专班（若涉及范围或规模较少，也可以设置专岗、专员等）。该管理小组可作为管理单位的常设机构存在，负责风控管理规则和办法的制定，以指导对所辖业务、系统、设施等方面的风险评估和控制工作；同时，单位的下级组织还可设立日常监控岗、风险管理岗等相关专项岗位，以便能够更好地配合风控管理小组完成风险评估工作，按照风控管理的要求不断降低系统风险。

（2）管理方式

风控管理方式指在日常风险管控中所采取的执行手段或方法，一般情况下，较为常用的有日常风险监测、月度及年度风控管理、专项风险管理等，同时根据需要设置本级组织的风险自评，以通过自测、自检、自核的方式不断督促组织在管控工作中的进步。对于单位下辖组织则采取不同的周期风险监控，通常是由下辖组织按规定周期填报相关的信息文件或表格来完成。另外，单位风控管理小组需要对下辖组织的风险点分析和评估工作负责，并向下辖组织通报结果，确保它们对其有清晰认知。

（3）管理内容

风控管理内容是指相关单位可以根据上级要求，结合自身的风险管控需要，采用已有的风险指标、管理办法、作业规程等来开展该业务领域内的组织管理、作业管理、监管评价等工作。由于这些管理工作一般受企业的主张影响较大，如省联网中心、发行方、路段等，在风险管控的要求上、内容上和流程上均会有所差异；就算是同类型的企业，不同规模、不同企业属性也会有所不同，在此就不作太深入的阐述。但归根结底，任何单位的风控管理都是希望能对高速公路联网收费运营风险作出有效管控，真正起到未雨绸缪、防患于未然的效果。

2.2.2 运行状态监测

运行状态监测作为系统运行状态"事中"管控的重要手段，是整个运行监测体系的核心业务之一。为保障高速公路联网收费体系的稳定运行，运行状态监测必然需要对联网收费体系进行全方位、各维度、不同层次的监控。其中，运行状态监测的数据主要来源于ETC门架系统、收费车道系统、收费站系统、路段中心系统、发行系统、省联网中心系统等定时上传的运行状态数据和运营业务数据，通过这些数据的支撑，辅以相应判断模型和指标体系，实现了对系统运行状态、运营业务等方面的定量、定性分析，从而可以全面深入地掌握相关系统的实时运行状态，为相关保障责任主体日常工作的开展提供必要的信息支撑。下面就运行状态监测的层级、对象、指标、管理办法等进行分析和介绍。

1）监测层级

目前,行业主要采用的是部联网中心、省联网中心、路段/发行的三级系统运行状态监测架构。在每个层级及主体中一般会配备专职人员,组织专业队伍,对各级所辖的收费系统及其运行状态、运行效率展开实时的跟踪和监测,及时发现、掌握、复核当中产生的问题或异常,并且辅以告警等手段促使相关主体能够快速获知。与前面介绍的运行风险监测相似,运行状态监测在不同层级中所承担的职责,或日常中应关注的内容也有所差异,主要体现为:

(1)路段的运行状态监测需更多地聚焦到现场一线,例如车道关键设备的运行状态,包括路侧单元(RSU)、车牌识别、车道控制机等,这些设施的故障可能将直接影响车道的收费运营和通行服务,需要路段相关部门和人员及时认知,根据故障严重程度进行处置;又如收费站与部联网中心、省联网中心、路段中心等的数据交互情况,这些数据若产生积压,可能将导致滞留,严重的甚至会导致连串的路段收益损失、车主舆情投诉等。另外,由于路段所负责的系统设施等大多直接面向公众,为此,路段更希望不是仅仅对一些关键部位、组件等进行监测,还希望监测到一些易损品、易耗品等。

(2)发行方的运行状态监测,可以集中到关乎发行、售后等的系列对象中,例如密钥服务系统、卡签发行系统、与部级发行认证与监管系统的数据交互链路、与合作发行机构的数据交互链路等,因为这些对象一旦发生异常则非常容易导致服务停摆,引发公众舆情。发行方需要对上述对象进行实时跟踪监测,有重大情况时还要对内对外做好通报,避免引起问题发酵。

(3)省联网中心的运行状态监测可以与部联网中心的定位类似,可聚焦到省(区、市)内关键系统、设施、数据和链路的状态监测,例如全省(区、市)的 ETC 门架、全省(区、市)的 ETC/混合车道,自身的清分结算系统、拆分结算系统、计费管理系统,部—省的数据交互情况及链路性能(完整性、及时性、有效性等)等。同时,省联网中心也需将这些省(区、市)内运行状态监测结果公布给所辖的参与主体,这样有助于将问题及其带来的影响传到相关的处置责任方,督促它们快速响应和处置。

(4)部联网中心的运行状态监测比较关注全网关键系统、设施、数据、链路的状态,例如对全网的 ETC 门架系统、收费车道系统、部联网中心的核心业务系统、省联网中心的核心业务系统、发行方的核心业务系统等的实时状态监测,并且还会以通报的方式向全网发布这些系统的运行状态情况,以便大家既可以了解自身所负责系统、设施、数据、链路等的异常,还可以与全网其他同级主体进行横向对比,进而发现差异和采取针对性提升措施。

2）监测对象

虽然不同层级、主体的运行状态监测对象侧重点会有所区别,但从目前行业的运营特点和关键依托来看,大多离不开以下几个重要对象。

(1)ETC 门架

ETC 门架是取消省界站后引入的一种新型收费基础设施,主要承担着 ETC 车辆和非ETC 车辆的路径标记和计费处理工作,它对车辆驶出收费站的最终通行费计取有着重要支撑作用,为部级、省级在处理特情时的路径还原和计费复核提供了数据基础。它的运行状态对于收费业务运转非常重要,其重点监测对象及属性如表 2.2-3 所示。

ETC 门架重点监测对象及属性   表 2.2-3

序号	监测对象类别	监测对象
1	关键设备	RSU,主要监测其运行状态,如正常、异常等,最好能对异常作出细化,能给出相关大类的异常情况表达
2		车牌识别设备,主要监测其运行状态,如正常、异常等,除此以外,还可以观察车牌识别设备的一些关键指标,如车辆捕抓成功率、号牌识别成功率、颜色识别成功率等
3		门架控制机,主要监测其运行状态,如正常、异常等;需要细化,如路段为支撑细化运维,可以监测 CPU、内存、系统盘容量等关键性能指标
4		门架服务器,主要监测其运行状态,如正常、异常等;若需要细化,如路段为支撑细化运维,可以监测 CPU、内存、系统盘容量等关键性能指标
5		机柜,主要监测当中的一些运行环境状态,如湿度、温度、柜门开/闭、电源供电等
6		摄像头,主要监测其运行状态,如正常、异常等
7		车检器,主要监测其运行状态,如正常、异常等
8		气象监测设备,主要监测其运行状态,如正常、异常等
9		车型检测器,主要监测其运行状态,如正常、异常等。同时,可以再细化到一些关键指标上,如车辆捕抓率、车型识别率、轴数识别率等
10		载重检测器,主要监测其运行状态,如正常、异常等
11	关键软件	计费参数,主要监测其版本,通过对比确认是否为最新
12		计费模块,主要监测其功能状态,如正常、异常等
13		前端软件版本,监测其版本,通过对比确认是否为最新
14		后端软件版本,监测其版本,通过对比确认是否为最新
15	数据传输	部站链路连通性,一方面,监测其连通的功能情况,如可连通、连通异常等;另一方面,可以监测其连通后的一些关键指标,如延时情况、完整情况等。若需要细化,还可以拆分到具体的关键数据接口
16	交易业务	通行交易指标,主要监测如计费成功率、计费耗时等
17		业务指标,主要监测如不同类型的特情占比、路径还原的比例等

（2）收费车道

收费车道是高速公路的重要收费基础设施,主要承担着 ETC 车辆和非 ETC 车辆的交易处理工作,并且由于当中的处理结果、生成数据会直接影响后续的清分结算、拆分结算等业务,与路段的收益和用户的出行体验密切相关,它的运行状态备受行业关注,其重点监测对象及属性如表 2.2-4 所示。

收费车道重点监测对象及属性　　　　　　　　表 2.2-4

序号	监测对象类别	监测对象
1	关键设备	RSU,主要监测其运行状态,如正常、异常等,最好能对异常作出细化,能给出相关大类的异常情况表达
2		车牌识别设备,主要监测其运行状态,如正常、异常等,除此以外,还可以观察车牌识别设备的一些关键指标,如车辆捕抓成功率、号牌识别成功率、颜色识别成功率等
3		车道控制机,主要监测其运行状态,如正常、异常等;若需要细化,如路段为支撑细化运维,可以监测 CPU、内存、系统盘容量等关键性能指标
4		站级服务器,主要监测其运行状态,如正常、异常等;若需要细化,如路段为支撑细化运维,可以监测 CPU、内存、系统盘容量等关键性能指标
5		车道控制器,主要监测其运行状态,如正常、异常等
6		读卡器,主要监测其运行状态,如正常、异常等。若需要细化,如路段为支撑细化运维,可以监测交互的时效、成功率等
7		移动支付设备,主要监测其运行状态,如正常、异常等
8		车检器设备,主要监测其运行状态,如正常、异常等
9		光栅设备,主要监测其运行状态,如正常、异常等
10		车道摄像机设备,主要监测其运行状态,如正常、异常等
11		通行信号灯设备,主要监测其运行状态,如正常、异常等
12		轴型检测器设备,主要监测其运行状态,如正常、异常等。同时,可以再细化到一些关键指标上,如轴数识别率等
13		入口治超设施设备,主要监测其运行状态,如正常、异常等。同时,可以再细化到如称重成功率、准确率等
14		费额显示器设备,主要监测其运行状态,如正常、异常等
15		信息提示屏设备,主要监测其运行状态,如正常、异常等
16		ETC 情报板设备,主要监测其运行状态,如正常、异常等
17		自动栏杆机,主要监测其运行状态,如正常、异常等。同时,还可以通过它的处理流量(含特情)来推算它的抬杆、降杆等次数
18	关键软件	收费站最小费额参数版本,主要监测其版本号,通过对比确认是否为最新
19		OBU 状态名单版本,主要监测其版本号,通过对比确认是否为最新
20		用户卡状态名单版本,主要监测其版本号,通过对比确认是否为最新
21		稽查追缴名单版本,主要监测其版本号,通过对比确认是否为最新
22	数据传输	部站链路连通性,主要监测链路是否可用,以及数据交互的及时性、准确性和完整性
23		省站链路连通性,主要监测链路是否可用,以及数据交互的及时性、准确性和完整性
24	交易业务	通行交易指标,主要监测交易成功率、交易耗时等
25		入口治超指标,主要监测入口治超的检测率、成功率等
26		ETC 使用率,主要监测 ETC 交易占比、特情占比等

（3）路段中心及收费站

路段中心及收费站的相关系统是路段开展收费日常运营工作的专业配套工具，主要承担着业务处理、数据传达等职能。由于受到企业自身的运营管理风格、要求、范畴影响，这些系统在名称、划分等方面有所区别。以下以示例的方式介绍此部分可重点监测的对象及属性内容（表2.2-5）。

路段中心/收费站重点监测对象及属性　　　　　　　　　　　　　表2.2-5

序号	监测对象类别	监测对象
1	关键设备	路段中心/站级服务器，主要监测其运行状态，如正常、异常等；若需要细化，如路段为支撑细化运维，可以监测CPU、内存、系统盘容量等关键性能指标
2	关键软件	路段中心收费系统，主要监测其软件状态、实施厂商和版本号等，对于版本号可以通过对比确认是否为最新
3		站级收费系统，主要监测其软件状态、实施厂商和版本号等，对于版本号可以通过对比确认是否为最新
4		参数下发服务，主要监测其服务状态、参数版本号等，服务状态如正常、异常等
5		站级数据传输服务，主要监测其服务状态，如正常、异常等
6		北斗授时服务，主要监测其服务状态，如正常、异常等
7		入口治超系统，主要监测其软件状态、实施厂商和版本号等，对于版本号可以通过对比确认是否为最新
8	数据传输	关键数据链路连通性，主要监测链路的可用，以及数据交互的及时性、准确性和完整性
9	运营业务	此部分一般受企业自身的运营管理风格、要求、范畴影响，监测内容可能不同单位有所区别，但是可重点围绕所涉及的关键业务运行情况展开监测，如业务量、异常占比等指标

（4）发行方

为支撑发行、客服等业务开展，发行方也需建设相关系统。同样由于受到企业自身的运营管理策略、风格、要求、范畴等影响，这些系统在名称、划分等方面会有所区别。以下将以示例的方式介绍此部分可重点监测的对象及属性内容（表2.2-6）。

发行方重点监测对象及属性　　　　　　　　　　　　　　　　表2.2-6

序号	监测对象类别	监测对象
1	关键设备	装载发行方关键应用的服务器，主要监测其运行状态，如正常、异常等；若需要细化，如路段为支撑细化运维，可以监测CPU、内存、系统盘容量等关键性能指标
2	关键软件	一次发行系统，主要监测其软件状态、实施厂商和版本号等，对于版本号可以通过对比确认是否为最新
3		二次发行系统，主要监测其软件状态、实施厂商和版本号等，对于版本号可以通过对比确认是否为最新
4		互联网发行系统，主要监测其软件状态、实施厂商和版本号等，对于版本号可以通过对比确认是否为最新
5		密钥服务系统，主要监测其软件状态、实施厂商和版本号等，对于版本号可以通过对比确认是否为最新
6	数据传输	关键数据链路连通性，主要监测链路的可用，以及数据交互的及时性、准确性和完整性

续上表

序号	监测对象类别	监测对象
7	发行业务	此部分一般受企业自身的运营管理风格、要求、范畴影响,监测内容可能不同单位有所区别,但是可重点围绕所涉及的关键业务运行情况展开监测,如发行业务量、发行异常占比、发行渠道占比等指标

（5）省联网中心

省联网中心为开展相关的业务支撑和管理工作,如清分结算、拆分结算、计费管理等,也需要建设相关系统。同样由于受到运营管理要求、范畴等影响,不同省（区、市）的系统在名称、划分等方面会有所区别。以下将以示例的方式介绍此部分可重点监测的对象及属性内容（表 2.2-7）。

省联网中心重点监测对象及属性　　　　　　表 2.2-7

序号	监测对象类别	监测对象
1	关键设备	装载省联网中心关键应用的服务器,主要监测其运行状态,如正常、异常等;若需要细化,如路段为支撑细化运维,可以监测 CPU、内存、系统盘容量等关键性能指标
2	关键软件	拆分结算系统,主要监测其软件状态、实施厂商和版本号等,对于版本号可以通过对比确认是否为最新
3		清分结算系统,主要监测其软件状态、实施厂商和版本号等,对于版本号可以通过对比确认是否为最新
4		发票管理系统,主要监测其软件状态、实施厂商和版本号等,对于版本号可以通过对比确认是否为最新
5		在线计费系统,主要监测其软件状态、实施厂商和版本号等,对于版本号可以通过对比确认是否为最新
6		数据汇聚管理系统,主要监测其软件状态、实施厂商和版本号等,对于版本号可以通过对比确认是否为最新。同时,考虑到不同系统承载不同的数据交互、汇聚,因此可以考虑基于接口来作出更为细化的监测和跟踪
7		基础参数管理系统,主要监测其软件状态、实施厂商和版本号等,对于版本号可以通过对比确认是否为最新
8	数据传输	关键数据链路连通性,主要监测链路的可用,以及数据交互的及时性、准确性和完整性。一般包括省（区、市）内数据链路和跨数据链路
9	管理业务	对省联网中心重点业务运行情况展开监测,如结算业务量、拆分处理耗时、结算处理耗时等

（6）部联网中心

部联网中心作为全网的行业指导部门,承担着全网重点收费业务的支撑、管理等工作,如跨省清分结算、跨省拆分结算、全网计费管理等,可参考省联网中心围绕重点系统、设施梳理关键对象和属性展开监测,在此不作赘述。

3）运行状态指标

为了做好运行状态监测,除了需要确定不同层级、主体的监测对象和属性外,还需要基于这些焦点、范畴作进一步拓展,即能够从中明确具备可执行性的指标对象,以指导后续实际工作,包括如何开展监测、如何核定异常、如何识别问题等。以下以 ETC 门架、收费站及车道、省联网中心为例,对其中的状态指标定义及规则作出介绍,后续可参考类似的方法对所负责对象进行分析,形成系列的运行状态指标集。

(1)ETC 门架

为对 ETC 门架系统运行状态及业务运营情况等关键要项进行监测,需基于设备状态和业务运营对象建立 ETC 门架系统运行监测指标体系,进而构建 ETC 门架系统故障告警体系。其中,ETC 门架的设备状态指标主要是通过对机电设备的心跳数据采集、分析和判断而获得,例如 RSU 状态、牌识设备状态等;ETC 门架的业务运营指标则是通过对 ETC 门架的交易情况、软件费率版本一致性、数据传输时延等进行监测和处理等获得,例如门架通行量、计费模块版本号异常率、门架车牌识别数据上传及时率等。

根据目前行业对 ETC 门架系统运行功能和性能的期待,其主要指标项如表2.2-8 所示。

门架重点监测对象的指标示例　　　　　　　　　　　　表 2.2-8

序号	监测对象类别	监测对象	监控指标
1	关键设备	RSU	RSU 状态
2		车牌识别设备	车牌识别设备状态
3		门架控制机	工控机状态
4		服务器	服务器状态
5		机柜	机柜状态
6		摄像头	摄像头状态
7		车检器	车检器状态
8		气象监测设备	气象监测设备状态
9		车型检测器	车型检测器状态
10		载重检测器	载重检测器状态
11	关键软件	计费参数	计费参数版本号异常率
12		计费模块	计费模块版本号异常率
13		前端软件版本	前端软件版本号异常率
14		后端软件版本	后台软件版本号异常率
15	数据传输	部-门架链路连通性	门架连通率
16			门架连通合格率
17			门架 RSU 正常率
18			门架车牌识别设备正常率
19			门架交易数据上传及时率
20			门架车牌识别数据上传及时率
21	交易业务	通行交易指标	门架通行量
22			门架交易额
23		业务指标	标签交易成功率[按省(区、市)]
24			标签交易成功率[按厂商]
25			用户卡交易成功率[按省(区、市)]
26			用户卡交易成功率[按厂商]
27			复合通行卡(CPC)计费成功率[按省(区、市)]
28			CPC 计费成功率[按厂商]

对于上述指标的细化定义和处理规则可参见如下处理方法：

①关键设备

·RSU 状态：通过心跳数据获取 ETC 门架 RSU 设备的状态指标信息，从而判断该设备状态。

·车牌识别设备状态：通过心跳数据获取 ETC 门架车牌识别设备的状态指标信息，从而判断该设备状态。

·门架控制机状态：通过心跳数据获取 ETC 门架工控机的状态指标信息，从而判断该设备状态。

·服务器状态：通过心跳数据获取 ETC 门架服务器的状态指标信息，从而判断该设备状态。

·机柜状态：通过心跳数据获取 ETC 门架机柜的状态指标信息，从而判断该设备状态。

·摄像头状态：通过心跳数据获取 ETC 门架摄像头的状态指标信息，从而判断该设备状态。

·车检器状态：通过心跳数据获取 ETC 门架车检器的状态指标信息，从而判断该设备状态。

·气象监测设备状态：通过心跳数据获取 ETC 门架气象监测设备的状态指标信息，从而判断该设备状态。

·车型检测器状态：通过心跳数据获取 ETC 门架车型检测器的状态指标信息，从而判断该设备状态。

·载重检测器状态：通过心跳数据获取 ETC 门架载重检测器的状态指标信息，从而判断该设备状态。

②关键软件

·计费参数版本号异常率：ETC 门架最近 15 分钟内最新心跳信息中的计费参数版本号小于时效基准版本号时，视为版本异常。其中，时效基准版本号指从部联网中心生成至站点更新时间间隔按照运营规范要求的时效范围外的最新版本号，例如按照运营规范，计费参数版本号时效是 4 个小时，那么计费参数的时效基准版本号即是 4 个小时前最新的版本号。

·计费模块版本号异常率：ETC 门架最近 15 分钟内最新心跳信息中的计费模块版本号小于时效基准版本号时，视为版本异常。其中，时效基准版本号指从部联网中心生成至站点更新时间间隔按照运营规范要求的时效范围外最新的版本号，例如按照运营规范，计费模块版本号时效是 4 个小时，那么计费模块的时效基准版本号即是 4 个小时前最新的版本号。

·前端软件版本号异常率：ETC 门架最近 15 分钟内最新心跳信息中的前端软件版本号小于当前最新版本，视为版本异常。

·后端软件版本号异常率：ETC 门架最近 15 分钟内最新心跳信息中的后端软件版本号小于当前最新版本，视为版本异常。

③部-门架链路数据传输（省-门架、路段中心-门架的链路数据传输监测指标可参照此类

方式制定)

·门架连通率:统计时段内,门架发送的心跳数量≥1视为连通,门架连通率 = 连通的门架数量/门架总数量。

·门架连通合格率:门架1小时内发送的心跳数量≥4视为连通合格,门架连通合格率 = 连通合格的门架数量/门架总数量。

·门架RSU正常率:统计时段内,门架发送的心跳信息中RSU状态正常比例≥80%的视为门架RSU状态正常,门架RSU正常率 = RSU状态正常的门架数量/门架总数量。

·门架车牌识别设备正常率:统计时段内,门架发送的心跳信息中车牌识别设备状态正常比例≥80%的视为门架车牌识别设备状态正常,门架车牌识别设备正常率 = 门架识别设备状态正常的门架数量/门架总数量。

·门架交易数据上传及时率:门架交易产生后15分钟内上传至部联网中心视为交易及时上传,以部联网中心入库时间为准,门架交易数据上传及时率 = 门架交易数据上传及时的数量/门架交易数据总量。

·门架车牌识别数据上传及时率:门架车牌识别数据产生后15分钟内上传至部联网中心视为牌识数据及时上传,以部联网中心入库时间为准,门架车牌识别数据上传及时率 = 门架车牌识别数据上传及时的数量/门架车牌识别数据总量。

④交易业务

·门架通行量:根据门架有效交易流水统计通过单个门架的通行车流量。其中对于门架通行量的分类,可以根据交易类型分为ETC通行量和其他通行量,ETC通行量指通行介质类型为OBU的通行量,其他通行量指通行介质类型不为OBU的通行量。

·门架交易额:根据门架有效交易流水统计通过单个门架的所有车辆的计费金额总和。其中对于门架交易额的分类,可以根据交易类型分为ETC交易额和其他交易额,ETC交易额指通行介质类型为OBU的交易额,其他交易额指通行介质类型不为OBU的交易额。

·标签交易成功率:先筛选出标签交易数据,即通行介质类型为ETC的车辆,且标签交易成功,并根据特情类型字段剔除业务拒绝的特情,以该数据作为标签交易成功率的分母,然后从分母数据中筛选出交易成功的流水作为分子。可按照省(区、市)维度、标签厂商维度分别进行统计。

·用户卡交易成功率:先筛选出用户卡交易数据,即通行介质类型为ETC的车辆,且用户卡交易成功,并根据特情类型字段剔除业务拒绝的特情,以该数据作为用户卡交易成功率的分母,然后从分母数据中筛选出交易成功的流水作为分子。可按照省(区、市)维度、用户卡厂商维度分别进行统计。

·CPC计费成功率:先筛选出CPC计费数据,即通行介质类型为CPC的车辆,筛选CPC交易成功,并根据特情类型字段剔除业务拒绝的特情,以该分母数据作为统计基数,然后从分母数据中筛选出交易成功的流水作为分子。可按照省(区、市)维度、CPC卡厂商维度分别进行统计。

(2)收费站及车道

高速公路联网收费业务的稳定运行,离不开最为基础的车道设施及与之紧密连接的收费站。结合它们的关键设备分布及其所承载的业务特点,有关此部分运行状态监测指标的制定,一方面应聚焦在对联网收费体系容易造成影响的关键指标上,如关键设备、软件、数据和链路的运行状态指标、业务运营关键指标等;另一方面应构建起与这些运行监测指标体系相配套的异常或故障告警体系,确保能触发责任主体并及时响应处理。

　　收费站及车道的设备运行状态指标主要是通过收费车道系统中的机电设备心跳数据来支撑,从中可以比较容易地辨识到这些关键设备的运行状态,例如 RSU 状态、牌识设备状态等;另外,收费站及车道的业务运营指标则更多聚焦于收费车道的交易情况、软件费率版本一致性、数据传输时延等方面,它们对于收费站或车道收费业务开展有着直接影响。

　　根据行业目前对收费站及车道系统运行功能和性能的期待,它们涉及的重点监测指标如表 2.2-9 所示。

收费站及车道重点监测对象的指标示例　　　　表 2.2-9

序号	监测对象类别	监测对象	监控指标
1	关键设备	RSU	RSU 状态
2		车牌识别设备	车牌识别设备状态
3		工控机	工控机状态
4		站级服务器	站级服务器状态
5		车道控制器	车道控制器状态
6		读卡器	读卡器状态
7		移动支付设备	移动支付设备状态
8		车检器设备	车检器设备状态
9		光栅设备	光栅设备状态
10		车道摄像机设备	车道摄像机设备状态
11		通行信号灯设备	通行信号灯设备状态
12		轴型检测器设备	轴型检测器设备状态
13		入口治超设施设备	入口治超设施设备状态
14		费额显示器设备	费额显示器设备状态
15		信息提示屏设备	信息提示屏设备状态
16		ETC 情报板设备	ETC 情报板设备状态
17		自动栏杆机	自动栏杆机状态
18	关键软件	最小费额参数版本	最小费额参数版本异常率
19		OBU 状态名单版本	OBU 状态名单版本异常率
20		用户卡状态名单版本	用户卡状态名单版本异常率
21		稽查追缴名单版本	稽查追缴名单版本异常率

续上表

序号	监测对象类别	监测对象	监控指标
22	数据传输	部-站链路连通性	车道连通率
23			车道连通合格率
24			车道 RSU 正常率
25			车道车牌识别设备正常率
26			车道控制器正常率
27			出口收费站交易上传及时率
28			入口收费站交易上传及时率
29			入口收费站交易上传晚于出口收费站交易上传比率
30		数据传输完整性	入口站日处理统计数上传率
31			出口站日处理统计数上传率
32			有入无出交易占比
33		数据传输及时性	部-站入口交易数据上传及时性
34			部-站出口交易数据上传及时性
35			部-省出口交易数据上传及时性
36			收费站汇总数据上传及时性
37		数据传输准确性	入口数据重复率
38			出口数据重复率
39		数据传输一致性	部-站数据量一致率
40			部-省数据量一致率
41			部-站交易额一致率
42			部-省交易量一致率
43	交易业务	通行交易指标	入口通行量
44			出口通行量
45			入口货车流量率
46			出口货车流量率
47			出口绿通车流量率
48			出口免费车流量率
49			出口交易额
50			入口 ETC 交易耗时
51			出口 ETC 交易耗时
52		入口治超指标	入口称重检测数据上传及时率
53			入口称重检测数据匹配率
54		ETC 使用率	入口 ETC 使用率
55			入口 MTC 使用率
56			出口 ETC 使用率
57			出口 MTC 使用率

对于上述指标的细化定义和处理规则可参见如下处理方法：

①关键设备

·RSU 状态：通过心跳数据获取收费站 RSU 的状态指标信息，判断该设备状态。

·车牌识别设备状态：通过心跳数据获取收费站车牌识别设备的状态指标信息，判断该设备状态。

·车道工控机：通过心跳数据获取收费站工控机的状态指标信息，判断该设备状态。

·站级服务器状态：通过心跳数据获取收费站站级服务器的状态指标信息，判断该设备状态。

·车道控制器状态：通过心跳数据获取收费站车道控制器的状态指标信息，判断该设备状态。

·读卡器状态：通过心跳数据获取收费站读卡器的状态指标信息，判断该设备状态。

·移动支付设备状态：通过心跳数据获取收费站移动支付设备的状态指标信息，判断该设备状态。

·车检器设备状态：通过心跳数据获取收费站车检器设备的状态指标信息，判断该设备状态。

·光栅设备状态：通过心跳数据获取收费站光栅设备的状态指标信息，判断该设备状态。

·车道摄像机设备状态：通过心跳数据获取收费站车道摄像机设备的状态指标信息，判断该设备状态。

·通行信号灯设备状态：通过心跳数据获取收费站通行信号灯设备的状态指标信息，判断该设备状态。

·轴型检测器设备状态：通过心跳数据获取收费站轴型检测器设备的状态指标信息，判断该设备状态。

·入口治超设施设备状态：通过心跳数据获取入口治超设施设备的状态指标信息，判断该设备状态。

·费额显示器设备状态：通过心跳数据获取收费站费额显示器设备的状态指标信息，判断该设备状态。

·信息提示屏设备状态：通过心跳数据获取收费站信息提示牌设备的状态指标信息，判断该设备状态。

·ETC 情报板设备状态：通过心跳数据获取收费站 ETC 情报板设备的状态指标信息，判断该设备状态。

·自动栏杆机状态：通过心跳数据获取收费站自动栏杆机的状态指标信息，判断该设备状态。

②关键软件

·最小费额参数版本异常率：收费站最近15分钟内最新心跳信息中的最小费额参数版本号小于时效基准版本号时，视为版本异常。其中，时效基准版本号指从部联网中心生成至站点更新时间间隔按照运营规范要求的时效范围外的最新版本号，例如按照运营规范，最小费额参数版本生效日期是每个月的 1 日和 16 日,每个月这两个日期对应的最小费额参数则是最新的版本号。

·OBU 状态名单版本异常率:收费站最近 15 分钟内最新心跳信息中的 OBU 状态名单版本号小于时效基准版本号时,视为版本异常。其中,时效基准版本号指从部联网中心生成至车道更新时间间隔按照运营规范要求的时效范围外最新的版本号,例如按照运营规范,OBU 状态名单到车道生效时间不超过 4 个小时,那么 OBU 状态名单的时效基准版本号即是 4 个小时前最新的版本号。

·用户卡状态名单版本异常率:收费站最近 15 分钟内最新心跳信息中的用户卡状态名单版本号小于时效基准版本号时,视为版本异常。其中,时效基准版本号指从部联网中心生成至车道更新时间间隔按照运营规范要求的时效范围外最新的版本号,例如按照运营规范,用户卡状态名单到车道生效时间不超过 4 个小时,那么用户卡状态名单的时效基准版本号即是 4 个小时前最新的版本号。

·稽查追缴名单版本异常率:收费站最近 15 分钟内最新心跳信息中的稽查追缴名单版本号小于时效基准版本号时,视为版本异常。其中,时效基准版本号指从部联网中心生成至车道更新时间间隔按照运营规范要求的时效范围外最新的版本号,例如按照运营规范,稽查追缴名单到车道生效时间不超过 4 个小时,那么用户卡状态名单的时效基准版本号即是 4 个小时前最新的版本号。

③部-站链路连通性(省-站、路段中心-站的链路数据传输监测可参照)

·车道连通率:车道连通率 = 连通的车道数量/车道总数量,其中,统计时段内,车道发送的心跳数量≥1 视为连通。

·车道连通合格率:车道连通合格率 = 连通合格的车道数量/车道总数量,其中,车道 1 小时内发送的心跳数量≥4 视为连通合格。

·车道 RSU 正常率:车道 RSU 正常率 = RSU 状态正常的车道数量/车道总数量,其中,统计时段内,车道发送的心跳信息中 RSU 状态正常比例≥80% 的视为车道 RSU 状态正常。

·车道车牌识别设备正常率:车道车牌识别设备正常率 = 车牌识别设备状态正常的车道数量/车道总数量,其中,统计时段内,车道发送的心跳信息中车牌识别设备状态正常比例≥80% 的视为车道车牌识别设备状态正常。

·车道控制器正常率:车道控制器正常率 = 车道控制器状态正常的车道数量/车道总数量,其中,统计时段内,车道发送的心跳信息中车道控制器状态正常比例≥80% 的视为车道控制器状态正常。

·出口收费站交易上传及时率:出口收费站交易上传及时率 = 出口收费站上传及时交易数量/出口收费站上传交易总量,其中,出口收费站交易产生后 15 分钟内(含 15 分钟)上传至部联网中心视为出口收费站交易上传及时。

·入口收费站交易上传及时率:入口收费站交易上传及时率 = 入口收费站上传及时交易数量/入口收费站上传交易总量,其中,入口收费站交易产生后 15 分钟内(含 15 分钟)上传至部联网中心视为入口收费站交易上传及时。

·入口收费站交易上传晚于出口收费站交易上传比率:入口收费站交易上传晚于出口收费站交易上传比率=入口收费站交易数据上传晚于出口收费站交易上传的数量/入口收费站上传交易总量,其中,相同通行车辆(以通行编码相同作为判断标准)入口收费站交易数据晚于出口收费站交易数据上传至部联网中心视为入口收费站交易上传不合格。

④数据传输完整性

·入口站日处理统计数上传率:入口站日处理统计数上传率=日处理统计数上传入口站数量/入口站总数量。

·出口站日处理统计数上传率:出口站日处理统计数上传率=日处理统计数上传出口站数量/出口站总数量。

·有入无出交易占比:有入无出占比=有入无出交易笔数/入口交易笔数,其中,有入无出交易笔数是指在统计时段内从部联网中心接收的入口交易数据中,找出的不存在对应出口交易数据的入口交易数据总量。

⑤数据传输及时性

·部-站入口交易数据上传及时性:部-站入口交易数据上传时长分别按照5分钟、5分钟~1小时、1小时~1天、超过1天进行统计,通过部-站入口交易数据生成时间与部联网中心接收时间的时间差计算各个时段的数据量。

·部-站出口交易数据上传及时性:部-站出口交易数据上传时长分别按照5分钟、5分钟~1小时、1小时~1天、超过1天进行统计,通过部-站出口交易数据生成时间与部联网中心接收时间的时间差计算各个时段的数据量。

·部-省出口交易数据上传及时性:部-省出口交易数据上传时长分别按照ETC/MTC 5分钟、ETC/MTC 5分钟~4天、ETC/MTC超过4天进行统计,通过部-省出口交易数据生成时间与部联网中心接收时间的时间差计算各个时段数据量。

·收费站汇总数据上传及时性:部-站收费站汇总数据上传时长分别按照1小时、1小时~1天、1天~4天、超过4天进行统计,通过部-站收费站汇总数据生成时间与部联网中心接收时间的时间差计算各个时段的数据量。

⑥数据传输准确性

·入口数据重复率:入口数据重复率=入口重复数据/入口总数据,其中,入口重复数据是指通行编码(passID)出现重复的入口交易数据总量。

·出口数据重复率:出口数据重复率=出口重复数据/出口总数据,其中,出口重复数据是指通行编码(passID)出现重复的出口交易数据总量。

⑦数据传输一致性

·部-站数据量一致率:部-站数据量一致率=一致数据量/部-站数据量,其中,一致数据量为统计时段内通过部-站直传链路与部-省链路二者均上传且数据一致的交易流水数据量;部-站数据量为统计时段内通过部-站直传链路传输的交易流水数据量。

·部-省数据量一致率:部-省数据量一致率=一致数据量/部-省数据量,其中,一致数据量为统计时段内通过部-站直传链路与部-省链路二者均上传且数据一致的交易流水数据量;

部-省数据量为统计时段内通过部-省链路传输的交易流水数据量。

· 部-站交易额一致率:部-站交易额一致率＝一致交易额/部-站交易额,其中,一致交易额为统计时段内通过部-站直传链路与部-省链路二者均上传且数据一致的交易流水中的交易额;部-站交易额为统计时段内通过部-站直传链路传输的交易流水中的交易额。

· 部-省交易量一致率:部-省交易额一致率＝一致交易额/部-省交易额,其中,一致交易额为统计时段内通过部-站直传链路与部-省链路二者均上传且数据一致的交易流水中的交易额;部-省交易额为统计时段内通过部-省链路传输的交易流水中的交易额。

⑧通行交易指标

· 入口通行量:根据入口车道有效交易流水统计收费站的通行车流量,其中,入口通行量根据交易类型分为 ETC 通行量和其他通行量,ETC 通行量指通行介质类型为 OBU 的通行量,其他通行量是指通行介质类型不为 OBU 的通行量。

· 出口通行量:根据出口车道有效交易流水统计收费站的通行车流量,其中,出口通行量根据交易类型分为 ETC 通行量和其他通行量,ETC 通行量指通行介质类型为 OBU 的通行量,其他通行量是指通行介质类型不为 OBU 的通行量。

· 入口货车流量率:入口货车流量率＝入口车道货车通行量/入口车道通行车流量,其中,货车车型为 11-一型货车、12-二型货车、13-三型货车、14-四型货车、15-五型货车、16-六型货车。

· 出口货车流量率:出口货车流量率＝出口车道货车通行量/出口车道通行车流量,其中,货车车型为 11-一型货车、12-二型货车、13-三型货车、14-四型货车、15-五型货车、16-六型货车。

· 出口绿通车流量率:出口绿通车流量率＝出口车道绿通车通行量/出口车道通行车流量,其中,绿通车车种为 21-绿通车。

· 出口免费车流量率:出口免费车流量率＝出口车道免费车通行量/出口车道通行车流量,其中,免费车车种为 8-军警、10-紧急、14-车队(35 号公告已定义)、21-绿通车、22-联合收割机、23-抢险救灾、26-应急车。

· 出口交易额:根据出口车道有效交易流水统计收费站所有车辆的交易金额总和,其中,出口交易额根据交易类型分为 ETC 交易额和其他交易额,ETC 交易额是指通行介质类型为 OBU 的交易额,其他交易额是指通行介质类型不为 OBU 的交易额。

· 入口 ETC 交易耗时:入口 ETC 交易成功流水中的交易耗时平均值,其中,交易耗时为首次收到天线信息反馈时间到最后收到天线信息反馈时间之差,如产生多次交互应进行时间累加,如 B2 帧—B3 帧或 B2 帧—B3 帧—B4 帧或 B2 帧—B5 帧。

· 出口 ETC 交易耗时:出口 ETC 交易成功流水中的交易耗时平均值,其中,交易耗时为首次收到天线信息反馈时间到最后收到天线信息反馈时间之差,如产生多次交互应进行时间累加,如 B2 帧—B3 帧或 B2 帧—B3 帧—B4 帧或 B2 帧—B5 帧。

⑨入口治超指标

· 入口称重检测数据上传及时率

入口称重检测数据上传及时率＝入口称重检测数据上传及时交易数量/入口称重检测

数据上传总量,其中,入口称重数据产生后15分钟内(含15分钟)上传至部联网中心视为入口称重检测数据上传及时,以部联网中心入库时间为准。

·入口称重检测数据匹配率

入口称重检测数据匹配率 = 匹配称重检测数据的入口交易量/入口交易总量,其中,入口称重检测数据与入口交易数据为同一入口站同一车牌,且交易时间和称重检测数据的检测时间相差在1小时内视为两者匹配。

⑩ETC 使用率

·入口 ETC 使用率:ETC 使用率 = 入口交易通行介质为 OBU 的交易数量/总的入口交易量,可按照省(区、市)维度、车型维度分别进行统计。

·入口 MTC 使用率:入口 MTC 使用率 = 入口交易通行介质非 OBU 的交易数量/总的入口交易量,可按照省(区、市)维度、车型维度分别进行统计。

·出口 ETC 使用率:出口 ETC 使用率 = 出口 ETC 交易数量/总出口交易量(含出口 ETC 交易和出口其他交易),其中,ETC 交易以 transPayType 作为标识(可按单卡和套装统计在 ETC 交易中的占比),可按照省(区、市)维度、车型维度分别进行统计。

·出口 MTC 使用率:出口 MTC 使用率 = 出口其他交易数量/总出口交易量(含出口 ETC 交易和出口其他交易),可按照省(区、市)维度、车型维度分别进行统计。

4)管理办法

为确保运行状态监测的目标能真正落实及贯彻到各层级、各单位的日常工作中,无论是全网的部级行业指导部门,还是各省(区、市)机构、单位,一般都会制定系列的运行状态监测管理文件,从组织、形式和要求等方面去规范和指导高速公路联网收费各参与单位的系统运行状态监测作业。

在管理组织上,各层级、各单位可以根据自身的运行状态监测权责去构建组织关系,但应尽可能做到专岗、专职,这样才能确保有足够力量来支撑这套体系的持续有效运转。另外,在开展日常工作时,一定要梳理好各项工作的相互影响关系,对于影响大的事件必须建立通报机制,确保其他干系主体能及时获知,及时处理好这类状态为已知或已发生的事件,让其造成的消极影响和损害降到最低。

对于管理内容,虽然运行状态监测的观察对象、关注指标、作业内容与运行风险监测有所区别,但由于均为监测业务大类项,因此管理内容上可以互相融合兼并,提高管理工作效率。

2.2.3 质量评价监测

相较于前述的运行风险监测和运行状态监测,系统运行的质量评价可以视为是一种"事后"管控的手段。它主要是根据 ETC 门架系统、收费车道系统的运行状态、运营业务等各类指标和设施状态,通过质量评价的方法和模型进行综合评定,以定性和定量结合的评价方法助力质量问题的发现并有针对性地展开问题整治和攻关提升。

1)评价层级

与运行风险监测子体系和运行状态监测子体系类似,质量评价监测子体系也是采用部、省、路段/发行方的三级架构,在此基础上去构建相应的信息化、数字化支撑系统或工具。这些系统或工具主要是用于实现对联网收费系统内关键运行指标实时状态及波动的监测,并输入到系列的质量评估模型中,得出面向不同对象(如 ETC 门架、收费车道等)的设备运行质量、设备服务质量、业务数据质量、业务指标质量等多种评价结果。

(1)路段的质量评价工作与发行方有很多相似之处,均是承担着所辖系统的质量评价、监测和处理职责,但在面向的对象上主要为路段中心、收费站、ETC 门架等。

(2)发行方的质量评价工作除了需遵循部联网中心、省联网中心的评价指标体系和管理办法外,应该着重在质量问题的确定和处理上。因为发行方不仅承载着自身监管和向上负责的角色,还承担着具体解决相关质量问题的角色。因此,对于它的质量评价不应仅局限于事前、事中这类监测型的工作,还应注重问题处理后的质量复查和复核等事后型的评价工作。

(3)省联网中心的质量评价工作应该是在部联网中心的评价指标体系和管理办法基础上,根据自身业务及监测管辖需求来开展。省联网中心可构建与之配套的信息化、数字化系统或工具,以此实现对指标的监测和评价管理;同时对于发现的质量问题(含自身或其他方)应及时作出通报、上报,确保相关责任方可以尽早对这些质量问题进行整改。

(4)部联网中心的质量评价监测主要面向全网的关键业务系统、设施及对象,如全网 ETC 门架、收费车道系统的设备运行质量、设备服务质量、数据质量、业务指标质量等。同时,部联网中心作为行业重要指导部门,为了能更好地掌握行业运行质量情况及作出有效应对,可考虑组建质量评价专家小组,通过相关方法和要求的宣贯,指导各省(区、市)有关单位更好地开展日常质量监测和整体评价工作。

2)质量评价体系

联网收费系统涉及的范围和内容较多,为此,本章节主要以收费的数据质量为出发点,通过向大家介绍收费数据质量评价指标体系的建立过程及相关要项,让大家可以了解到类似工作的开展方法,如应如何定位质量、质量指标又应如何提炼等,以便后续构建其他同类质量指标。

下面示例涉及的质量评价对象主要集中在收费车道业务运行质量、门架业务运行质量、收费站业务运行质量、省联网中心业务运行质量等方面,这些质量评价分项的对象、指标及计算方式如下。

(1)收费车道业务运行质量

由于收费车道大体分为入口和出口两大类,虽然在设备配置上较类似,但是两者承载的业务内容则有所区别,如入口主要为 ETC 车辆提供 ETC 交易处理、为非 ETC 车辆提供发 CPC 卡处理,出口主要为 ETC 车辆提供 ETC 交易处理、为非 ETC 车辆提供回收 CPC 卡并作其他交易(如现金支付、微信支付、支付宝支付等)处理。这些业务上的差异也就造就了与之紧密联系的业务数据会在质量问题的呈现上有所区别。对于收费车道业务运行质量指标的构建参见表 2.2-10。

收费车道业务运行质量评价指标示例　　　　　　　表 2.2-10

类型	对象	指标	计算方式
收费车道业务运行质量	收费车道设备运行质量	天线状态正常率	车道心跳上传正常状态的数量/应上传正常状态的总量×100%
		牌识设备状态正常率	车道牌识设备心跳上传正常的数量/应上传正常状态的总量×100%
		车道控制机状态正常率	车道控制机心跳上传正常的数量/应上传正常状态的总量×100%
		出口牌识成功率	出口车道识别的车牌在 10 分钟内有同车道交易流水的数量/车道交易流水数量×100%
		入口牌识成功率	入口车道识别的车牌在 10 分钟内有同车道交易流水的数量/车道交易流水数量×100%
		车道卡状态名单下载及时率	车道下载的卡状态名单版本的时间与部联网中心生成版本时间之差 <2.5 小时的数量/版本总数量×100%
		车道标签状态名单下载及时率	车道下载的标签状态名单版本的时间与部联网中心生成版本时间之差 <2.5 小时的数量/版本总数量×100%
		车道追缴名单增量下载及时率	车道下载的追缴名单版本的时间与部联网中心生成版本时间之差 <4 小时的数量/版本总数量×100%
		出口车道 OBU 交易成功率	出口 ETC 车道交易成功的流水量/ETC 车道上传的所有标记为 OBU 的交易流水量(5 分钟去重)×100%
		入口车道 OBU 交易成功率	入口 ETC 车道交易成功的流水量/ETC 车道上传的所有标记为 OBU 的交易流水量(5 分钟去重)×100%
	出口车道业务数据质量	出口车道牌识流水上传及时率	出口车道上传牌识的上传时间与牌识生成时间之差 <15 分钟的流水数量/所有上传的牌识流水数量×100%
		出口车道流水上传及时率	出口车道上传交易的上传时间与交易生成时间之差 <15 分钟的交易数量/所有上传的交易数量×100%
		出口交易数据重复率	同一车牌在同一收费站 5 分钟之内上传多条交易的流水数量/该收费站所有交易流水量×100%
		ETC 车辆无入口信息率	出口交易为 ETC 支付和 ETC 刷卡支付的交易量无对应入口信息的交易数量/出口交易为 ETC 支付和 ETC 刷卡支付的所有交易量×100%
		出口无分省信息率	出口交易信息中无分省信息的交易量/出口所有交易量×100%
		出口车牌异常率(默认车牌)	出口交易车牌为默认车牌的交易量/出口所有交易量×100%
		出口货车轴数填报率	货车出口交易中填写轴数的交易量/货车出口总交易量×100%
		出口货车轴数异常率	货车出口轴数(2~6 轴)与出口车型不对应且 ETC 货车车种不为牵引拖挂车种的交易量 + 轴数 >10 轴的交易量/货车出口交易总量×100%
		出口货车计费里程异常率	出口交易货车实际计费里程 <最短路径里程的交易量/货车总交易量×100%
		出口货车车型异常率	货车出入口车型不一致异常的数量/出口交易总数量×100%
		出口 ETC 交易发行服务机构异常率	ETC 卡编号位数不够或前四位与发行服务机构不一致的数量/ETC 总交易×100%

续上表

类型	对象	指标	计算方式
收费车道业务运行质量	入口车道业务数据质量	入口车道牌识流水上传及时率	入口车道上传牌识的上传时间与牌识生成时间之差<15分钟的流水数量/入口所有上传的牌识流水数量×100%
		入口车道流水上传及时率	入口车道上传交易的上传时间与交易生成时间之差<15分钟的交易数量/入口所有上传的交易数量×100%
		入口交易数据重复率	同一车牌在同一收费站5分钟之内上传多条交易的流水数量/该收费站所有交易流水量×100%
		入口货车重量异常率	入口货车交易中,非大件运输交易的货一到货六普通货车入口重量超过轴数的最大限重或为空/非大件运输交易的货一到货六普通货车交易量×100%
		入口货车轴数填报率	货车入口交易中填写轴数的交易量/货车入口总交易量×100%
		入口货车轴数异常率	货车入口轴数(2~6轴)与入口车型不对应且ETC货车车种不为牵引拖挂车种的交易量+轴数>10轴的交易量/货车入口交易总量×100%
		入口车牌异常率(默认车牌)	入口交易车牌为默认车牌的交易量/入口所有交易量×100%
		入口交易时间异常率	入口时间为空,或者大于入库时间的交易量/入口总交易量×100%
		入口交易车道HEX异常率	入口车道HEX为空、入口车道HEX不存在的交易量/入口总交易量×100%

(2)ETC门架业务运行质量

ETC门架设备相较于收费车道而言在类型和数量上会少些,但是它质量的好与坏对于业务的影响也非常大,需要给予重点关注。ETC门架业务主要是聚焦在计费和关键信息的写入上,这些关键动作的完成质量在业务数据上可谓表露无遗,其具体业务运行质量指标的构建参见表2.2-11。

ETC门架业务运行质量评价指标示例　　　　　　表2.2-11

类型	对象	指标	计算方式
门架业务运行质量	门架设备运行质量	连通合格率	每小时上传心跳>4条的连通的门架数量/门架总数量×100%
		天线状态正常率	车道心跳上传正常状态的数量/应上传正常状态的总量×100%
		牌识状态正常率	车道牌识设备心跳上传正常的数量/应上传正常状态的总量×100%
		标签交易成功率	OBU标签门架成功交易的数量/门架总交易量×100%(排除特情)
		门架ETC卡交易成功率	ETC卡门架成功交易的数量/总交易量×100%
		门架CPC卡交易成功率	CPC卡门架成功交易的数量/总交易量×100%
		ETC牌识成功率	门架标签牌识与门架标签交易成功的车牌号一致的数量/门架标签交易成功的流水数量×100%
		CPC牌识成功率	门架CPC车辆牌识与门架CPC交易成功的车牌号一致的数量/门架CPC交易成功的流水数量×100%

续上表

类型	对象	指标	计算方式
门架业务运行质量	门架业务数据质量	计费扣费流水上传及时率	门架上传计费扣费交易的上传时间与交易生成时间之差 < 15 分钟的交易数量/门架所有上传的交易数量×100%
		牌识流水上传及时率	门架上传牌识的上传时间与牌识生成时间之差 < 15 分钟的流水数量/门架上传的牌识流水总数量×100%
		门架有牌识无交易率	门架上传的牌识无门架计费扣费交易信息的数量(牌识时间和交易时间在 10 分钟内)/门架牌识数据总量×100%
		门架有交易无牌识率	门架计费扣费交易数据有门架牌识信息的数量(交易时间和牌识时间在 10 分钟内)/门架计费扣费交易数据总量×100%

（3）收费站业务运行质量

收费站的业务运行质量主要可分为两大部分：一部分与所管辖的车道运行情况密切相关，但是此时可以从整站的角度来进行评价，让它更具备整体性，特别随着未来标准收费站的建设，有关站的战略地位将慢慢超过车道，随之对于质量的要求也会提升，必须重点关注；另一部分，应该是其自身所承担的数据交互职能层面上，站作为关键的边端节点，承载着重要数据的上传下达，若有问题很容易引发交易争议或者流水滞留，这些都容易给路段带来损失、给车主带来不便。对于收费站业务运行质量指标的构建参见表 2.2-12。

收费站业务运行质量评价指标示例　　　　　表 2.2-12

类型	对象	指标	计算方式
收费站运行质量	收费站车道设备运行质量	收费站车道连通合格率	该收费站中每小时上传心跳 > 4 条的车道数量/该收费站车道总数量×100%
		收费站车道天线状态合格率	该收费站中车道天线心跳上传正常(正常率 > 80%)的车道数量/该收费站车道总量×100%
		收费站车道牌识状态合格率	该收费站中牌识设备心跳状态上传正常(正常率 > 80%)的车道数量/该收费站总的车道总量×100%
		收费站车道控制器状态合格率	该收费站中车道控制器心跳上传正常(正常率 > 80%)的车道数量/该收费站总的车道总量×100%
	收费站业务数据质量	收费站车道牌识流水上传及时率	该收费站中车道牌识上传及时(牌识上传及时率 > 95%)的车道数量/该收费站总的车道总量×100%
		收费站车道入口流水上传及时率	该收费站中车道牌识上传及时(入口流水上传及时率 > 95%)的车道数量/该收费站总的车道总量×100%
		收费站车道出口流水上传及时率	该收费站中车道牌识上传及时(出口流水上传及时率 > 95%)的车道数量/该收费站总的车道总量×100%

（4）省联网中心业务运行质量

省联网中心承载着省（区、市）内的运营、管理和服务支撑等众多重要业务，这些业务可能在不同省（区、市）会存在着复杂度、内容量、规则性等方面的差别，但随着全网协同运作的发展，在数据层面上无疑还是会不断地趋向一致。因此，对于省联网中心业务运行质量的管控应聚焦在数据方面，特别是数据传输方面，其业务运行质量指标的构建参见表 2.2-13。

省联网中心业务运行质量评价指标示例　　　　　　　　表 2.2-13

类型	对象	指标	计算方式
省联网中心业务运行质量	省联网中心数据传输质量	跨省(区、市)ETC 出口数据上传及时率	跨省 ETC 出口交易的上传到部时间与交易生成时间之差 <1 天的交易数量/跨省 ETC 出口所有上传的交易数量×100%
		记账返回及时率	部联网中心发布交易数据之时起在规定时间记账返回的交易量/规定时间内应及时记账返回的交易总量×100%(1 天返回算及时)
		省(区、市)内发票数据上传及时率	省(区、市)内发票数据上传到部时间与交易生成时间之差 <2 天的交易数量/省(区、市)内发票上传总量×100%
		跨省(区、市)发票数据上传及时率	跨省(区、市)发票数据上传到部时间与部联网中心拆分时间之差 <2 天的交易数量/跨省(区、市)发票上传总量×100%
		门架汇总数据上传及时率	门架汇总记录上传到部时间与记录交易时间之差 <4 天的数据量/总的门架交易汇总数据上传量×100%
		预追缴名单增量版本下载及时率	省联网中心预追缴名单下载时间与预追缴名单增量版本生成的时间之差 <1 小时的下载数量/生成的增量版本总量×100%
		追缴名单增量版本下载及时率	省联网中心追缴名单下载时间与追缴名单增量版本生成的时间之差 <1 小时的下载数量/生成的增量版本总量×100%
		出口流水匹配率	1.出口交易流水与入口交易流水车牌 + PassID 匹配的数量 2.出口匹配省界门架入口车牌 + PassID 匹配的数量 3.省界门架出口匹配省界门架入口车牌 + PassID 匹配的数量 4.省界门架出口匹配入口流水车牌 + PassID 匹配的数量 (1 +2 +3 +4)/(出口交易流水 + 省界门架出口流水) * 100%

3)管理办法

质量评价由于属于一种事后型的举措,在实际的作业和管理中,往往容易被忽视,其较之前面提及的运行风险监测和运行状态监测更需要一些配套的管理文件予以规范和指导,特别是一些绩效考核措施,更有助于促使这整套的运行监测体系真正地为行业保驾护航。

在质量评价的这些管理办法、规则等要求上,一方面应遵循当下的行业运行架构,梳理好评价主体的承上启下、向左向右的关系;另一方面则要注意与运行风险监测、运行状态监测形成有效的衔接,促使三者合理闭环,实现全方位的监测保障管理效果。

2.3　运行监测体系技术支撑

2.3.1　常用支撑技术介绍

1)多维度数据采集及处理技术

早期,我国高速公路在一些相关系统、设施、运行等技术和业务信息采集上多是通过人工计数或人工观察的方式,此类数据采集方式十分落后,处处需要人工介入,给涉及需处理的目标在数量、质量、覆盖范围等方面都带来了严重的制约,导致所形成的支撑能力也往往未能充分体现或难以持续。若仍以此类传统方式应对当下行业的运行监测发展所需,无疑会对路网运行稳定性的保障带来很大的阻碍,使其处处受限。

当前计算机及通信技术的飞速发展,以及我国高速公路联网收费行业近年来在建设上的突飞猛进,驱使行业整体的技术、业务水平达到了一个新的高度,也给高速公路运营、管理支撑带来了新变化和新机遇。当中,数据采集正是其中的显著代表,如何通过新兴技术的运用,实现对高速公路联网收费基础、业务、状态等多维数据的高效采集,已被视为保障联网收费系统健康、稳定和持久运行的重要攻坚方向之一。

按照当前行业在运行监测上提出的相关运营、管理等要求,为实现对联网收费系统整体运行情况的监测与控制,需要对高速路网中的这些关键收费设备数据、车辆通行交易数据、气象环境数据等进行采集和分析。当然,根据不同类型的数据特点,涉及的采集技术与方式肯定也有所差异,以下介绍下这些数据常用到的数据采集技术。

(1)关键收费设备数据采集

对关键收费设备数据的采集,通常包括对设备的静态信息数据(设备的类型、品牌、型号、数量、金额、采购时间等)和动态数据(实时状态数据,包括设备的工作电压、电流、环境温度、湿度、接口状态、通信链路状态等)的采集。其中,静态数据的采集频率一般会较低,可在设备入网阶段即展开采集;动态数据指 ETC 门架、收费站等关键部位的设备运行状态数据,通常这类数据采集频率较高,需要采集程序不停地更新和抓取数据,表 2.3-1 为动态数据采集的主要涉及设备示例。

ETC 门架和收费站设备动态数据采集示例　　　　　　　　表 2.3-1

序号	收费门架	收费站
1	前端工控机	RSU
2	后台服务器	车道控制器
3	监控控制器	站级服务器
4	车检器	读卡器
5	气象监测器	自动栏杆机
6	车型检测器	移动支付设备
7	载重监测器	车牌识别设备
8	温控设备	车检器
9	供电设备	轴型检测器
10	车牌识别设备	光栅
11	天线控制器	车道摄像机
12	天线头	费额显示屏
13	PSAM 卡	信息提示屏
14	市电	通行信号灯
15	UPS	ETC 情报板
16	空调	入口治超设施
17	门磁传感器	
18	温湿度传感器	
19	烟雾传感器	
20	水浸传感器	

（2）车辆通行交易数据采集

对于车辆通行数据，有来自联网收费系统的交易数据，也有来自其他外场智能设备、传感器所记录的，如视频图像、电感检测、地磁检测等数据。对于车辆交易数据，目前主要有两大类，一种是由ETC门架所生成的计费类交易数据，它主要是通过ETC门架系统的相关业务处理获得；另外一种则是通过收费车道系统交易处理时获得。无论是前者还是后者，都会按照标准化接口，通过网络传输到相关上级系统中，如路段中心、省联网中心等，并存储在这些中心系统的关系型数据库中。由于交易数据的采集技术较为明确，大家有兴趣了解可以查看如《收费公路联网收费技术标准》（JTG 6310—2022）等技术规范文件，此处我们就不再赘述，主要介绍下通行数据。

与前面介绍的关键设备数据采集类似，按照信息的变动频率，车辆通行数据可分为静态数据和动态数据。其中，静态数据包括高速公路网数据、机动车保有量数据、交通设施数据、驾驶员数据等，指在一段时间内稳定不变的，且与车辆通行密切相关的数据，由于静态数据的采集频率较低，且大多需要通过信息共享的方式获得，如机动车保有量数据通常由各地统计局提供、驾驶员数据则由各地交管局提供等，且与本次我们谈及的联网收费系统运行监测没有直接关系，为此暂不对该类数据的采集方式及技术进一步阐述。

动态数据主要包括在时间和空间上不断变化的通行状况数据、气象环境数据、道路养护施工信息、交通管制数据等。这些数据涵盖的主要信息如表2.3-2所示。

通行动态数据及内含主要信息示例　　　　　　　　　　　　　表2.3-2

信息类型	信息子类型	主要信息
动态数据	交通状况数据	交通状况数据（畅通、缓慢、拥堵）、行程时间数据、道路实时视频数据
	气象环境数据	一般气象数据、气象报警数据
	道路养护施工数据	路面维修信息、设施维修信息
	突发事件数据	如交通事故、车辆故障、收费争议、执法矛盾等事件信息
	交通管制数据	重大社会活动信息、交通管制信息

对于动态数据的自动采集，主要包括固定型数据采集技术和移动型数据采集技术两种。顾名思义，固定型数据采集即通过在固定地点安装交通检测器设备对通行的车辆进行监测，从而实现对交通参数数据的采集，目前包括感应线圈检测器、磁力检测器、微波雷达检测器、超声波检测器、压电式检测器、红外线检测器、声学检测器、视频图像检测器等，这些检测器的工作原理、优缺点及监测参数如表2.3-3所示。

常用固定型数据采集手段工作原理及优缺点　　　　　　　　　　表2.3-3

检测器	工作原理	优点	缺点
感应线圈检测器	感应线圈检测器由埋在路面下的线圈和能够测量该线圈电感变化的电子设备组成，对通过线圈或存在于线圈上的车辆引起的电磁感应变化进行处理而达到检测目的	技术成熟、易于掌握；线圈电子放大器已标准化；正常使用寿命长；性价比高；监测精度高	线圈随路面变形，使用性能和寿命受路面质量的影响较大；线圈老化后维护较为困难；施工与维护时，需要中断交通，开挖路面，破坏环境

检测器	工作原理	优点	缺点
磁力检测器	当铁质物质通过地球磁场时,会引起地磁场的扰动。磁力传感器通过监测磁场强度的异常来确定车辆的出现,即当车辆进入并通过磁力传感器的探测区域时,传感器探测到车辆铁质材料的磁场所造成的地磁场磁力异常	安装所需时间较短;适用场景范围较广;对路面车辆压力的敏感度低于线圈检测器;部分型号可通过无线电传输数据	安装时需挖开路面;安装和维护时需中断交通
微波雷达检测器	当车辆从雷达波覆盖区域穿过时,雷达波束由车辆反射回雷达天线,然后进入接收器	在用于交通管理的较短的波长范围内,微波雷达对恶劣天气不敏感;可实现对车速的直接检测;可实现多车道检测	无线的波速宽度和发射的波形必须符合具体应用的要求;多普勒微波雷达不能检测静止车辆;多普勒微波雷达在交叉口的车辆计数效果不好
超声波检测器	超声波传感器发射超出人的听觉范围的频率为 20 ~ 50kHz 的声压波,通过测量由路面或车辆表面反射的脉冲超声波的波形,可确定由传感器到路面或车辆表面的距离	可实现多车道检测;易于安装和维修	温度变化、强烈的气流紊乱等环境因素都会影响传感器的性能;当高速公路上车辆以中等车速或高速行驶时,检测器采用大的脉冲重复周期会影响占有率的检测
压电式检测器	利用动能转化成电能的原理,当汽车轮胎经过检测器时,产生一个施加到检测器上的模拟信号,每当轮胎经过检测器时就会产生一个电子脉冲	检测精度和可靠性较高;可动态称重,性能良好;安装简单	不能检测到静止的车辆
红外线检测器	由调制脉冲发生器产生调制脉冲,经红外探头向道路辐射,当有车辆通过时,红外脉冲从车体反射回来,被探头的接收管接收。经红外调解器的调解,再通过选通、放大、整流和滤波后触发驱动器输出一个检测信号	主动式红外检测器发射多光束的红外线,保证对车辆位置、速度及车辆类型的准确测量;可实现多车道检测;多检测区域的被动式红外线传感器可测量车速	当雨雾天气能见度低于 6m,或其他恶劣天气时,检测性能和灵敏度会下降
声学检测器	通过探测车辆内部和车辆轮胎与地面接触的声音,当车辆通过探测区域时,信号处理算法感知并产生车辆出现信号	被动式检测器;对降水天气不敏感;可实现多车道检测	较低的温度可能会影响检测的准确性;某些型号不适合用于检测慢速移动的车辆
视频图像检测器	在较短时间间隔内,由半导体电荷耦合器件摄像机连续拍摄两幅数字图像,并进行对比,若差异超过一定阈值则说明有运动车辆	多检测区域,可检测多条车辆;易于增加和改变检测区域;可获得大量数据;当多个摄像机连接到一个视频处理单元时,可提供更广范围的检测	检测精度受雪、雾、雨等恶劣天气影响;不适于夜间数据采集;价格高

上述固定型检测器一般可检测到的交通数据参数如表2.3-4所示。

固定型检测器可检测交通数据参数示例 表2.3-4

检测器	流量	车速	占有率	车型	其他参数
感应线圈检测器	直接检测	间接检测	直接检测	直接检测	车辆长度
磁力检测器	直接检测	直接检测	直接检测	直接检测	—
微波雷达检测器	直接检测	间接检测	不能检测	间接检测	—
超声波检测器	直接检测	间接检测	直接检测	不能检测	—
压电式检测器	直接检测	直接检测	间接检测	间接检测	车头时距、到达时间
主动红外线检测器	直接检测	直接检测	不能检测	直接检测	—
被动红外线检测器	直接检测	直接检测	直接检测	直接检测	排队长度
声学检测器	直接检测	直接检测	直接检测	直接检测	—
视频图像检测器	直接检测	直接检测	直接检测	直接检测	车头时距、密度、车辆长度、排队长度

移动型数据采集是指运用安装有特定设备的移动车辆,通过其在检测道路或区间上行驶来实现交通参数数据采集的一种方法。目前这类方法主要使用了基于全球定位系统(Global Positioning System,GPS)的动态交通数据采集技术、基于电子标签的车辆自动识别技术、基于汽车牌照自动判别的动态交通数据采集技术、基于手机定位的交通信息采集技术等,各自的工作原理及优缺点、检测参数如表2.3-5所示。

常用移动型数据采集手段工作原理及优缺点 表2.3-5

检测器	工作原理	优点	缺点
基于GPS的动态交通数据采集技术	装有GPS收发装置的车辆行驶在道路上,接收GPS卫星发出的信息,存储在车载设备的数据存储器中,并且按照一定的周期通过无线通信网络发送给交通信息控制中心,控制中心利用GIS-T系统,对接收的信息进行分析处理,获得实时的路况数据	数据检测连续性强;全天候条件工作;可实现多车道覆盖	需要足够多装有GPS的车辆运行在城市路网;检测数据通信易受到电磁干扰;在城市中的检测精度与GPS定位精度有很大关系
基于电子标签的车辆自动识别技术	利用电子标签与路侧信标交换信息的功能,通过每个路段特定位置设置信标,比较同一个电子标签通过相邻两个信标的时间,即可确定车辆在该路段上的行程时间和速度	数据检测连续性强;全天候条件工作;可提供自动收费功能;可实现多车道覆盖	车辆必须安装电子标签;须有足够多的车辆安装电子标签;必须有良好的滤波算法,以消除个别车辆因运行故障引发的数据误差

续上表

检测器	工作原理	优点	缺点
基于汽车牌照自动判别的动态交通数据采集技术	利用计算机模拟人眼识别汽车牌照的数字、字母、汉字、颜色,对相邻两个监测点同一车辆的车牌进行分析判别,获得车辆的形成时间和速度	数据检测连续性强;全天候条件工作;车辆不需要安装其他设备;可以检测路网的所有车辆	检测精度受天气和光源影响较大;检测精度受汽车牌照本身的清晰度影响较大
基于手机定位的交通信息采集技术	以驾驶员和乘客随身携带的手机作为采集设备,通过无线定位技术推算道路上正在行驶的车辆位置	可提供城市、高速公路等整个路网的交通信息;不需要安装高成本的车载设备;可直接获取速度、行驶方向及行程时间等信息;克服了固定检测器只能检测固定位置交通信息的缺点	有时会发生丢包现象;实际速率比理论值低; 存在转接时延;检测精度待提升

上述移动型检测器一般其可检测到的交通数据参数如表 2.3-6 所示。

移动型检测器可检测交通数据参数示例　　　　　　　　表 2.3-6

检测器	流量	瞬时车速	行程时间	行程速度	其他参数
基于 GPS 的动态交通数据采集技术	直接检测	直接检测	间接检测	间接检测	车队长度、占有率
基于电子标签的车辆自动识别技术	直接检测	直接检测	间接检测	间接检测	车型、占有率、密度
基于汽车牌照自动判别的动态交通数据采集技术	直接检测	直接检测	间接检测	间接检测	—
基于手机定位的交通信息采集技术	间接检测	间接检测	间接检测	间接检测	—

　　根据前面作出的有关固定型交通数据采集技术和移动型交通数据采集技术的工作原理、优点、缺点、采集参数等对比情况,可以发现,固定型交通数据采集技术相对成熟、数据处理手段和方法都已经较为标准化,在国内外的高速公路行业得到广泛应用,但是随着行业智慧化发展,固定型交通数据采集技术的不足之处逐渐凸显,其不足之处包括:

　　①固定型交通数据采集技术在公路网上覆盖率较低,导致采集的交通数据不能全面、整体反映高速路网的交通状况,容易出现交通信息盲区;

　　②固定型交通数据采集技术由于本身技术特点限制,导致数据源会存在可靠性不高的

情况；

③固定型交通数据采集技术在安装与维护上要求较高，导致成本投入较大，且部分检测器在安装和维护阶段存在破坏路面、影响交通的问题。

可见，根据高速公路行业发展需求，固定型交通数据采集技术已经不能满足行业对交通数据掌握的精细度和及时性需求，移动型交通信息采集技术可以直接且方便地获取可靠、准确的车辆行驶速度、路段行程时间等交通参数，但是移动型交通数据采集技术需要足够多的车辆装载接收设备等条件为支撑，大规模推广是其价值获得充分体现的一个重要条件。

鉴于此，目前在行业中更多是通过两种或多种交通数据采集技术的配合使用来达到业务运行的目标，例如：在车道上会用固定型的交通数据采集来辨识车辆的到达、离开，甚至跟随的队列情况；另外对于涉及的收费业务环节，则会采用电子标签、车牌等技术来确保车辆的身份和收费属性，以此支撑有关路径识别、计费处理等业务运转，也即贯彻执行"一车、一行程、一费用"的高速公路联网收费原则，也只有这样的信息依托才有利于异常时（如逃费等）进行追溯和回查。

2）大数据分析技术

随着高速公路联网收费业务的纵深发展，对日常运营、管理方面的可知、可控要求逐步提升，而本书谈及的高速公路运行监测正是一个非常典型的例子。从前面的章节中就不难发现，运行风险监测、运行状态监测和质量评价监测最大的诉求就是要实现对给定指标的充分、及时可知，并且这些指标计算维度、要求均有所不同。在这样的新需求下，基于数据库语句的简单检索、统计和计算无疑难以满足要求，或者可想象的空间已经十分有限。此时大数据在处理结构化和非结构化数据上所具有的特性，以及在数据分析和挖掘上所具备的能力优势正好给这类新发展趋势和需求带来了曙光，也逐步成为行业的"宠儿"。

大数据具有很多的计算模式，包括：流式计算（stream computing）、批量计算（batch computing）、交互计算（interactive computing）、图计算（graph computing）等，其中流式计算和批量计算是两种主要的计算模式，分别应用在实时且低延迟、非实时且高延迟两种不同的应用场景。为让大家更加清晰地了解到批量计算与流式计算的差异，在这里我们会对其技术特征、应用场景等不同之处稍作解释。

①数据时效性不同：流式计算实时、低延迟，批量计算非实时、高延迟。

②数据特征不同：流式计算的数据一般是动态的、没有边界的，而批量处理的数据则一般是静态数据。

③应用场景不同：流式计算应用在时效性要求比较高、实时计算的场景，如实时建议、业务监控等，批量计算应用在对实时性要求不高、离线计算的场景下，如数据分析、离线报表等。

④运行方式不同，流式计算的任务是持续进行的，批量计算的任务则一次性完成。

由于这两种计算模式应用较多，并且符合前面讲到的多种监测指标计算要求，下面围绕这两类模式作进一步的介绍。

（1）流式计算

作为大数据的主要计算模式之一,流式计算不需要将数据存储在硬盘中,而是直接在内存中对持续动态到达的数据进行实时处理,可以有效避免数据的堆积。这种计算模式适用于对数据处理的时效性要求较高、对处理结果的准确性和全面性要求较低的数据分析和挖掘场景。流式计算模式如图2.3-1所示。

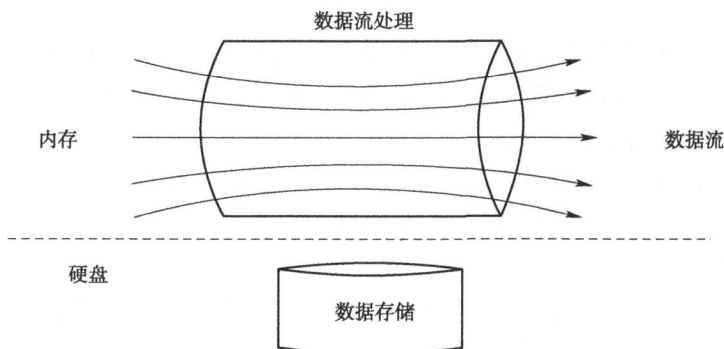

图2.3-1 流式计算模式工作原理示意图

流式计算过程包括提交流计算作业、等待流式数据触发流计算作业、计算结果持续不断对外写出三个步骤。根据流式计算模式及原理,其重点是关注数据处理的时效性,在数据流到达后,确保能够对数据流进行实时处理,产生处理结果,并在较短的时效内反馈处理结果。流式计算主要具备以下特征:

①无限性,又称无界性。它指的是数据实时产生、动态增加,只要数据源处于活动状态,数据就会一直增加。在流式计算中,数据以元组为单位,以增量的方式、持续数据流的形态持续到达计算平台。

②无序性。流式计算的数据源是不唯一且相互独立的,由于时间和环境上的动态变化,在流式计算过程中数据流中各元组之间的顺序是无法控制的,基本不可能获得完全相同的数据流。

③实时性。流式计算中的数据是实时产生、实时计算、实时反馈的。

④突发性。一方面流式计算的数据流流速较高且动态变化,需要系统根据流速变换进行资源及能耗的配置;另一方面由于数据的无序性,流式计算处理任务需要有效适应并动态更新数据。

⑤易失性。流式计算时数据流往往是到达后立即被计算并使用,只有极少数的数据会被持久化地保存下来,大多数数据往往被直接丢弃,数据的使用往往是一次性的、易失的,即使重放,得到的数据流和之前的数据流往往也是不同的。

目前主流的流式计算框架包括Storm、Spark和Flink三种。其中Apache Storm是一个分布式的实时大数据处理系统,用于在容错和水平可拓展方法中处理大量数据,它具备用户友好性、容错高、灵活可靠、可拓展性高、速度快、时延低等特点;Apache Spark是通用的大数据快速处理引擎,其具备计算速度快、易于使用、支持多种资源管理模式、社区支持等特点;Apache Flink是一个开放源代码平台(流数据流引擎),它具备延迟低、性能高、容错能力强、可内存管理、支持迭代、可与其他开源数据处理生态系统整合等特点。以上三种是当前较为主流的流式计算框架,其中 Apache Spark 及 Apache Flink 也是混合处理系统,同时具备批量处理和流式处理的能力。除此之外,还有 IBM 的 StreamBace 系统、Yahoo 的 Simple Scalable Streaming System、Microsoft 的 Time Stream 系统等等,本文不在此赘述,大家若有兴趣可以再深入了解。这些支撑技术对于行业运行监测体系的搭建具有非常重要的意义。

针对以上分析,流式技术最突出的优点即"快",通过实时产生、实时计算、实时反馈的模式,使其具备实时、低延迟的特性,这可以支撑对高速公路联网收费体系中各项设备状态、版本状态、数据传输状态等指标的实时状态监测。这些能力在很大程度上为高速公路主管单位、运营单位的日常监测、运营和管理提供了强有力的支持,保障高速公路联网收费体系的可测、可知、可控,实现高速公路联网收费体系的健康、稳定、持久运转。

(2)批量计算

与流式计算类似,批量计算同样是大数据的主要计算模式之一。顾名思义,批量计算就是先把数据存储在硬盘中,然后再对已经存储在硬盘中的数据进行集中化处理,这是一种静态的数据处理方式,其对数据处理的时效性较低,但对处理结果的准确性、全面性要求较高。批量计算模式如图2.3-2所示。

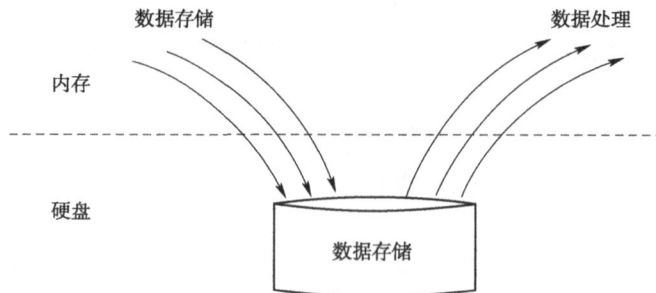

图 2.3-2 批量计算模式工作原理示意图

批量计算的过程包括预先加载数据、提交计算作业和计算结果返回三个步骤,并且可以根据业务需要修改计算作业再次提交。它适用于处理对处理频率及重复性要求较高的数据,这种计算模式处理的数据主要有以下特征:

①有限性。批量计算集中的数据必须是有限的。

②持久性。批量计算处理的数据一般存储在持久存储系统(硬盘或数据库)上。

③海量化。批量计算为处理海量数据而生,在设计之初便充分考虑了数据量巨大的问题。

针对所需处理的数据具有的这些特征,批量计算主要具备以下优势:

①效率高。批量计算可以合理分配计算及其他资源,在资源充分可用时优先处理时间敏感度较高的作业。此外批量处理还可以脱机运行,以减少处理器压力,提升处理效率。

②简单易用。批量处理是一个较为简单的系统,一键提交作业,自动完成资源管理、作业调度,所需的维护也比较少。

③数据结果质量较高。由于批量计算实现了大部分处理作业或组件的自动化处理,并最小化了用户交互,因此减少了出错机会,提高了计算精度和准确度,提高了数据处理结果的质量。

目前批量计算最常用的处理框架是 Hadoop,这种大数据处理框架主要包括分布式文件系统 HDFS、资源管理器 YARN 和数据处理引擎 MapReduce。其中 HDFS 主要用于存储数据源及数据处理结果,YARN 用于管理 MapReduce 的计算服务。

3) 可视化展示技术

全国联网收费体系的可视化展示,主要指在实现对公路网运行信息的采集、处理后,对高速路网的位置、设备设施分布等内容通过各类的可视化手段进行展示,目标是易于用户进行信息认读和理解。再深一个层次,为支撑路段的运营管理决策支撑,对路网中 ETC 门架、收费站,以及各类对应层级的关键软件、关键设备和关键数据等涉及的运行状态、业务情况进行可视化展示。对于这种可视化展示,目前也有众多技术予以支撑,其中,结合联网收费系统的区域分布特点,地图式展示无疑是一个非常重要的元素。对此,可借助 WebGIS 实现对省域、路网、收费站等关键空间、节点的地理位置与设备、数据、链路等运行状态及其所衍生出的系列指标、告警进行叠加式展示。

WebGIS 是在互联网(Internet)环境下的一种兼容、存储、处理、分析和显示应用地理信息的计算机信息系统,它能够很好地通过图形化的手段描述地球表面的空间位置和空间关系信息。空间数据包括带有空间位置特征的图像、图形数据和与此相关的文本数据。与传统的地理信息系统(Geography Information System,GIS)相比,WebGIS 具备访问范围更广泛、平台独立、可以大规模降低系统成本、操作更简单、计算负载平衡高效等特点。

当前,根据主要的图形属性数据所处的逻辑位置不同,可将 WebGIS 划分为服务器端和客户端两种解决方案。

①对于服务器端的 WebGIS 解决方案,空间分析和输出全由服务器完成,它能解决大型数据库的管理问题及完成复杂任务,客户端仅负责用户请求和数据输入,通用网关接口 CGI 负责实现与 WebGIS 服务器的连接,最后客户端将结果显示出来。这种模式对网络传输无疑是非常繁重的负担。

②对于客户端解决方案,一部分常见的 WebGIS 分析和数据处理工作在客户端完成,而不像服务器端解决方案,几乎包办处理用户的一切请求。系统需通过服务器向客户端发送一段运行在本地机上的客户程序。这个程序可以与用户相交互,处理用户的一些简单请求,如地图的放大、缩小等,所需的矢量地形数据直接向服务器申请。当客户发出一些较复杂、高级的操作要求而客户程序不能处理时,才请求 WebGIS 服务器处理,其处理结果也以矢量数据的形式发回给客户端。与服务器端解决方案相比,客户端方式的 WebGIS 具有用户操作灵活方便的特点,有效减少了网络传输和服务器的负担,但这种方式处理大型数据库和完成复杂的 GIS 空间操作的能力十分有限。

除此以外,WebGIS 系统近年也产生了"插件"(Plug-in)、Java Applet、ActiveXhe 等技术应用。这些不同技术的优缺点情况如表2.3-7。

基于不同技术的 WebGIS 系统优缺点说明　　　　　　表 2.3-7

类型	工作模式	运行环境	优点	缺点
基于 CGI 的 WebGIS	CGI	服务器	客户端较小;处理大型 GIS 操作分析的功能较强;充分利用服务器现有资源	网络传输和服务器的负担较重,同步多请求问题,作为静态图像,JPEG 和 GIF 是客户端操作的唯一形式
基于服务器 API 的 WebGIS	Server API	服务器	速度较 CGI 快,不需要每次都重新启动	需要依附特定的 Web 服务器和计算机平台
基于 Plug-in 的 WebGIS	Plug-in	客户机	服务器和网络传输负担较轻,可直接操作 GIS 数据,速度较快	需要先下载安装到客户机上;与平台和操作系统相关;对于不同的 GIS 数据类型,需要相应的 GIS Plug-in 支持
基于 ActiveX 的 WebGIS	ActiveX	客户机	执行速度快,具体动态可重用代码模块	与操作系统相关;需要下载和安装,占用存储空间;安全性较差,对于不同的 GIS 数据类型,需要有相应的 GIS ActiveX 空间支持
基于 Java Applet 的 WebGIS	Java Applet	服务器/客户机	与平台和操作系统无关,实时下载运行,无须预先安装,GIS 操作速度快,服务器和网络传输的负担较轻	GIS 数据的保存、分析结果的存储和网络资源的使用能力有限,处理较大的 GIS 分析能力有限

2.3.2　常用基础数据内容

根据行业在运行监测上的发展目标和定位,它主要是通过对全网联网收费系统中的关键组成展开监测,如设备状态、软件版本、业务性能、数据质量、连通交互等,以起到对问题做到及时感知、快速处理的保障作用。此部分体系能力的运行和构建必然需要一些关键数据的支撑,例如车道的心跳数据、实时过车监测数据、前端基础信息数据、后台基础信息数据、车牌识别设备基础信息数据、RSU 基础信息数据等;又如,ETC 门架的实时过车监测数据、基础信息数据、运行状态数据、前端心跳数据、后台心跳数据、车牌识别设备心跳数据、RSU 心跳数据等,当然还包括中心级别类(含部联网中心、省联网中心、发行方等)业务系统的基础数据和运行数据等。由于这些数据在整个运行监测体系中起着非常重要的作用,因此,本章节将从大家在具体实践中经常会接触到的一些常用支撑数据出发,对它们的类型及内容进行介绍。

1）ETC 门架系统常用运行监测支撑数据

（1）ETC 门架基础数据

ETC 门架基础信息除涵盖 ETC 门架对应的唯一标记外，还有一些描述 ETC 门架基础情况的信息，此类信息一般在运行监测初始化配置时即存在，具体内容如下：ETC 门架编号、门架类型、省界入/出口标识、收费单元编码组合、使用状态、RSU 厂商代码、RSU 型号、车牌识别设备厂商、车牌识别设备型号、摄像机设备厂商、摄像机型号、门架控制机尝试、门架控制机型号、线路类型、门架种类、车道数、代收门架编号等。

（2）收费门架实时过车监测数据

收费门架实时过车监测数据主要包含收费门架的基础信息、过车车辆信息等，用于获取收费门架实时交易情况，为保障门架过车状态正常，建议 5 分钟获取一次收费门架实时过车监测数据，具体数据内容如下：收费门架实时过车监测流水号、省（区、市）、收费门架编号、流水生成时间、ETC/CPC 交易耗时、计费失败原因、帧信息错误码、OBU 合同序列号、OBU 物理地址、OBU 版本号、OBU 状态、CPC 卡编号、CPC 卡状态、OBU/CPC 卡中读取的车牌、OBU/CPC 卡中读取的车牌号、OBU/CPC 卡中读取的车牌颜色、OBU/CPC 卡中读取的车型、用户卡版本号、用户卡路网编号、用户卡内部编号、过车速度、入库时间、接收时间等。

（3）ETC 门架计费扣费交易数据

ETC 门架计费扣费交易数据主要为 ETC 车辆通过给定 ETC 门架时产生的交易记录，其要求门架在完成对该车辆交易处理后即生成交易记录并且实时上传。此类信息涵盖了 ETC 门架对车辆的关键业务处理情况，是运行监测业务用作指标计算的关键数据之一，具体数据内容如下：门架编号、门架类型、计费交易时间、应收金额、交易金额、优惠金额、通行介质类型、收费单元编号组合、收费单元处理标识、车辆车牌号码＋颜色、入口车型、车种、车辆状态标识、交易耗时、通行状态、OBU/CPC 卡电量百分比、OBU/CPC 状态、计费接口特情值、计费模块响应计费结果、交易类型、计费里程数、干扰信号、去重状态等。

（4）前端基础信息数据

前端基础信息数据即前端工控机所属门架及其基础信息表达，建议第一次录入系统及基础信息更改时获取一次前端基础信息数据，具体内容如下：前端基础信息 ID、ETC 门架基础信息数据 ID、省（区、市）、门架前端基础信息流水号、门架编号、批次号、门架上下行方向、门架顺序号、状态数据生成时间、控制器序号、前端工控机型号、前端工控机配置、前端工控机系统及版本、前端工控机 HostName、前端工控机 IP、前端工控机 MAC、前端工控机异常数、前端工控机异常事件总数、入库时间、接收时间等。

（5）后台基础信息数据

后台基础信息数据即后台服务器所属门架及其基础信息表达，建议第一次录入系统即更改基础信息时获取一次后台基础信息数据，具体内容如下：后台基础信息 ID、ETC 门架基础信息数据 ID、省（区、市）、门架后台基础信息流水号、门架后台编号、批次号、后台状态数据生成时间、控制器序号、后台服务器型号、后台服务器配置、后台服务器系统及版本、后台服务器 HostName、后台服务器 IP、后台服务器 VIP、后台服务器 MAC、后台服务器数据库软件版本、后台时间同步服务器地址、后台的服务地址、后台服务器异常数、后台服务器异常事件总数、入库时间、接收时间等。

（6）车牌识别设备基础信息数据

车牌识别设备基础信息数据即对车牌识别设备基础信息的表达，建议第一次录入系统即更改基础信息时获取一次车牌识别设备基础信息数据，具体内容如下：车牌图像识别设备信息 ID、ETC 门架基础信息数据 ID、省（区、市）、门架编号、车牌识别编号、车道编号、数据生成时间、桩号、厂商名称、设备型号、IP 地址、端口号、像素（单位：万）、图像分辨率、拍摄位置、使用状态、入库时间、接收时间等。

（7）RSU 基础信息数据

RSU 基础信息数据即对 RSU 基础信息的表达，建议第一次录入系统即更改基础信息时获取一次 RSU 基础信息数据，具体内容如下：RSU 基础信息 ID、ETC 门架基础信息数据 ID、省（区、市）、门架编号、路侧单元厂商代码、路侧单元编号、数据生成时间、路侧单元更新包版本号、路侧单元硬件版本、路侧单元软件版本、路侧单元网络 IP 地址、天线头硬件版本、天线头软件版本、RSU 天线头数量、RSU 设备安装 PSAM 数量、入库时间、接收时间等。

（8）其他基础信息数据

其他基础信息数据即除前端、后台、车牌识别设备、RSU 等设备外的设备基础信息的表达，建议第一次录入系统即更改基础信息时获取一次其他基础信息数据，具体内容如下：其他基础信息 ID、ETC 门架基础信息数据 ID、省（区、市）、门架编号、门架的高清摄像机设备型号、门架的车辆检测器设备型号、门架的气象检测设备型号、门架的车型检测设备型号、门架的断面称重检测设备型号、门架的温控设备型号、门架的供电设备型号、安全接入设备型号、入库时间、接收时间等。

（9）门架运行状态数据

门架运行状态数据主要对门架的当前运行状态进行表达，为保障实时获取门架运行状态，建议 5 分钟获取一次门架运行状态数据，具体内容如下：门架运行状态 ID、省（区、市）、门架后台编码、基础信息版本号、入库时间、接收时间等。

（10）前端心跳数据

前端心跳数据主要包含前端工控机当前信息等，用以判断前端工控机运行情况，为保障实时获取前端工控机运行状态，建议每 5 分钟获取一次前端工控机心跳数据，具体内容如下：前端心跳数据 ID、ETC 门架运行状态数据 ID、省（区、市）、门架编号、批次号、前端状态流水号、前端状态数据生成时间、计费模块和计费参数版本号、前端运行参数版本号、门架前端控制机操作系统软件版本、前端软件版本号、前端软件运行状态、控制器序号、前端积压通行流水数、前端传输异常通行流水数、前端积压车牌识别流水数、前端传输异常车牌识别流水数、前端硬件资源平均负载、前端数据盘总容量、前端数据盘剩余容量、前端运行盘总容量、前端运行盘剩余容量、前端 CPU 使用率、前端物理内存使用率、前端北斗授时服务状态、前端工控机异常数、前端工控机异常事件总数、入库时间、接收时间等。

（11）后台心跳数据

后台心跳数据主要包含后台服务器当前信息等，用以判断后台服务器运行情况，为保障实时获取后台服务器运行状态，建议每 5 分钟获取一次后台服务器心跳数据，具体内容如下：后台心跳数据 ID、ETC 门架运行状态数据 ID、省(区、市)、门架后台编码、批次号、门架后台状态流水号、门架后台状态数据生成时间、门架后台服务器操作系统软件版本、门架后台服务器数据库系统软件版本、后台运行参数版本号、后台软件版本号、后台软件运行状态、后台积压通行流水数、后台传输异常通行流水数、后台积压车牌识别流水数、后台传输异常车牌识别流水数、后台积压车牌识别图片数、后台传输异常车牌识别图片数、控制器序号、后台硬件资源平均负载、后台数据盘总容量、后台数据盘剩余容量、后台运行盘总容量、后台运行盘剩余容量、后台 CPU 使用率、后台物理内存使用率、后台北斗授时服务状态、后台服务器异常数、后台服务器异常事件总数、入库时间、接收时间等。

(12)车牌识别设备心跳数据

车牌识别设备心跳数据主要包含车牌识别设备当前运行状态信息等,用以判断车牌识别设备运行情况,为保障实时获取车牌识别设备运行状态,建议每 5 分钟获取一次车牌识别设备心跳数据,具体内容如下:车牌图像识别设备心跳 ID、ETC 门架运行状态数据 ID、省(区、市)、门架编号、批次号、车牌识别状态流水号、车牌识别编号、车道编号、数据生成时间、连接状态、工作状态、补光灯的工作状态、识别成功率、固件版本、软件版本、设备从开机到现在的运行时间、厂商名称、设备型号、状态码、状态描述、入库时间、接收时间等。

(13)RSU 心跳数据

RSU 心跳数据主要包含 RSU 当前运行状态信息等,用以判断 RSU 运行情况,为保障实时获取 RSU 运行状态,建议每 5 分钟获取一次 RSU 心跳数据,具体内容如下:RSU 数据 ID、ETC 门架运行状态数据 ID、省(区、市)、门架编号、路侧单元厂商代码、路侧单元编号、数据生成时间、RSU 控制器编号、路侧单元主状态参数、路侧单元更新包版本号、路侧单元存储使用状态、路侧单元控制板温度、RSU 主备控制器之间的网络连接状态、PSAM 列表、RSU 天线头信息、入库时间、接收时间等。

(14)其他心跳数据

其他心跳数据即除前端、后台、车牌识别设备、RSU 等设备外的心跳信息表达,为保障实时获取其他设备运行状态,建议每 5 分钟获取一次其他心跳数据,具体内容如下:其他心跳 ID、ETC 门架运行状态数据 ID、省(区、市)、门架编号、车检器状态、车检器软件版本号、气象检测设备状态、气象检测设备软件版本号、车型检测器状态、车型检测器软件版本号、载重检测器状态、载重检测器软件版本号、温控设备状态、供电设备状态、入库时间、接收时间等。

2)车道系统常用运行监测支撑数据

(1)车道基础数据

车道基础数据除涵盖车道对应的唯一标记外,还有一些描述车道基础情况的信息,此类信息一般在运行监测初始化配置时即存在,具体内容如下:车道编号、车道类型、使用状态、RSU 厂商代码、RSU 型号、出入口类型、车道栏杆位置、是否有治超、牌识厂商代码等。

(2)车道心跳数据

车道心跳数据主要包含车道的基础信息、车道设备状态信息等,用以判断车道运行情况,为保障实时获取车道运行状态,建议每 5 分钟获取一次车道心跳数据,具体内容如下:收费车道心跳流水号、省(区、市)、收费车道编号、心跳生成时间、收费站编号、车道类型、入/出口车道标识、当前信用灰名单版本号、当前信用黑名单版本号、当前 OBU 状态名单版本号、用户卡状态名单版本号、当前 CPC 卡灰名单版本号、最短路径计费参数版本号、车道状态、RSU 状态、读卡器状态、移动支付设备状态、车牌识别状态、车检器状态、轴型检测器状态、光栅状态、车道摄像机状态、费额显示屏状态、信息提示屏状态、通行信号灯状态、ETC 情报板状态、入口治超设施状态、当前操作系统版本号、车道软件版本号、入库时间、接收时间等。

（3）车道实时过车监测数据

车道实时过车监测数据主要包含过车车道的基础信息、过车车辆信息等，用于获取车道实时交易情况，为保障车道过车状态正常，建议每 5 分钟获取一次车道实时过车监测数据，具体内容如下：ETC 监测流水号、省（区、市）、收费车道编号、收费站编号、流水生成时间、入/出口车道标识、进入车道时间、ETC 交易耗时、通行失败原因、帧信息错误码、OBU 合同序列号、OBU 物理地址、OBU 版本号、OBU 状态、OBU 车牌、OBU 车牌号、OBU 车牌颜色、OBU 车型、用户卡版本号、用户卡路网编号、用户卡内部编号、入口车型、入/出口状态、入口车牌、入口车牌号、入口车牌颜色、识别车牌、识别车牌号、识别车牌颜色、驶离车道时间、过车速度、入库时间、接收时间。

（4）入口站通行数据

入口站通行数据主要为车辆通过给定收费站入口车道产生的交易记录，其要求车道在完成对该车辆交易处理后即生成并且实时上传，此类信息涵盖了车道对车辆的关键业务处理情况，是运行监测用作业务指标计算的关键数据之一，具体内容如下：通行介质、入口处理时间、车辆车牌号码＋颜色、收费车型、车种、入口重量、入口属性、标记状态、特情类型、车道类型、作业媒介等。

（5）出口站 ETC 通行数据

出口站 ETC 通行数据主要为 ETC 车辆通过给定收费站出口车道产生的交易记录，其要求车道在完成对该车辆交易处理后即生成并且实时上传，此类信息涵盖了车道对 ETC 车辆的关键业务处理情况，是运行监测用作业务指标计算的关键数据之一，特别是用作有关对 ETC 业务方面的监测和异常判别，具体内容如下：通行介质、交易支付方式、计费方式、开票标识、ETC 卡类型、出口交易时间、车辆车牌号码＋颜色、收费车型、车种、TAC 码、标记状态、特情类型、车道类型、应收金额、计费总里程、最短路径交易金额、最短计费里程、交易金额占比、用户卡累计交易金额、OBU 累计优惠前通行费金额、OBU 累计优惠后通行费金额、总交易成功次数、本省（区、市）交易成功次数、通行省（区、市）个数等。

（6）出口站其他交易数据

出口站其他交易数据主要为车辆通过给定收费站出口车道产生的非 ETC 交易记录，又可称为其他交易记录，其要求车道在完成对该车辆交易处理后即生成并且实时上传，此类信息涵盖了车道对非 ETC 车辆的关键业务处理情况，是运行监测常用作业务指标计算的关键数据之一，具体内容如下：通行介质、计费方式、开票标识、ETC 卡类型、出口交易时间、车辆车牌号码＋颜色、收费车型、车种、支付类型、标记状态、特情类型、车道类型、应收金额、计费总里程、最短路径交易金额、最短计费里程、交易金额占比、用户卡累计交易金额、OBU 累计优惠前通行费金额、OBU 累计优惠后通行费金额、总交易成功次数、本省（区、市）交易成功次数、通行省(区、市)个数等。

(7)其他数据

由于车道存有大量的外场设施,类似于 ETC 门架,关键设施所产生的运行状态数据也是运行监测体系支撑数据的重要组成之一。这些设施涵盖了 RSU 天线、车牌识别、前端设备、后台服务器等,对这些对象也可参照前面门架的处理方式提取这些细化的对象数据信息,在此就不再赘述。

3)省联网中心系统常用运行监测支撑数据

(1)省联网中心关键系统运行状态数据

省联网中心含有众多承担重要业务的关键系统,包括清分结算系统、拆分结算系统、发票管理系统、在线计费系统、移动支付系统、基础参数管理系统等。对于这些系统的运行状态数据建议定时采集,如每隔30分钟由原系统或相关工具监测及生成,并且实时上报到监测体系相关数字化系统中。这些关键系统运行状态数据具体内容包括:应用软件运行状态、数据库运行状态、关键参数的版本号(如 OBU 状态名单、用户卡状态名单)、应用软件厂商及版本号、数据库软件厂商及版本号、操作系统厂商及版本号等。

(2)传输与汇聚系统运行状态数据

传输与汇聚系统是省联网中心的重要数据交互枢纽,主要负责省(区、市)内、跨(区、市)省业务数据的交互,是中心内部的重要监测对象。若它产生异常,则会影响业务数据的流转,造成的影响难以想象。对于它的运行状态数据建议至少每隔30分钟采集一次。数据具体内容包括应用软件运行状态、数据库运行状态、流水滞留风险量、应用软件厂商及版本号、数据库软件厂商及版本号、操作系统厂商及版本号等。

(3)访问部级接口异常情况日合计数数据

访问部级接口异常情况日合计数数据,可认为是由省联网中心一些关键接口所作出的专项监测而生成的支撑数据。这类数据特点是较前述的系统运行状态更细化,对象已聚焦到具体接口上,一般采集时间为 $T+1$ 日后的30分钟后。数据具体内容包括统计日期、高频产生异常的接口名称、高频产生异常的接口错误码、高频产生异常的接口异常日统计次数等。

对于这种数据采集方法,不仅可用于部级接口,也可用于内部一些关键接口的运行监测相关数据定义中。

4)发行系统常用运行监测支撑数据

对于发行方,与省联网中心类似,支撑数据也是集中在关键业务系统和关键业务接口上,但涉及的具体系统会有所区别,发行方的关键业务系统应更多关注一次发行系统、二次发行系统、互联网发行系统和密钥服务系统等方面。

5)部级系统常用运行监测支撑数据

对于部联网中心,由于其为全网业务指导部门,其用于支撑自身运行监测体系运转的数据可参照上面的 ETC 门架、收费车道、省联网中心和发行方的支撑数据进行构建,这些数据既可以作为对自身应用系统相关运行监测数据进行定义时的参考,也可以作为对管辖全网关键系统、设施相关运行监测数据进行定义时的参考。其中重点是注意做好这些数据的通用定义,确保由部—省—路/发行方组成的三级运行监测体系具备同步、协同的数据基础条件。

2.3.3 配套系统搭建指南

当前对联网收费系统的健康、持续运行产生影响的因素往往集中在系统的软件、硬件、数据和通信等关键项别上,但这些项别因所在的层级及具备的内容或属性差异,在产生异常时也会造成不同程度的影响。例如:交通运输部路网监测与应急处置中心作为行业指导部门,主要负责全网联网收费系统运行监测与运维体系的总体规划、组织指导、监督评价等工作,同时还要兼具部联网中心自身业务系统的监测和保障工作。如果部联网中心在管理、监测过程中没有及时发现联网收费系统中存在的收费、运行异常等问题,可能就会导致社会舆情的产生。又如,路段主要负责所辖收费站(含车道)和门架系统,以及自身路段中心业务系统(若有)的运行监测工作,但在此工作开展过程中要接受所属省联网中心的指导、监管和考核。

综上示例,以此方法对联网收费系统不同层级管理单位的职能进行梳理后,无疑可进一步认识和明确各层级部门在日常运行监测中开展的主要工作内容及重点所在,有助于我们以此为方向提炼出它们在能力构建和工具支撑上的需求。

1)各参与方主要角色的职能定位

(1)部联网中心职能

①对全国站级(收费站和门架)系统中的关键软件、设施、数据和链路进行实时监测,确保能够第一时间发现并精确定位异常位置。

②对部联网中心应用系统与关键支撑服务进行实时监测,确保能够第一时间发现并精确定位异常位置。

③对全网联网收费体系中的主要异常和故障事件进行采集、统计、分析,了解主要异常和故障分布情况。

④确保运行监测过程中所产生的事件信息、告警信息等可通过多种消息渠道传递至对应的问题解决参与方,也支持这些参与方结合自身监测作业需要查询这些相关信息。

(2)省联网中心职能

①接受部联网中心下发的有关省联网中心系统、省(区、市)所辖路段和发行方的系统相关的异常信息,结合自身的运行监测体系,核实异常情况,若异常情况真实存在则发起运维流程,并将处理过程关键信息和结果归档结案,同时反馈回部联网中心,实现任务结案同步。

②对全省(区、市)站级(收费站和门架)和发行方中的关键软件、设施、数据和链路进行实时监测,确保能够第一时间发现并精确定位异常位置。

③对省联网中心应用系统与关键支撑服务进行实时监测,确保能够第一时间发现并精确定位异常位置。

④对全省(区、市)联网收费体系中的主要异常和故障事件进行采集、统计、分析,了解主要异常和故障分布情况。

⑤支持向部联网中心上报省联网中心及其所辖路段和发行方系统的重大异常或故障信息。

⑥确保运行监测过程中所产生的事件信息、告警信息等可传递至对应的问题解决参与

方,如发行方和路段,也支持这些参与方结合自身监测需要查询这些相关信息。

(3)路段单位职能

①接受部联网中心/省联网中心下发的有关路段、站级、车道和门架系统的相关异常信息,结合自身的运行监测体系,核实异常情况,若异常情况真实存在则发起运维流程,并将处理过程的关键信息和结果反馈回部联网中心/省联网中心,实现任务的结案归档,完成流程闭环。

②对全路段的路段中心和站级(收费站和门架)系统的关键软件、设施、数据和链路进行实时监测,确保能够第一时间发现并精确定位异常位置。

③对全路段收费系统[含路段中心(若有)、站级、车道和门架]中的主要异常和故障事件进行采集、统计、分析,了解主要异常和故障分布情况。

④支持向省联网中心或部联网中心上报其所辖路段的重大异常或故障信息。

(4)发行方单位职能

①接受部联网中心/省联网中心下发的有关发行、客服系统相关的异常信息,结合自身的运行监测体系,核实异常情况,若异常情况真实存在则发起运维流程,并将处理过程的关键信息和结果反馈回部联网中心/省联网中心,实现任务的结案归档,完成流程闭环。

②对自身及所辖合作机构、渠道等发行和客服系统、设施、数据和链路进行实时监测,确保能够第一时间发现并精确定位异常位置。

③对发行方系统(含一次发行、二次发行、互联网发行等系统)中的主要异常和故障事件进行采集、统计、分析,了解主要异常和故障的分布情况。

④支持向省联网中心或部联网中心上报其所辖发行方、渠道等产生的重大异常或故障信息。

2)各部门日常运行监测工具或系统搭建建议

(1)部联网中心配套工具或系统搭建建议

根据部联网中心的职责及日常运行监测工作涉及的范围,立足于对全网联网收费关键系统、设施、数据、链路等运行状态作出较为全面的掌握这一侧重点,对应的工具或系统可以注重对关键对象异常的全面感知和识别上,配套相应的信息共享机制,将信息传播到相关责任主体;同时应该配备丰富的可视化工具支撑日常监管工作的开展。

①风险管控

能够通过采集前述相关支撑数据和使用一些风险识别的模型、算法,辅以给定的判断或匹配模型来识别风险存在与否。若存在风险,作出标识及告警并进入通报/处置流程。风控重点可以为全网的 ETC 门架、收费车道和收费站这类基础单元,以及部联网中心、省联网中心、发行方和路段等关键业务系统。另外,这些对象的关键程序、硬件设备、数据内容及交互也应纳入风控的范畴之内。

②运行监测

能够通过采集前述相关支撑数据,立足于运行状态的可知来跟踪、监测一些重要对象,如全网的 ETC 门架、收费车道和收费站这类基础单元,以及部联网中心、省联网中心、发行方和路段等关键业务系统的软件、设备、数据和链路等运行情况。若存在异常,应能够作出标识及告警并进入通报/处置流程。

③通报/处置流程

制定相应的通报及处置流程,以便相关的异常、问题、告警等产生时,可以按照给定的管理办法、规程等实现通报及跟踪处置,确保这些事件能得到妥善处理,实现事件的结项和闭环。这些操作或处置过程应确保有记录、可追溯,也应能支持后续的分析使用。

④质量评价

采集前述相关支撑数据,通过给定的质量评价方法和模型,实现系统运行效果、事件修复效果等多维度的质量评价处理,既有助于对事件进行影响度判断,也可为后续的校核评价提供重要支撑。一般情况下,质量评价的对象主要来源于前面的风险管控和运行监测,但在处理结果上综合度会更高,结果概括性也会更强。

⑤多元数据展示手段

结合部联网中心职能,全网运行监测系统将注重在工作台和大屏上的建设。工作台主要用于服务各级业务人员,支撑他们的日常作业;大屏则部署在可视化的监控墙上,侧重点是对全网运行情况进行综合展示,例如实现对全网各省(区、市)站点状态统计数据、关键设备故障情况、业务指标数据、通行交易数据、部站链路连通情况等的宏观式、地图化展示,以便更好地支撑全局了解及决策之用。

(2)省联网中心配套工具或系统搭建建议

由于省联网中心与部联网中心在角色的定位上有点类似,只是主管的范畴聚焦在省(区、市)内。为此,在相关工具或系统的搭建上,两者有很多相似之处,例如在监测上应注重事前的风控监测、事中的运行监测和事后的质量评价;在对象上聚焦于全省(区、市)的ETC门架、收费车道和收费站这类基础单元,以及省联网中心、发行方和路段等关键业务系统的软件、设备、数据和链路等的运行情况。与部联网中心不同的是,省联网中心的这些配套工具或系统应在流程上发挥好承上启下的作用,除了通报、处置能力外还应具备上报、分派等能力。

(3)路段/发行方配套工具或系统搭建建议

由于路段和发行方都具有较强的执行职能属性,在此我们不对两者进行分开阐述。因为它们在自身运行监测体系的配套工具或系统搭建上,聚焦点都十分相似,只是由于两者所辖范围不一、内容不一,才会在具体的对象上有所差异,但这些差异并非核心要点。

路段和发行方的运行监测工具或系统,最大的特点应在于细节和细致上。所谓细节就是能比上级部门看到的更多,因为路段和发行方有解决问题的责任,想要定位问题就必须了解更多、掌握更多,所以细节成为它们在工具或系统上着重打造的能力,例如:在ETC门架的运行监测上,路段应尝试在采集频度、监测深度(如控制器CPU、内存、硬盘等资源使用情况等)上做得更佳;细致则是应该更加的精准,不是说问题发现得准确,而是能定位到根源所在,如天线交易成功率低,是在哪个交互环节失败多所导致,只有这样才有助于支撑后面的运维保障工作高效开展。

另外,在展示层面上,初期可以重点关注工作台和移动端的构建和实现,因为这些工具可以赋能具体作业。只有在这些作业端的功能、交互上具备更佳表现,才能更有助于一线运维人员的使用。

第3章 高速公路联网收费运维保障体系建设

随着高速公路联网收费的纵深发展,相关系统设施建设呈现出涉及面广、规模大、类型多等特点,这不仅对这些设施的运行监测提出了更高要求,也给运维保障带来了诸多挑战。第2章对联网收费系统运行监测体系的建设思路、构成内容和支撑要素等作出了介绍和说明,本章主要介绍在这样一套运行监测体系的支撑之下,应如何打造对应的运维保障体系,以达成两者一体化发展的目标。

相较于建设期而言,运维期无疑更长,并且作为问题闭环的最后一步,运维保障工作的整体成效对于行业短期、中期和长期发展的影响均十分显著。正因如此,采取体系化思维、方法和手段构建行业的运维保障体系是行业持续健康发展的重点攻关工作,也是应重点关注的对象。

3.1 运维保障体系总体框架

3.1.1 体系概述

随着行业纵深发展,联网收费系统已经变得异常庞大和复杂,包含着多种设备、汇聚着多项技术、承担着多类业务。虽然这套系统一直在升级,但回归到本质,它仍可被视为一个面向具体行业领域的 IT 系统,这从它的核心应用组成(如业务软件、支撑软件等)、关键运行环境(如服务器、工控机、存储等)和网络数据交互(如有线专网、无线专网及相应的网络安全设施等)等方面就早已决定和体现。相较于一些企业级 IT 系统,联网收费系统在总体规模和业务重要性上更为突出,不难想象,若其中某个系统、某些故障导致高速公路通行费无法收取,或者通行费无法结算等,将会在社会上引起多大的舆情和风波,这已经不仅是一个经济问题,更是一个民生问题。

1)体系化搭建是必由之选

在运维保障方面,联网收费系统与大部分应用领域的 IT 系统十分相似,也正从粗放式管理转向精细化管理,从分散式维护操作转向相对集中式的运维操作。在具体的管理、作业等方法和手段上,也正从过往以传统人工方式为主,逐步以信息技术支撑方式为主,并且积极地向着科学化、标准化和自动化展开持续探索和实践,以应对联网收费系统发展所需,以及在此过程中的各类挑战,例如:

(1)多网络、多应用、多设备共存下的系统总体性运维保障技术挑战。

随着行业不断发展,联网收费系统所涵盖的设备、软件规模必将继续扩大,并且跨网交互(如收费网与监控网的交互等)和协同趋势也将凸显。对于越来越复杂庞大的系统,要做到对异常、问题、故障的合理防范、有效掌握与科学应对,必然会面临不少的技术挑战;同时,伴随着社会前沿技术的蓬勃发展和广泛应用,挑战及难度也将进一步加大。

(2)多层体、多主体、多系统保障时面临的跨业务、跨部门等的组织挑战。

前面已有提及,收费业务常贯穿于多个层级、主体和系统间,因此在运维保障时易产生跨业务、跨部门的协同作业需求,并且在业务层面和技术层面都会有所涉及,例如运维保障期间,有可能需要不同系统间协同验证问题的修复效果,或者通过不同层级系统的紧急阻断来防止异常数据被转移、被扩散等。这些举措都必须有强大的管理、组织、协同和技术体系予以支撑,否则乱中出错的风险极大。

(3)资源能力归属分散,如何化零为整,实现 $1+1 \geq 2$ 是个挑战。

以往各省(区、市)、各路、各发行方的运维保障系统多由其自行负责建设和维护(如前面提及的自维、代维、自维 + 代维等多种运维模式),也会培育对应的维护队伍和打造相应的能力,但由于缺乏顶层体系的牵引,各省(区、市)运维支撑和保障效果差异较大。取消省界站后,"一张网"运营是趋势,围绕整体性的保障,以规范、标准、制度、工具作为牵引,既推动部、省、路段及发行方的运维队伍和能力朝着各自专注和擅长的方向发展,也能够促进在实际作业中相互补充和协同,最终形成各自资源和优势的一体化呈现。无论是前者的缺乏体系牵引,还是后者的一体化呈现,无疑都是极具难度的挑战,只能通过系统性思维和方法来解决问题。

除前述三点以外,运维保障在实际操作过程中还涵盖对其他要素的综合性考虑,如工作效率、成本管控和时间要求等。它既是一个执行问题,也是一个管理问题。然而当前大多数情况下,更倾向于从执行层面上进行思考和展开,出现什么问题就解决什么问题,这种方式虽然更直接、效果更明显;但从整体上来看,局限性也十分突出,容易进入瓶颈或发展停滞。

从联网收费系统的长远发展而言,粗放局限的方式和方法已不再适应当前的发展形势,当前唯有体系化的理念和手段,辅以一些成熟、先进的体系(如 ITIL,见图 3.1-1)作借鉴和参考,构建出适合本行业的运维保障体系方是行业持续、健康、经济发展的最佳出路。

2)体系化搭建的总体思路

高速公路联网收费运维保障体系绝不仅仅为解决某个具体故障或异常而存在,它更像是通过对运维保障活动中的各类实体及实体间的关系进行梳理,如服务对象、活动角色、工具系统、配套流程、服务内容等,由此打造而成的一项体系性成果;同时,也正是有这样一套成果,方能从更为顶层的视角实现对上述要素的统筹、组织和建立,让它们能在具体运维保障活动中有目标、有指向、有秩序地形成协同和联动,这不仅利于响应处理能力的提高,也有助于资源应用效率的提升,最终高效、经济和持续地达成执行目标。

由此可见,体系化搭建非常重要,如何做好这项工作,确实是一个亟待深入思考的重要问题。由于联网收费系统与我们熟知的 IT 系统高度相似,我们考虑先从通用 IT 系统的运维保障发展趋势进行洞察,从其变化中感受各类新要求及其带来的驱动效应。

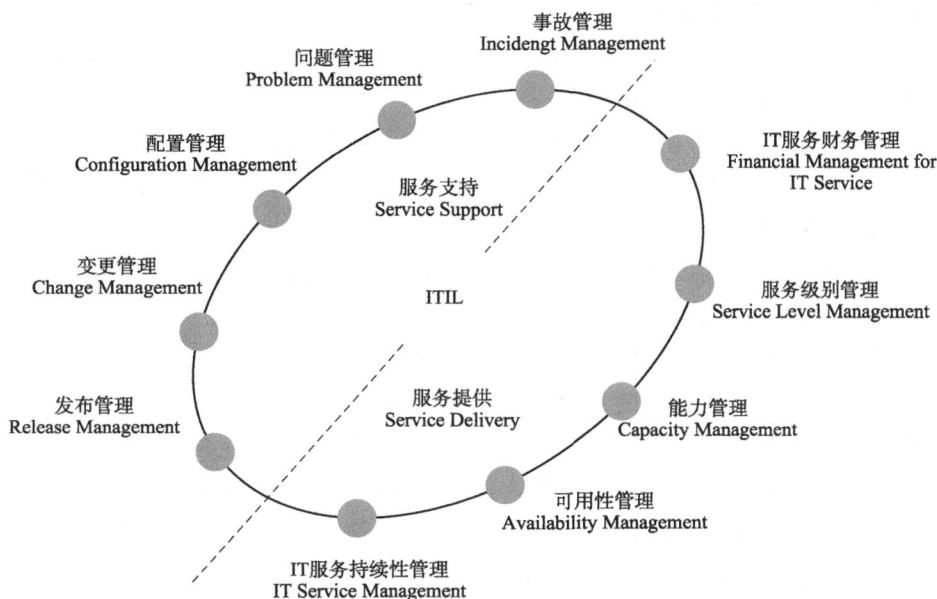

图 3.1-1　ITIL 的核心管理事项组成图

（1）由粗放管理向精细管理转变带来的新要求

必须将信息化、数字化作为运维保障的基础支撑手段，这样才能在具体作业、管理和决策过程中，有效减少和避免一些主观或局部因素导致的错漏问题，例如人工对于一些量化趋势较难认读可能会导致忽略一些潜在运行风险、通过简单的笔录或纸质方式传递任务信息可能导致的遗漏及难以追溯等问题。

（2）由分散管理向集中管理转变带来的新要求

集中是为了消除在一些专项领域中常见的"孤岛、烟囱和碎片"等的消极影响，对配套的信息处理、资源管理等工具必然会提出更高的一体化要求，例如应采用平台化理念构建运维保障的相关管理系统，让各参与主体、各保障对象、各方法手段都可由其承载，再通过统一的信息流动和交互机制，让这些要素及相关环节可以在运维保障作业中获得高效衔接、协同联动。

（3）由无序管理向有序管理转变带来的新要求

建立配套的标准规范、管理办法和规章制度，这既有利于各干系主体对运维保障的目标、内容、环节和权责有更清晰的认知，也有利于让具体保障业务在执行过程中做到有据可依、有标可循，不易产生混乱，既提高执行效率，又符合当下众多 IT 系统在多层架构及多元组成发展趋势下的保障诉求。

（4）由职能管理向流程管理转变带来的新要求

结合具体的运维保障业务内容和环节，从保障质量和效率的角度出发，构建可贯穿于相关干系层级和主体的流程集。这不仅是串接多个对象以促进其高效协同联动的根本，也是连点成线、更好实现对每个环节及上下游情况的可知、可控、可溯的必然之选。

（5）由被动管理向主动管理转变带来的新要求

积极探索更为主动的运维保障手段，实现从过往事后管理的处置方式转变到更注重事前效应的风险防控举措,并且不仅关注异常识别,还应具备配套的巡检、养护等手段,实现对系统故障前瞻性的把握和管控。无疑这种"先知"行为更需要获得技术上的支撑,由此衍生出对配套算法、模型、系统等更高的发展要求。

我国联网收费系统近年在运行保障上所提出的发展方向及诉求,与上述从通用 IT 系统所洞察的 5 点趋势有着非常多的相似之处,对精细管理、集中管理、有序管理、流程管理、主动管理等方面的转变有着强烈诉求。但是结合行业自身特点,如规模大、业务重、技术专、贯穿强、意义大等,必然需要结合自身发展特点有所侧重地考虑和调整。在收费运维保障体系构建过程中应对以下内容予以重点关注:

(1)建立能与运行监测呼应的运维保障业务功能体系。

(2)建立有助于数字化和智能化能力提升的技术支撑体系。

(3)建立有助于维护和保障能力持续完善的可评估绩效考核体系。

(4)建立有助于高水平运维保障服务人员能力成长和巩固的人才培养体系。

第一点是严格贯彻运行监测和运维保障一体化总体发展路线的必然要求;第二点是结合运维保障工作的内容和要求,明确技术能力构筑和支撑体系的打造方向,作出在此领域的一种技术发展诉求的响应和表达;第三点是借助科学的管理手段,确保整个体系能走向持续、健康的发展之路,适应行业不断发展的要求;第四点是突出"以人为本"的理念,将此贯穿到行业发展根基上的考虑。

3)体系搭建注意事项

当下在开展运维保障工作时所面临的挑战,主要体现在业务层面上。目前,全网采用部、省、路段及发行方的三级运营架构,不同层级的收费设施,其运维责任一般会由所在层级的主体承担,但这些主体又并不单一,存在多个机构、企业分别承担的情况。然而在"一张网"运营的发展背景下,众多业务运转又并不会仅停留于某一层级、某一主体、某一单位上,必然会贯穿于多个对象之间。若割裂地仅对某一对象的设施作出保障,无疑难以确保稳妥,既容易因为局部约束陷入保障的表面化、片面化,也容易因为忽略不同责任主体的视角、职能、资源等特点而导致协同不足,从而效果、效率都将大打折扣。

另外,运维保障工作的挑战又有一部分会体现在技术层面上。目前,高速公路联网收费设施已经不仅仅局限于过往大家比较熟知的计算机、服务器、交换机、路由器、操作系统软件、数据库软件、应用系统软件等。随着行业发展的带动和业务运转的牵引,逐步引入了云计算、大数据、人工智能(AI)等新技术、新手段和新方法,形成越来越多的跨域、跨层、跨系统数据项别。因此,对于日常的运维保障,除了需要对相关硬件、软件、网络等个体功能或性能的异常、问题予以解决外,还有必要对关系着业务能否正常运转的各类业务数据的生成、处理、流转等情况予以关注和保障。同时,越发复杂的系统构成关系和越发多样的问题呈现形式,无疑也对运维保障技术手段的专业化、体系化、有效化提出越来越高的要求,若未能就此作出主动应对,日常运维保障工作的开展必将举步维艰,更谈不上能在合理性、经济性等方面作出更多考虑。

运维保障工作的挑战在组织管理和人力支撑方面也会有所体现。前述的业务和技术的发展、提升等,都离不开人的智慧和行动,但是高速公路联网收费相较于路、桥、隧等专业领域而言,其成长时间相对较短,在配套专业人才的积累上(如队伍规模、队伍完备性、知识覆盖面、知识体系化等方面)必然会有所欠缺,业务、技术的高速发展更是加大了行业需求和人员能力两者间的鸿沟。若长此以往,于行业、于集体(如干系单位、机构等)、于个人都极为不利,这也是业务和技术突破上的一大瓶颈。另外,由于业务涉及层级和主体越发复杂,面对的作业内容和要素越发多样,这必然导致前面所提及的系列管理问题,以及局部、片面、孤岛等情况都成为体系构建中应重点关注的部分,只有这样才能将各类要素积极地串联调动起来,才能让一只无形之手推动着体系其他部分持续健康运转,早日走出螺旋上升的持续发展之路。

由此可见,高速公路联网收费运维保障体系的搭建是一个综合、复杂的系统工程,其中不仅涉及大家熟知的业务内容和技术要求,也涵盖了面向组织、管理等部分的内容。无论是前者还是后者的缺乏,都可能对整个联网收费运维保障体系带来影响。因此,在体系搭建时必须予以清晰认知,对这些内容的关注要持续贯穿到整个体系的搭建和未来优化完善的过程中。

3.1.2　总体架构

高速公路联网收费运维保障体系的构建离不开业务、技术、制度和人员这四大要素,结合前面对现有问题和发展趋势作出的分析总结,其应由业务功能子体系、技术支撑子体系、绩效考核子体系、人员能力成长及巩固支撑子体系这四项要素组合而成,总体架构组成如图 3.1-2 所示。

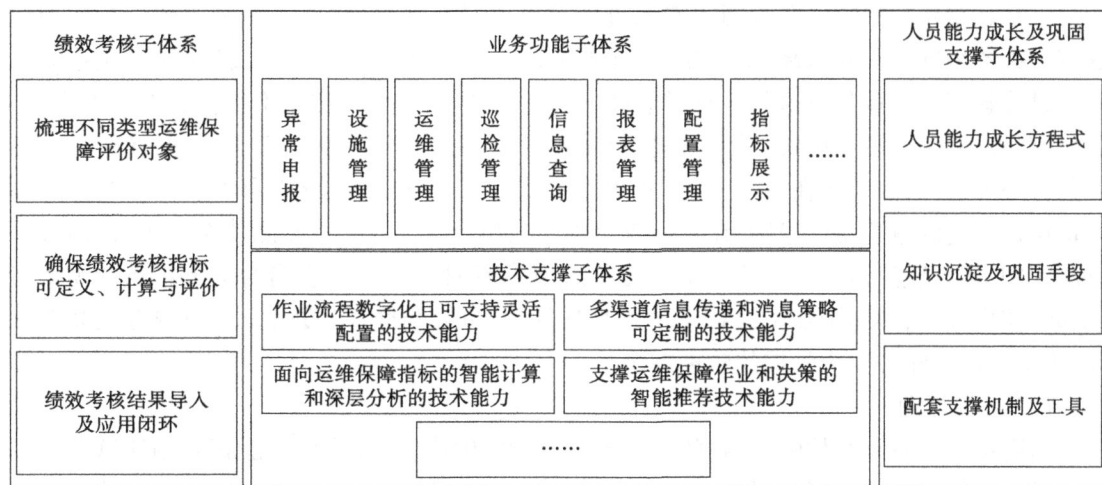

图 3.1-2　高速公路联网收费运维保障体系架构组成示意图

这四个子体系与前述总体思路中阐述的侧重点均一一对应,以下从更详细的维度向大家阐述构建这四个子体系时的重点内容和要旨要项,供大家在具体实践时参考。

1)与运行监测形成呼应的运维保障业务功能子体系

联网收费系统是一个较为庞大复杂的系统,承载的业务内容众多,例如发行、计费、收费、结算、客服、稽查等。在一张网运行的发展背景下,这些业务的开展一般需要贯穿于多个运营层级及主体间。自然而然地,这些干系主体也会针对业务运转搭建起相应的系统及配套的软件、硬件、网络等运行环境。另外,业务的跨层、跨主体流转又会促使不同主体或系统间存在持续的数据流转和交互。正是这样一张涵盖多主体、多系统、多数据流动的业务网络,在运营管理(如前述提到的状态名单更新时效、清分结算处理时长等)的高标准要求驱动下,将对全网联网收费系统在运维保障上提出保障面广、协同度深、运维精准等要求。

第2章已经从可知的角度阐述了运行监测体系在问题发现、定位和运转方面如何开展支撑,但是可知并不是解决问题的全部,它更像是实现对问题可控的一项前提条件。这也促使我们思考在运行监测体系已能对问题、隐患作出高质量识别的基础上,如何提供与之配套的、可形成一体化呼应的、能有效解决问题和遏止隐患的体系化功能,这将是运维保障体系构建中不可或缺的重要组成部分。为此可围绕以下环节展开构建:

(1)异常申报

日常运维保障作业一般是由一系列的条件所触发,异常申报功能则是这些条件形成的重要出口,通常支持人工手动申报或系统自动申报两类手段,例如通过人工手段作出故障申报、异常申报、巡检申请等,通过运行监测体系的事前异常警示、事中异常报警和事后异常评估来触发对应自动申报流程。由此可见,此项功能不仅具有带头作用,也能很好地将运行监测体系与运维保障体系衔接在一起,是实现由可知转向可控的关键功能之一。其中的异常来源、内容、产生时间等信息的准确性、完善性,以及响应并作出申报处理的及时性均是构建此项功能时需要重点考虑的能力要项。

(2)设施管理

日常运维保障对象涵盖联网收费系统的软件、硬件、网络、数据等众多内容。为实现对这些对象的精准管控和保障,必然需要先做好对象的盘点工作,若出现遗漏就可能造成隐患。设施管理功能就是对这些涉及对象进行全像化管理,所谓全像化不仅指将对象的类别、名称、型号、品牌、版本、位置、采购时间、装设时间、上次保障时间等作全面登记,还应关注其运行状态和情况,如是否在用、是否正常等。由此可见,这也是运行监测体系与运维保障体系衔接在一起的重要功能项别,在实际应用中此项功能也可为运行监测体系所用,但两者又有所区别,运行监测体系更关注对象的确定,运维保障体系则会结合自身业务特点和需要对此属性作出细分,如属于在用设备还是备品备件等,也会与仓库管理、安全防控等关联在一起,突出资产台账和安全管控的管理理念。

(3)运维管理

运维保障离不开对故障、问题的有效维护和切实解决,运维管理功能正是围绕这些保障对象具体维护工作的开展而提供的一系列能力,并且是让这些能力可以具体呈现的作业工具,例如它应能通过工单这类常见的保障手段,按照规定流程将涉及的责任主体串接起来,让作业内容和要求清晰地落到权责主体上;它还能提供运维作业中所需的小工具、小指引等来帮助作业人员快速完成排障等。同时,还需考虑行业的部、省、路段及发行方三层运管架构特点,确保过程中的管理、作业、监督等要求在不同层级中有所承载和体现,实现横纵贯穿。可见,流程能力、管控能力、贯穿能力、支撑能力将是构建此项功能时需要重点考虑的能力要项。

（4）巡检管理

运维管理功能更多面向事后性问题,而巡检管理功能则更多面向事前性防范,例如设施养护、风险确定等,两者缺一不可、相辅相成,均是针对日常保障作业而提出,有着众多相似之处。但相较于运维管理而言,巡检管理的最大区别应呈现在计划性方面,如时间计划、组织安排等。因此,有关计划的编排、执行、跟踪等能力应是构建此项功能时的重要考虑内容。

当然运维保障的功能体系构建并不局限于上述四点,还包括查询、报表、权限、图示等常规性功能,甚至还可以打造如知识库、远程控制、数字孪生等更先进的配套能力,在后续章节的一些相关系统案例中我们会再作介绍。

2）提升数字化和智能化能力的技术支撑子体系

联网收费系统的正常运转,离不开对其中重点的系统、硬件、软件、数据、网络等关键对象及其所处环境要素进行科学、合理和有效的运维保障。但由于这些保障对象多带有较强的技术和业务专业性,也存在不同层级或主体间的协作需要,若仅仅通过传统的人工方式和简单的信息手段予以应对,则难以符合联网收费系统在新形势下的运维保障效率和质量提升要求。为此,针对联网收费系统所涉及的专业组成特点和技术要项内容,在运维保障技术支撑体系的构建中,有必要注重一些数字化和智能化方面的能力打造。

（1）作业流程数字化且可支持灵活配置的技术能力

在联网收费系统运维保障作业过程中,线性的工作模式已经成为常态,大部分的运维保障作业都会贯穿于多个层级或主体。为了使这些层级或主体按照给定的次序进行协同、联动,必然需要规范的流程予以约束和带动。联网收费系统运行保障的对象规模之庞大、作业要求之高,已非传统以人工或纸质管控为主的作业流程方式所能承载。另外,由于大多数运维保障工作都会涉及多层级或不同主体的参与,从总体管理层面上看必然要求作业过程做到可留痕、可跟踪和可回溯,以便支撑后续不同主体的责任界定、考核评价等工作。这一系列的要求,无疑均指向如何构建好作业流程数字化的技术支撑能力,因为只有数字化手段才能适应如此复杂庞大的服务对象和烦琐的作业过程(图3.1-3)。

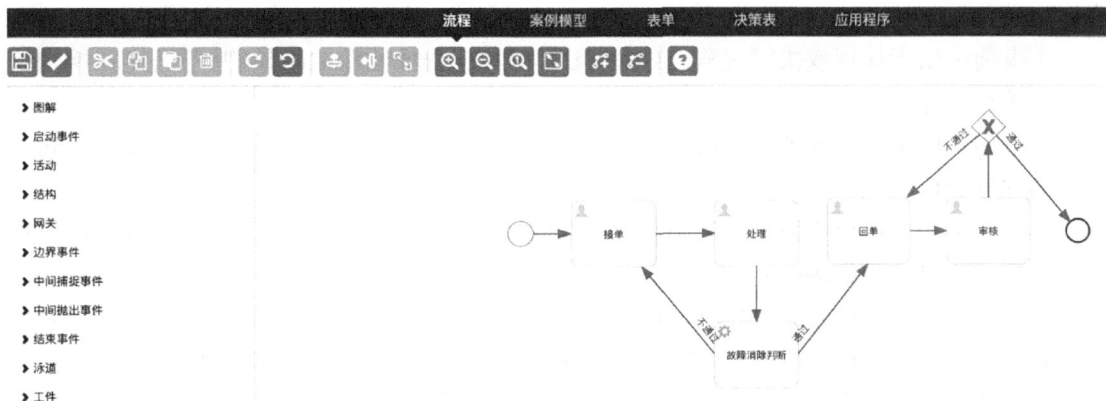

图 3.1-3　可支持灵活配置技术能力的流程构建示意图

与此同时,虽然作业流程的制定可以足够规范,但在实际中这种规范本质上也是相对的。因为联网收费系统涉及的运维保障内容太多,所涉及的参与主体及其职能在不同业务中也有一定差异,甚至还会有不同的分支和流向,例如在某些条件下,可能触发省级对任务进行一次响应和分派等。由此可见,作业流程不仅需要数字化,也需要支持灵活配置,可根据不同事务实现次序和节点的灵活编排,只有这样才可避免流程应用时走向僵化,实现更适合业务的长远发展;否则不仅会难以适用,甚至还可能带来额外的管理成本和效率下降风险。

(2)多渠道信息传递和消息策略定制化的技术能力

消息的高效传递是复杂庞大的联网收费系统在运维保障中不可或缺的支撑要素,这也是作业流程数字化发展的必然趋势,因为作业流程数字化的本质不仅仅只是针对某个环节形成与之对应的信息,如任务的信息要项、任务处置的状态等,更重要的是能让这些信息随着给定的流程逻辑在多个层级及业务主体中有序流转,并且这种流转还不应只是体现在某个具体系统中,还应辅以更多的信息传递手段,如公众号、小程序、短信、邮件等,确保信息能及时有效触达用户,让其尽快知悉和响应。同时这些消息传递过程中还应能支持状态的准确记录和变更同步,如消息发送成功与否、目标用户接收与否、某些需要响应的信息是否得到回应,甚至对于一些涉及敏感的信息还要做好加密、脱敏等处理。

同样,考虑到在实际作业过程中,不同流程在紧急程度、响应时间、干系主体等方面会存在较多差异,这必然也会导致与之相关的消息传递内容、频度、方式、跨层级情况、跨主体情况、涉及对象规模等均会有所不同。另外,联网收费系统的发展仍相当活跃,可以预期其涉及的干系主体数量仍会继续增长,甚至在职责上也会有所变化。这一系列因素都要求消息策略必须具备灵活配置的能力,可根据不同流程来制定消息内容和传递策略(如对象、方式、频率、响应机制等),以提高整体的可用性。

(3)面向运维保障指标智能计算和深层分析的技术能力

在更精细和更高效的保障要求下,运维支撑能力的打造一定不是只停留在如何让问题得到解决,还应该从科学性、合理性、经济性等众多角度展开判断,这种判断在事前、事中和事后均需要。

①事前多用于规划或决策过程,这时可能会涉及一些最佳作业路径的计算、作业项别科学次序的编排等。

②事中多用于评判或辅助过程,这时可能会涉及一些在修复动作后,有关对象运行状态指标的计算和提取等。

③事后多用于评价或回溯过程,这时可能是根据整个作业流程,面向不同作业者、作业内容计算响应时间和解决时间等。

但无论是处于何种阶段、应用到什么指标,均表明现代化的运维保障离不开一系列的指标和要素的计算,只有这样才能跳出人的主观和能力的约束,以更精准、可量化的方式去审视具体运维工作的效率和质量,才有利于不断优化运维保障工作。

同时,随着运维保障走向数字化发展的道路,如果只是简单依赖人工进行预测和判断的话,不仅需要付出极大的人工成本,也难以覆盖全部适合用作研判的项别,更别谈能得到相对精准的判断。为此,基于给定指标和分析项来进行深挖逐渐变成了发展刚需,这时就不得不用到机器学习、深度学习等智能算法。这种应用除了要求对相关算法有深入理解外,也要求与相关业务有深度结合,从而形成可落地应用的具体技术能力。以下简单介绍一些常用的算法:

①时序分解类方法。通过将数据分解成趋势性的分量、周期性的分量、平稳的分量三个正交部分后,对各分量进行分析。这种方法比较适用于分析周期类数据,如周期巡检预计耗时、路程等,在实际分析中被广泛应用。

②机器学习类方法。此类方法可以接受尽可能多的输入,包括数据、数据特征及其他影响因素,选取合适的特征有助于提高分析准确性。目前较为常用的机器学习类方法有决策树、朴素贝叶斯、K近邻、支持向量回归等。由于运维领域涉及的指标较为多样,机器学习的特征筛选和规则自优化会是一个漫长的过程,但这也是一个非常值得期待的能力成长要素。

③深度学习类方法。本方法往往能够捕捉数据间复杂的非线性规律,常用的深度学习方法有 CNN、RNN、LSTM 等(图 3.1-4),这些方法在深度分析、趋势挖掘等领域均有不错表现,而且分析的精准性会随着数据量的增多而提高。

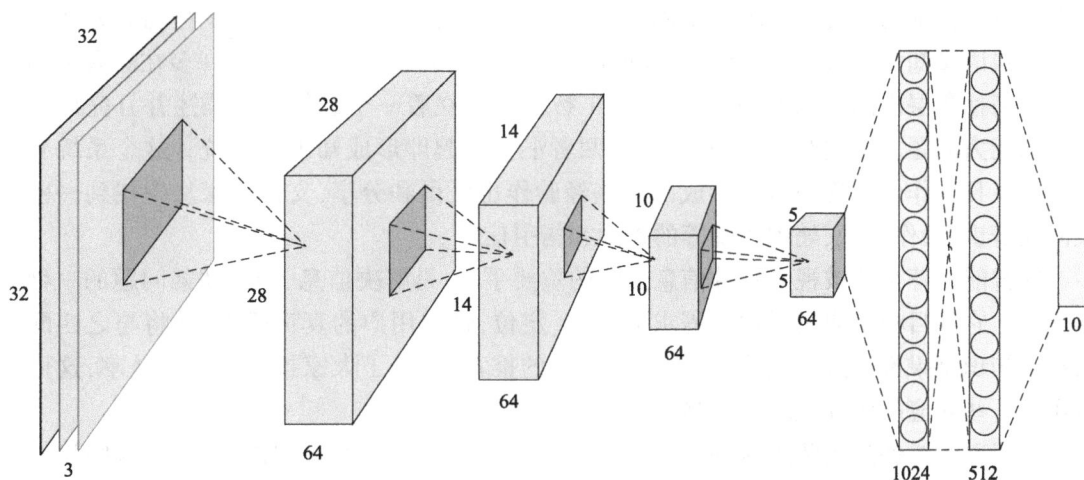

图 3.1-4　深度学习方法中的 CNN 方法原理示意图

(4)支撑运维保障作业和决策的智能推荐技术能力

联网收费系统的运维保障工作专业性十分强,涉及的内容也非常多,并有着持续扩大的趋势。这会导致有关责任主体在开展具体作业时经常面临对很多专业问题的辨识和解决,但往往每个人的专业涉猎广度、从业经验深度都是有限的,仅依靠自身的能力来应对必然很快就会到达能力瓶颈,并且能力在不同的个体身上还会存在较大的差异,例如有些人从业较久,对于所负责的运维保障工作往往可以得心应手,遇到新问题时也能从容淡定;有些人可能刚履新或专业认知不足,遇到棘手问题时容易作出误判。从这些场景中不难发现,无论是为了突破能力瓶颈,还是为了应对个体差异,大家都希望在运维保障过程中有个好的助手,这不仅是作业者的需要,也是管理者的需要。在前面的章节中已提到现代化的运维保障工作不只是关注问题能否解决,还要在作业时充分考虑资源配置水平、资源使用效率、人力投人效能、措施选择恰当等因素,这无疑会对管理者提出更高的要求,需要考虑的面必然更广,就算能通过系列算法、模型完成各类量化指标的计算以辅助管理决策,但管理者也容易在铺天盖地的数据面前望而却步,不知如何作出最优选择。此时大家更希望有位专家能将答案告知他们,例如这个维护工作应该如何开展、安排什么人员承载、如何出车或出班、怎样排除故障或异常等,只有这样才能有利于运维效率的提升,让大家尽可能降低信息的解读量,也减少仅基于有限的经验或某项知识来下达不够全面的决策或指令。

要达成这样的目标,就不得不让大家联想到当下在决策体系中,经常应用到的专家系统、知识库系统、智能推荐系统等技术手段,这些手段也是我们联网收费系统运维保障技术体系中不得不重点考虑和建设的一种能力。关于这些能力,在此给大家作一些简单的介绍。

①专家系统是人工智能中最重要的也是最活跃的一个应用领域。它实现了人工智能从理论研究走向实际应用、从一般推理策略探讨转向运用专门知识的重大突破。它早期是人工智能的一个重要分支,一般采用人工智能中的知识表示和知识推理技术来模拟由多个领域专家才能解决的复杂问题,可以应用在运维作业过程中面临的一些专业问题的疑难解答等方面。

②知识库系统是一个针对存储知识,可作出对输入数据进行解释、生成作业假说并且还可对其进行验证的系统。随着数据库理论的深入研究,为了克服模型在表达能力方面的不足和加强语义知识成分,使数据库具有推理能力,此类专业领域已经提出许多在原有基础上具备更高抽象层次的概念模型。另外,人工智能都存在着一个以知识来描述并且完成智力行为的能力问题。在这些基础的支撑下,两者汇聚一起即形成知识库系统。这个系统有助于大家在日常作业过程中对所形成的一些经验作出汇聚和分享,支撑大家从中找到一些有关问题辨识、操作要领、处理步骤等的帮助和指引信息。

③智能推荐系统被视为一种信息过滤的重要手段,是解决信息、知识超载问题的一种技术方法。它的目标是通过对用户需求的扫描、定位,锁定用户的真正所需,并将与之匹配的信息或知识结果推送过去,从而产生更为精准的推荐,提升了大家接受信息的效率,这可以应用在一些对应问题处置的最佳操作指引等方面。

为帮助运维保障团队迅速、科学地对作业任务作出响应、准备和执行,上述这些技术手段无疑是支撑的关键,同时也是整个体系技术底座的重要组成,只有这样才能真正做到"知你所想、知你所要、精准推送、实效实用"(图3.1-5)。

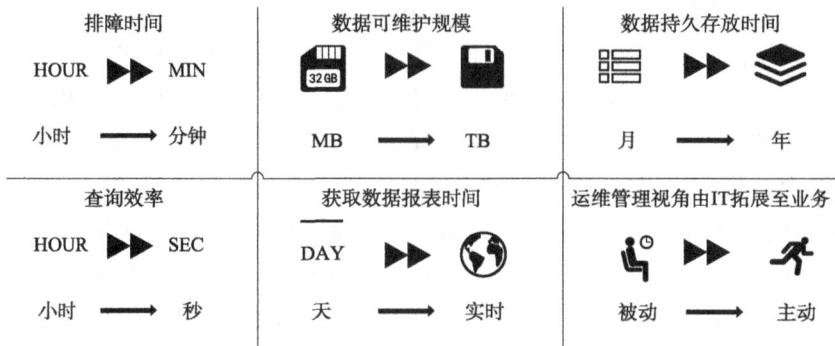

排障时间	数据可维护规模	数据持久存放时间
HOUR ▶▶ MIN	32GB ▶▶ 💾	▶▶
小时 → 分钟	MB → TB	月 → 年
查询效率	获取数据报表时间	运维管理视角由IT拓展至业务
HOUR ▶▶ SEC	DAY ▶▶ 🌐	▶▶
小时 → 秒	天 → 实时	被动 → 主动

图 3.1-5　运维总体效果提升示意图

3) 有助运维保障能力持续完善的可评估绩效考核子体系

运维保障是联网收费系统正常运作的重要环节,对于保障中有关作业、管理、组织等进行的考核评价则是反映整体运维质量的重要参考,也是指导内容、环节、流程、组织进行针对性改进的重要依据。因此,一个好的运维保障体系必然离不开绩效考核这个重要环节。

然而,在目前联网收费系统的传统运维作业和管理过程中,相应绩效考核和评定体系的建设还是相对落后。一方面主要还是通过人工定期的记录、巡检、抽验等方法来获取相关支撑数据,或是多每隔半年或一年通过统计、罗列相应量化指标来完成考核和评价工作,过程既耗时又耗力,指标的认读性也常有不足;另一方面,绩效考核大多呈现圈子化,缺乏指引,结合当下一体化服务发展的需要,辅以精益化管理的要求,绩效考核体系方面的建设必然也要与之契合,例如需要更注重考核对象的差异性,确保考核结果有说服力和信服力,能够指导后续考核对象的优化完善,让这一环节的价值可以得到充分体现。有关运维保障绩效考核评价体系的建设任务可重点围绕以下几个方面展开。

(1) 依托场景、环境梳理出不同类型的运维保障评价对象

在前面已有提及,联网收费系统涉及的内容、环节、过程、干系主体繁多复杂,要想做好绩效的考核评价,必然要先对这些目标对象进行梳理和类型划分,不能一刀切、一把抓,否则将直接影响到后续评价办法和考核指标制定的有效性,更谈不上未来能带来多少改进。所以在制定联网收费系统的绩效评价和考核办法时,要有针对性地开展类别的梳理和划分,剖析出考核的本质及要点,例如对主体的专业性、执行的时效性、举措的经济性等(表3.1-1)进行分析,从中分析不同层级的要求差异,再围绕问责制层层落实与之配套的指标要求和责任体制。

虽然表3.1-1仅是一个示例性表达,但不同级别的运维保障工作对于业务性能的关注点各有侧重,例如对于专业性、时效性要求较高的运维工作,经济性一般不会是重要的考量因素,大家更多关注的是要确保问题能按照时效要求得到妥善解决。这些都需要通过设置与之对应的考核指标作为牵引,否则可能会给决策者造成错误认知,达成的最终效果也会谬以千里。

不同层级运维工作中呈现的关键业务特征点示例　　表3.1-1

业务特征指标	含义描述	分档		
		高	中	低
专业性	反映系统运维保障工作中对于技术专业性的深度和广度要求	1. 一般涉及工作技术精深,专业性强,复杂程度高,处理的技巧性强,例如分布式数据库维护、虚拟环境的维护等; 2. 技术领域涵盖范围广,具有一定的跨领域、跨专业等特征,例如跨信息安全领域、通信领域等	1. 一般技术较深,专业性较强,但是不太复杂,较为单一,例如数据慢SQL的处理、业务应用运行不稳定等; 2. 技术领域涵盖范围有限,跨领域、跨专业特征不明显,例如只是某一技术领域或只是某一业务领域等	1. 技术很成熟,具备专业性,但难度不大,例如日常的运维或保障工作; 2. 技术领域涵盖范围单一,并且基本谈不上复杂性,"点"性问题特征比较明显

业务特征指标	含义描述	分档		
		高	中	低
时效性	反映系统一些业务发生中断后重新恢复正常的及时性要求	1. 在快方面,一般按照业务要求需最及时地作出响应,以满足用户业务运行要求,例如可能影响到前端的收费工作,或引起车道瘫痪等; 2. 在准方面,由于受到快的驱动,必然要求能够最及时地定位问题,并且采取最恰当的措施确保真的能达成预期成效; 3. 在稳方面,高效率高效能,必须持续确保稳定性,工作效果能够稳定提升	1. 在快方面,一般按照业务要求作出及时响应,但是会存在一定的时间和空间范围,在此范围下完成保障目标即可; 2. 在准方面,虽然同样要求及时定位问题,也要求采取必要措施应对,但是容许度较高档更低; 3. 在稳方面,高效率高效能,但是允许在一定时限内逐步达成预期的稳定性要求	1. 在快方面,一般也是按照业务要求作出及时响应,但是规定时限范围会更长,充裕度一般更足; 2. 在准方面,虽然也需要能够准确定位问题,但是由于快诉求的下降,在具体操作上更宽裕; 3. 在稳方面,由于影响性不强,在采取举措时还要考虑其他要求,例如成本因素等,不仅只是追求较为单一的快速稳定效果
经济性	反映业务运行发生故障或中断后,恢复成本的大小或影响性	1. 业务运行发生故障或中断后,更换或维修时需要投入的设备、配件、工具等都可能较多,成本投入高; 2. 业务运行发生故障或中断后,由于专业和时效要求高,导致投入的运维人员多为高级工种,工时一定会高	1. 业务运行发生故障或中断后,更换或维修时需要投入的设备、配件、工具等一般,成本相对而言比较经济; 2. 业务运行发生故障或中断后,由于需要投入的运维人员技术水平要求不高,因此对应的工时也会相对上一档低	1. 业务运行发生故障或中断后,更换或维修时需要投入的设备、配件、工具等较少,成本一般较低; 2. 业务运行发生故障或中断后,由于需要投入的运维人员技术水平要求不高,甚至可能普通人员即可兼职处理,工时投入不高

但仅仅确保目标不产生偏移往往是不够的,因为这些目标的达成主要与团队及其所展开的动作有着密切关系,即"是谁做"(做的人是否合适)和"怎样做"(做的方式是否合适)。在考核和评价方法的构建过程中只有对这些要素有所考虑,才能更好地从一些关键环节来予以约束和提醒,为目标达成保驾护航。

在此,我们将前述有关高档、中档和低档的运维工作示例及所列要求目标作为案例,从团队如何在具体执行方面选择合适策略来进一步剖析其中的一些重点要项,这也将成为后续绩效考核评价的重要考虑要素。

①高档位运维保障工作的执行策略分析

由于高档位运维保障工作在专业、时效和经济投入方面均有较高要求,开展具体工作时主张由高级别技术人员或团队来承担。同时还应做好预防工作,投入足够资源,确保在满足要求的较短周期内开展和完成好对应的运维工作。表 3.1-2 是在这类档位下的执行策略。

高档位运维保障工作策略示例　　　　　　　　表 3.1-2

运维需求		采取组织和执行策略建议
高专业性	1.要求运维团队或成员整体技术水平高、经验丰富,能够承担这类需要具有较高专业要求,甚至需要跨专业和跨领域经验的运维工作; 2.运维团队或成员对此类工作涉及的专业设备、系统技术、业务知识领域非常精通,达到精而专的程度	一般需要组织满足此类要求的专业团队作为当班,并且应按照配套制度来实现团队的快速组建,且参与团队人员的能力、经验、涉及领域满足要求,这一系列的举措都会纳入考评范围,例如从合规、组织和最终效果方面进行评价
强时效性	1.被视为应急性作业,必须快速发现、准确定位、及时上报、措施得当; 2.涉及保障的业务本身就要求运行稳定,此类运维保障工作应有较高实效性,一定周期内故障不会反复发生	1.既然这类保障对象时效性要求这么高,就应纳入事前保障范畴,通过巡检等举措,提前、及时发现问题; 2.产生故障时应能及时辨识和响应,并且有能力及时调度处理; 3.对于此类故障要做好总结,不断提升应急措施或预案的执行效率;这一系列的举措都会纳入考评范围,例如事前的保障是否完备、事中处理是否高效、事后总结是否妥当
合理经济性考量	1.由于保障对象极为关键,在确保专业性和时效性满足要求的基础上,维持合理运维成本; 2.杜绝因人为原因造成的故障	需要投入足够的资源、人员和设备做好预防及事中维护,这部分可纳入考核,例如是否配置好应对资源和资金等

②中档位运维保障工作的执行策略分析

由于中档位运维保障工作对专业性和经济性仅进行一般性考虑,时效性恰当即可,无须过分追求越快越好。在具体工作的开展上,一般由中、高级别技术人员或团队搭配完成;同时,在预防、维护等作业方面,也要考虑适当的经济性,对运维成本投入控制的关注度一般会较高档位运维保障工作有所提升。表 3.1-3 是在这类档位下的执行策略。

中档位运维保障工作策略示例　　　　　　　　表 3.1-3

运维需求		采取组织和执行策略建议
一般专业性	1.由于涉及工作的专业性略低,且基本不涉及跨领域、跨专业等,对于运维团队或成员技术水平、从业经验要求会略低,能承担这项运维工作基本要求即可; 2.运维团队或成员掌握此类工作涉及的专业设备、系统的应用和维修技能,专业水平广度和深度要求较高档位要低	需要组织满足此类要求的专业团队作为当班,但由于专业要求降低,参与团队人员的能力、经验要求也随之降低,并且队伍规模、成员层次也会较高档位低,更多注重的是实用和合理,因为后续还涉及经济要素的制约。此部分举措除了从合规、组织和最终效果方面进行评价外,可能还会与经济性评价有着强关联

续上表

运维需求		采取组织和执行策略建议
满足需求的时效性	1. 可允许在一定周期下完成保障要求,对于问题的发现、定位、上报和处理措施在执行快速、高效方面的要求较高档位低; 2. 涉及保障的业务本身也要求运行稳定,此类运维保障工作同样有高实效性,一定周期内故障不会反复发生	虽然时效性降低,但在保障方面,同样还是会从事前、事中和事后作出类似高档位的执行步骤,如巡检预防、事中处理和事后总结。因此,这一系列的举措都会纳入考评范围中,但在时效指标上较高档位略低
略严格经济性考量	1. 由于保障对象在要求上略有降低,在成本方面要作出更多的控制,尽量有经济性; 2. 减少因人为原因造成的故障	由于保障对象较高档位重要性降低,需要投入的资源、做好的预防举措也要充分考虑性价比。例如尽量选择刚好合适的投入举措,尽量避免过于超前、超高的投入

③低档位运维保障工作的执行策略分析

由于低档位运维保障工作对于专业性要求较低,时效性更加宽松,其更多会从经济性方面进行考量。在具体工作的开展上,一般以较低成本投入完成最基本的保障任务。表3.1-4是在这类档位下的执行策略。

低档位运维保障工作策略示例　　　　　　　　　　　　　表 3.1-4

运维需求		策略示意
专业性要求较低	1. 一般只要求负责的团队或成员具备一定的专业技术和工程经验,能够应对这类故障运维即可; 2. 运维团队或成员能够熟悉涉及设备、系统的功能和使用即可,如可作出一些重启操作等	团队或成员基础配置即可,需要的人员尽量少、要求尽量低
宽松的时效性要求	虽然还是要求尽快识别、准确定位、处理得当等,但由于基本不影响重要业务运行,能够在给定的周期下解决问题即可	作为现代化运维的基本要求,事前、事中和事后都要有所考量,但在关注度和时效要求上更低,甚至未必是考核的重要分值项别
非常注重经济性的考量	确保运维成本尽量低,此时由于大多为运维人力投入,因此重点是控制人力成本投入	通过给定的培训和举措来实现人力成本控制,例如一岗多能等,实现此档位工作的经济处理为考核重点

(2)确保绩效考核指标可定义、计算与评价

从不同级别、不同环节分析领域内运维保障工作的性能要项和作业策略要求,制定出与之配套的指标评价体系,辅助日常考核工作的开展,既让团队或成员在具体作业和决策时有

所依托,也有助于观察当前体系在组织、质量、流程、标准等方面存在的不足,为体系提升提供依据和线索。

这种指标体系的构建应站在全行业的高度,从多个层级、主体和维度进行分析梳理,这是其可用、实用的关键。在具体指标项别上,可以从资源、能力、组织、流程和质量等多个角度进行设计,这样才能均衡地推进最终预期目标的达成。最重要的是,设计出的指标应可以支持定量、定性的方式进行表达,以便支撑最终的结果评价使用。甚至还可以有相应的工具持续地根据相应的业务数据、人工结论等计算这些指标值,并通过报表、查询和看板等方式予以展示,支持管理决策。在本书中我们列出了一些在运行、服务方面的指标示例,有兴趣的读者可在附录 2 中查阅。

(3)落实绩效考核评价结果导入及应用环节保障闭环

考核评价的本质不仅是为了通过给定的公式计算某些量化值结果,其用意是希望通过这些量化值来发现原有体系在业务层面、技术层面、某环节的过程和组织上等可能存在的不足,以此促进其优化和改进。这种方法在很多领域里已有倡导和推广,例如近年备受各界推崇的精益化管理已得到广泛应用(图 3.1-6),虽然大众对此有着不同的理解和解释,但在这些领域的运转组成中,绩效考核都是一项不可或缺的组成部分。结合基于精益化的应用价值反馈和服务结果的呈现来看,所谓"精"就是在少消耗资源的前提下达成高质量的目标,所谓"益"就是能够产出效益,实现预期目标。这种过程一般都非一蹴而就,只有不断运行及改善才能达到精益求精的效果。

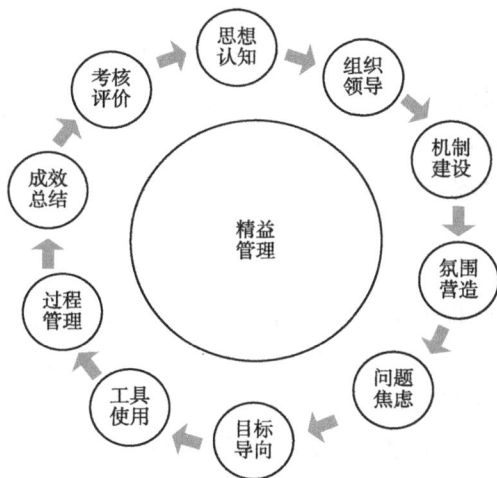

图 3.1-6 精益管理关键步骤组成示意图

可见,从绩效考核评价结果发现需要改进和完善的根源、对象,再将这些改进的目标演化为具体举措,并展开切实执行才是绩效考核评价价值发挥的重要闭环。在此闭环执行过程中,需重点关注以下要点:

①标准化。这是任何体系构建的基础,没有标准化就难以推进持续进步和发展。对于绩效闭环也是,必须将此作业的方法、流程变成标准,让大家都认真对待它,有相关指引才有利于体系不断地总结、积累、沉淀和上升。

②问题总结。发现的问题可能不能在一个这样的循环处置过程中被全部解决,遗留问题应同样从标准的考核和评价过程中被发现,进而继续转到下一个改进流程中进行完善,周而复始、螺旋上升。

4)助力高水平运维保障服务人员的能力成长和巩固支撑子体系

作为保障联网收费业务运转的重要基石,运维工作具体开展的内容及质量在保证业务稳定、设施完好、服务优质等方面有着重要的决定性影响。在联网收费系统的发展过程中,为促进运维工作高效开展,虽然已有一些数字化工具和智能化系统作支撑,但随着系统持续发展,仍会不断产生一些新专业、新要求的工作或工程,这不仅给运维保障带来了挑战,也同时对运维人员能力的成长和技能的巩固提出更高的要求,并且可以预期这种需求相较于当下系统的发展速度而言存有滞后的矛盾,且这种矛盾将会持续存在。因此,为契合联网收费系统运维保障发展需要,持续做好运维人员能力的巩固和提升是体系构建过程中不容忽视的重要组成部分。"需求离不开用户,执行更离不开用户",没有专业的用户去掌握和应用,配置再好的工具也会被荒废或难以达成预期的使用效果。

(1)构建专业人员能力成长方程式

联网收费系统的运维保障内容众多,涉及专业面广。为了完成岗位职责,一般要求承担运维职责的人员具有相对应的专业能力。但由于联网收费业务在持续发展,导致对于专业能力的要求并非永恒不变,而是需要不断地主动提升,以满足领域发展所需。

考虑到这类面向专业人员能力的成长举措,并不仅仅是狭义理解上的技术方面的能力成长,而应类似求最优解的方程式,能从多个方面来给专业人员的能力提升和巩固给出最优答案。同时,虽然面向不同保障对象的专业人员在成长需求细节上会有所区别,类似于马斯洛需求层次理论,每个人都有自己的个性化成长需求,但他们的成长套路又有较多的类同,在此就是希望通过一种体系性的方程式作为指引,去解决这些不同专业人员成长上碰到的问题。

①能力规划

承担联网收费系统运维保障工作的专业人员主要有车道机电运维人员、机房机电运维人员、计算机设施运维人员、通信传输设施运维人员、各类应用软件运维人员、数据及管理系统运维人员等。由于我国联网收费发展的时间并不是很长,在对从业人员的定向培训和监管上尚没有如其他行业成体系的量身定制的培训考核规定、持证上岗等制度。但随着联网收费业务的快速发展,所需的运维保障工作无疑将成为一个集专业技术知识、熟练操作技能、丰富排障经验和高强度体力要求于一身的专业性岗位。因此,有必要针对不同的保障对象及其岗位要求,做好相应的能力规划,确保人员成长有规可循,并且还可以制定出定向培训方案,从规模、机制、模式、质量等方面都作出充分考虑,确保培训可迎合不同层级(如部联网中心、省联网中心、路段、发行方、站、车道等)、不同专业运维专业人员的能力和水平成长需要。

表3.1-5以省域角度为例,对省联网中心、发行方、路段(含所辖收费站和门架)的运维保障人员提出能力规划建议。

省域常见主体的运维保障能力规划示例　　　　　　　　　　　表 3.1-5

省域主体	技术相关能力规划建议	业务相关能力规划建议
省联网中心	认知省联网中心技术体系情况； 熟知与省联网中心存有紧密业务联系的机构及其技术体系； 掌握计算机设施（含服务器、存储、系统软件等，若采用"云"方式搭建，还应了解相应的云资源管理技术手段或工具）运维能力； 掌握网络设施（含交换机、路由器、通信链路等）运维能力； 掌握应用系统运维能力； 掌握数据运维能力（数据库保障等）； 掌握安全防护（含防火墙、IPS、安全资料等）运维能力； 掌握机房设施运维能力等	熟知部-省数据交互业务及相关规则，如约束条件、异常判别条件等； 熟知省（区、市）内数据交互（包括与发行方系统、路段系统、合作银行等第三方系统的交互）业务内容及相关规则； 掌握拆分结算、运行监测、发票管理、移动支付等业务，了解相关规则，特别是熟知其中的异常、特情识别、响应和处理要求等
发行方	认知发行方技术体系情况； 熟知发行方下辖合作机构、渠道的技术体系情况； 熟知与发行方存有紧密业务联系的机构及其技术体系； 掌握计算机设施（含服务器、存储、系统软件等，若采用"云"方式搭建，还应了解相应的云资源管理技术手段或工具）运维能力； 掌握网络设施（含交换机、路由器、通信链路等）运维能力； 掌握应用系统运维能力； 掌握数据运维能力（数据库保障等）； 掌握安全防护（含防火墙、IPS、安全资料等）运维能力； 掌握机房设施运维能力等	熟知部-发行方数据交互业务及相关规则，如约束条件、异常判别条件等； 熟知发行方与其他方（如省联网中心、合作机构、合作银行、合作渠道等）的业务内容及相关规则； 掌握发行、客服、拓展、清算等业务，了解相关规则，特别是熟知其中的异常、特情识别、响应和处理要求等
路段	认知路段技术体系情况，包括路段中心、站、门架等； 熟知与路段存有紧密业务联系的机构及其技术体系； 掌握中心和站机房中计算机设施（含服务器、存储、系统软件等，若采用"云"方式搭建，还应了解相应的云资源管理技术手段或工具）运维能力； 掌握中心机房、站机房、门架点、广场的网络设施（含交换机、路由器、通信链路等）运维能力； 掌握中心、站、门架应用系统运维能力，对于全网统一的系统或部分组件，如 ETC 门架等也应达到熟知的程度； 掌握中心、站、门架和车道的数据运维能力（如中心的数据库保障、车道异常数据处理等）； 掌握安全防护（含防火墙、IPS、安全资料等）运维能力； 掌握门架设施运维能力； 掌握车道设施运维能力； 掌握机房设施运维能力等	熟知部-站/门架数据交互业务及相关规则，如约束条件、异常判别条件等； 熟知路段与其他方（如省联网中心等）的业务内容及相关规则； 掌握门架计费、车道收费、站场特情处置（含收费特情、稽查特情等）等业务，了解相关规则，特别是熟知其中的异常、特情识别、响应和处理要求等

另外,这些针对运维保障人员的能力规划多是面向团队提出,每项能力的建设要求可与团队中的人员岗位职责进行匹配和调适。

②行业知识

行业知识是运维保障人员开展维护、巡检等工作的基础所在,假如这些运维人员对自己要保障对象的组成内容、用户特点、功能性能、工作原理、实现技术等都不了解,想要做好运维保障只能是纸上谈兵、空中楼阁。例如对于通信传输设施的运维人员,必然需要了解和掌握系统的通信设施组成、网络拓扑结构、网络设备原理、通信协议等,否则出现问题时都不知缘于何处,更谈不上从何解决。

我国高速公路联网收费业务发展迅速,这意味着对应的行业知识也会更新较快,例如相较于 2015 年全国 ETC 联网,目前联网收费系统涉及的设施规模、采用的技术手段都已大大不同,甚至过往的一些设施、技术都处于被淘汰的边缘。作为运维保障的专业人员,假如还只是关注过往的知识内容,而不及时驱动自身更新知识储备,又如何能适应行业发展需要?由此可见,行业知识的持续更新迭代无疑是实现人员在行业认知能力上持续增长的关键一环。

③专业技能

相对于行业知识,运维保障技能在日常工作过程中施展得会更多,与作业的效率、质量有着更强的关联性,备受专业人员所关注。基于对行业知识的了解和掌握,通过应用运维保障专业技能中的系列理念、技术和方法等,无疑可以更好地帮助专业人员满足岗位的作业要求,也有助于提高作业效率,例如缩短作业耗时、提升作业质量等。结合收费行业运维保障工作的内容与特点,一般专业人员需要掌握的技能主要有以下几方面:

a)过程技能。主要是指作业准备、过程、关闭等阶段相关的支撑工作技能,例如相关专项文档的编制、准备要项的理解和准备工作的执行等。

b)技术技能。主要是执行具体运维、巡检作业所需的技能,例如问题定位、设备保养、故障处置等。针对不同保障对象还需进一步细分,确保所需的技能更有针对性,满足日常作业需要。

c)管理技能。主要是开展具体运维、巡检保障工作时的管理技能,多面向当中的管理者或承担管理职能的专业人员,如计划制定、风险评估、团队管理、过程改进等内容。

④内驱能力

由于能力提升主要是面向运维人员,因此除了注重业务知识、专业技能等方面的能力提升外,对于一些个人自身的内驱能力提升也应予以关注,例如思维能力、学习能力和驱动能力等。

a)思维能力

我们经常会拿思维来表达人对事物的理解,例如发散性思维、逻辑思维、双赢思维、正向思维、逆向思维、结构化思维等。虽然在不同语境或含义下这些思维的定义会有所不同,例如发散性思维、结构化思维、逻辑思维中的思维更多指的是思考方法。但若结合行业自身情况特点,思维则主要可以理解为对于问题的观察和思考,并且能从中感受到它将影响运维保障人员的成长方向,如果运维人员对日常运维工作抱以正面思维,从正向的角度看待问题,必然能更准确、有效地推进问题解决,也能由此获得更大的能力成长。

对于专业人员思维能力的培养提升,可考虑多关注学习知识和处理问题两方面,前者需要人员强化自身对相关知识的记忆、理解或创新,后者需要人员通过知识的应用和评估去澄清、分析和解决问题。

b)学习能力

现在是一个知识大爆炸的时代,新知识、新东西都很多,而且会越来越多。在联网收费方面也是,因此对于不同板块的运维人员而言,目标应该且只能是终身学习。如何学习应该是运维保障体系中有关人员能力成长板块中必须考虑的,也是相应服务内容衍生的基础,只有这样才能获得专业人员信赖,才能学以致用。对此,可以用体系化的理念展开思考,从以下几点明确学习能力的提升方向:明确学习领域,即树立学习范围和目标;构建初始框架,即搭建好知识体系;持续填充知识,即补充学习成果;持续修正知识,即实现终身学习。当然确定好培训学习的目标并不意味着就能很好地承担日常工作,还需要不断进行练习,将其完全转化为自身的实践能力。

c)驱动能力

驱动能力是影响个人积极性最为重要的要素之一。通过培养良好的驱动能力,很多时候可弥补思维能力和学习能力的不足,对于作业效率、质量提升方面也有很多正面的影响。驱动能力主要体现在两个维度,一个表现为努力程度,另一个表现为努力的持续时间。驱动能力往往是因,而努力是果。在时间的积累和体系帮助下,驱动能力强大的人可以在各项能力方面提升很快。因此,如何提升人员自身的驱动能力是我们在能力提升体系中要好好考虑的。

(2)有助于知识沉淀和巩固的配套手段

在有关专业人员能力提升的方程式构建中,专业人员会自然而然地吸取众多知识。但要保证专业人员在此过程中实现能力提升,还必须配备配套的知识沉淀和巩固措施,否则可能只是获得阶段性的提升假象。对此,我们可以通过一些相关的举措或手段在过度重复、间隔重复和交替学习这几方面给专业人员提供巩固成果的帮助。

①过度重复

过度重复对于学习知识和技能都是有意义的,它可以帮助大家把需要刻意进行的思考和行动变得自动化,例如不仅给专业人员灌输知识,还必须针对其中的重点部分有意识地引导他们进行重复练习、重复认知和重复学习,以达到从认知到掌握的目的。

②间隔重复

考虑到在某一阶段学会一些知识后,可能在给定的这段时间内不断地巩固也达不到想要的长期记忆效果,此时可以采取学完之后过一段时间再重复温故的方式来帮助运维人员深化记忆,例如定期的继续教育、定期的专题培训班都是很好的巩固方式。

③交替学习

交替学习也是帮助专业人员在能力成长过程中有效地沉淀和巩固知识的方式。一方面,在给定专业人员的能力成长规划和执行过程中,不能仅面向某个细分领域一直灌输,要适当交替不同领域的内容来调动大家的思考和认知,例如业务和技能成长的交替进行等,让其可从两个维度不断地展开思考,形成更为深刻的认识;另一方面,可以促进不同的知识之间产生关联,当专业人员在一个领域交替学习的时候,在这个领域更容易把不同的点融会贯通,当专业人员在不同领域交替学习时,更有机会发现不同领域的相同点,将一个领域的思想和方法引入另一个领域,这是更大尺度的融会贯通。

(3)通过机制和工具支撑人员能力成长方程式的持续运转

运维保障人员的能力成长和巩固是一个持续的过程,这种持续既体现在能力提升的内容上,也体现在能力提升的对象上,前者是行业不断发展的必然结果,后者则是受从业人员不断更迭所驱使。虽然前面已经提及了很多有关运维保障人员能力成长和巩固的方法及手段,但要真正能促使学员愿意深入其中,无疑离不开有效的机制和友好的工具,其中专业认证和培训系统是行之有效的方法。

①行业专业认证体系

认证是目前用于验证各种技能和知识的有效手段,特别是对于日新月异的联网收费领域而言,由于其涉及民生、经济等重大问题,相关系统的运维保障专业人员在资历、能力上必须要时刻接受严格的审查。然而过往这些人员的资历和能力审查主要由所属单位或所服务机构负责,缺乏权威性和体系性,且并未受到参与者(即审查单位人员、被审查人员)的足够重视,甚至未完全把它当成一个专业看待,对于职业成长价值性的认同感普遍偏弱。

但是,时至当下,随着高速公路联网收费的不断发展,此领域无论是在技术层面还是在业务层面上已获得长足发展,要求的总体提升致使大家对于该类专业人员的关注度不断提升,要想在该专业领域获得发展,认证变得越发重要。也正是这种广泛的专业认证体系的建立和运作,才让这些专业人员真正认识到自身知识、技能成长的重要性,也更能让其从中感受到相关专业资格证明在自身技能展现和市场竞争中的价值所在,从而带来能力需求方(行业人力市场)和供应方(行业从业人员)的良性互动及共同发展。

②运维保障培训系统

在信息化时代,建立专业的运维保障培训系统有助于行业源源不断地培育出更多人才,这是行业壮大和持续健康发展的必经之路。只有让这类专业人才的能力得到发展,才能为行业争取更大的发展空间。培训系统对于行业及从业人员的能力提升和巩固主要有以下作用:

a)有助于提高从业人员的职业素养、工作技能,让该类职业群体有更好的发展平台,满足从业人员的自我发展需要。

b)培训系统的信息定向传播能力和随时随地的可操作能力,让从业人员可以通过持续学习实现个人知识和能力的提高,建立更强的从业自信心,这无疑也有助于调动他们的积极性和主动性。

c)培训系统不仅是具体技术和技能的传授,也可以给学员提供行业资讯和管理知识,在增强学员行业归属感的同时,强化和丰富他们的落实计划、沟通协调等能力。

d)培训系统结合相关的信息分类及目标指向可以面向不同层级的学员群体,能针对学员的不同能力阶段提供服务,相较于传统的传授和学习而言无疑更能体现出因材施教的优势。

3.1.3　与其他体系的协同关系

运维保障体系是高速公路联网收费体系的核心组成,能为联网收费系统的正常运转提供专业保障和服务,保障的对象涉及软件、硬件、网络、数据等多个方面,也涵盖了部联网中心、省联网中心、发行方和路段等多个层级和主体,目标是实现对风险的有效防控和故障监测的有效闭环。要做好这关键一环,必然不能仅仅依靠自身的能力,还需要通过与其他体系、系统或设施的协同、互动来实现保障效果。结合联网收费运行监测与运维保障一体化的发展趋势,辅以联网收费系统、设施的常规组成和业务运行所需,接下来我们聊一下与运维保障体系有紧密业务或技术联系的对象及要项。

1)与运行监测体系的协同关系

问题的解决必然须始于对问题的发现,这一客观规律驱使联网收费行业应同时注重运行监测和运维保障的建设,确保两者实现紧密的联系和协同(图 3.1-7)。只有它们实现充分的联动协同和相互辅助,才有助于对联网收费各级关键系统和设施运行异常的准确识别和及时处理,为整个联网收费体系的健康运转提供全方位的可贯通至闭环的保障能力。

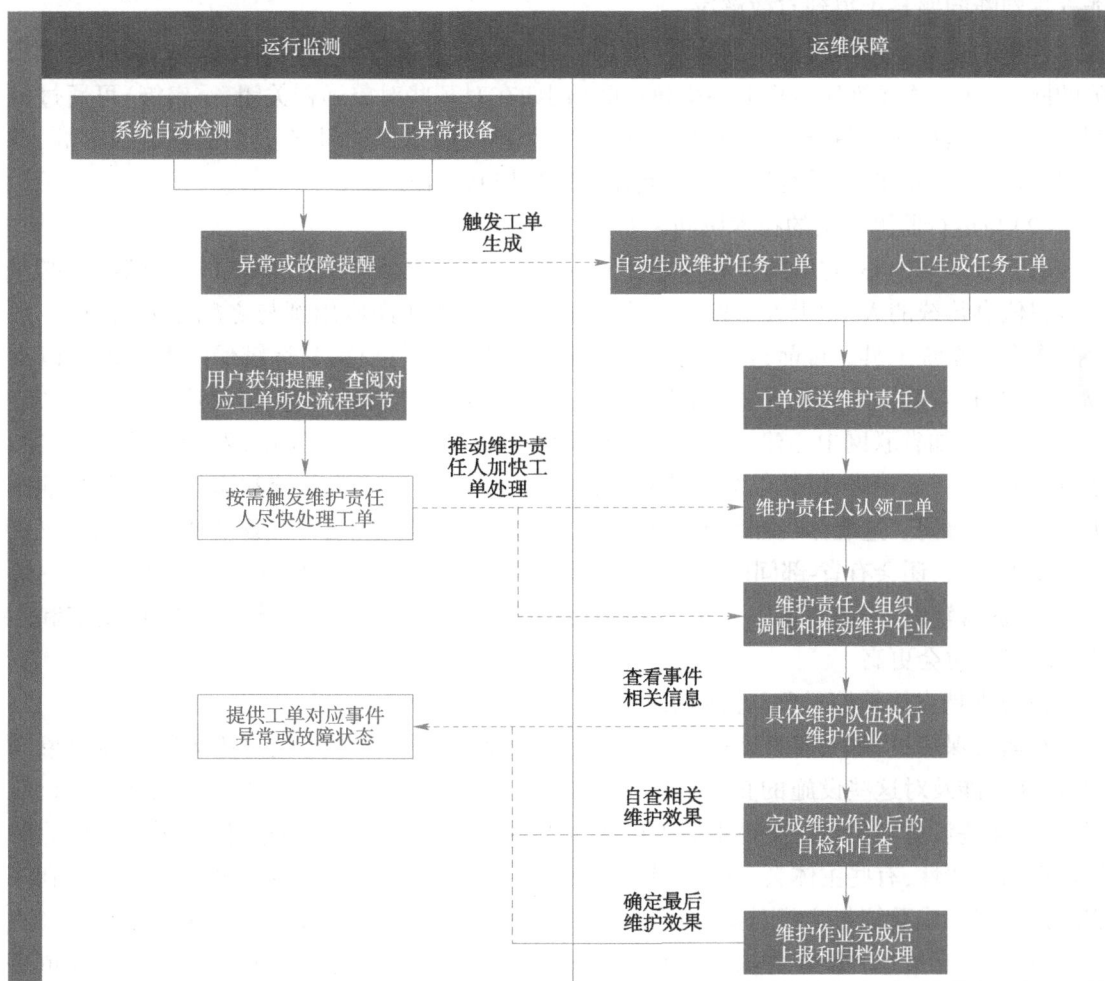

图 3.1-7　运行监测与运维保障业务协同示例流程图

（1）与运行监测体系的业务协同关系

①运行监测可以通过自动检测和人工异常报备及时发现可能会影响联网收费体系正常运转的异常、故障和风险，并形成与之相关的告警信息，这些信息是实现运行监测与运维保障协同的关键。当这些告警信息流转到运维保障体系后，能推动体系迅速地意识到运行问题的存在，及时触发相关运维工单的生成及内部流转，驱动问题尽快得到解决。

②运行监测可以通过对产生过告警的对象进行持续的专项跟踪，并通过与运维保障的协同获知该告警事件是否已经通过运维保障体系完成响应（如是否发出了任务工单等），如果发现此类告警持续存在且超过一定时效，或虽然已经作出响应但仍未被解决，则可以通过再次触发或者升级告警等级来提醒运维主体尽快对问题进行处置。

③借助运行监测持续的风险、异常和故障监测能力，运维保障作业主体或者相关责任人可以在工单处理前、处理中和处理后，通过运行监测体系所提供的工具查看或核对这些工单所对应的报警信息及其背后的产生缘由（例如源于什么对象、什么问题导致等）和当前状态等，时刻掌握拟解决问题对象的情况，既有助于支撑自身的保障举措，真正做到对症下药，也能支撑判断问题是否得到有效解决。

④借助运行监测实现对关键软件、硬件、网络、数据等运行状态的持续监测，辅以运维保障的同步，在一些运维保障作业举措执行时（例如在对某些对象远程关闭、重启等）可通过监测到的状态信息来评估当下是否适合实施这些举措，避免因此产生不必要的问题或事故，例如只有在车道关闭时才适合展开对控制器的远程控制操作。

（2）与运行监测体系的技术协同关系

对于部联网中心、省联网中心、路段、发行方在运行监测和运维保障上的协同联动，必然不能仅依靠传统的人工/半人工作业方式来达成，大多数还需应用到与之配套的信息化、数字化等专业系统工具。目前，各参与方都会建有相应的运行监测与运维保障系统来予以支撑，其中既有自建自用的模式（如路段建设服务于本路段所辖设施的运维保障等），也有共建共用的模式［如省联网中心建设服务于省联网中心及省（区、市）内路段、发行方所属设施的运维保障等］。无论哪种模式，要达成良好的保障效果，运行监测系统和运维保障系统都应进行关联和协同。这既体现在数据层面上，也体现在具体功能上，并且这些协同可能不仅仅局限于本层级，还会有省-部间的互动、省-路间的互动等涉及跨层级和跨主体的情况。一般而言，系统管辖面、连接面越广，表明这张运行保障网越成熟、越全面，涉及的数据、功能和性能要求当然也会更高。

2）与支持直接管控对象的协同关系

在运行保障过程中，会尝试通过配置、控制、初始化等操作来解决一些运行保障对象的问题，这会涉及对这些设施的直接访问和管控诉求，例如直接拨测某些设备，远程开启、关闭、重启某些设备等。这些举措本质上可通过直接操作运维对象来实现，但为了实现作业的经济性和快捷性，有些主体会为此构建一些支持远程操作的工具或系统，通过网络的便利来实现这些工具或系统与这些对象的连接，再结合接口及指令应用来完成访问和控制。当然一般情况下，有关远程操作的执行会较为谨慎，需要看是否符合操作条件，例如在远程重启车道控制机时需要查看车道是否处于关闭状态等。

（1）支持远程直接管控的对象介绍

一般情况下，支持远程直接管控的对象既有软件也有硬件，并且这些对象在不同场景下也有所不同（表3.1-6）。以下从部联网中心、省联网中心、路段、发行方的角度来进行简单的罗列及介绍。

常见支持远程直接管控的对象　　　　　　　　　　　　　表3.1-6

主体	支持远程管控对象
部联网中心	1. 中心关键主机，包括重启、关闭、相关主机关键参数配置；若采用虚拟化管理平台，可支持进行远程虚拟化平台的配置操作，如新增虚机、虚机资源扩容等处理； 2. 中心关键系统或服务，包括关键服务的开启、暂停和停止； 3. 中心关键网络设施，主要是相关参数配置，如路由策略配置等； 4. 中心机房环境组件，包括闭路电视的点播、机房温度的调整等
省联网中心	与部联网中心比较类似，包括中心关键主机（含虚拟化管理平台）、中心关键系统或服务、中心关键网络设施、中心机房环境组件等
发行方	1. 后台设施：与部联网中心比较类似，包括中心关键主机（含虚拟化管理平台）、中心关键系统或服务、中心关键网络设施、中心机房环境组件等； 2. 前端设施：主要为一些自助服务的终端设备，此类设备一般无人值守，需要支持远程管控，包括重启、关闭、相关参数配置等
路段	一般包括两部分，一部分是后台设施，另一部分则是前端设施（主要指在收费站场和ETC门架上部署的设施） 1. 后台设施：与部联网中心比较类似，包括中心关键主机（含虚拟化管理平台）、中心关键系统或服务、中心关键网络设施、中心机房环境组件等； 2. 前端设施： 站场支持远程管控的前端设施包括： （1）站场关键主机，主要指车道控制机或控制终端，包括重启、关闭、相关主机关键参数配置； （2）站场关键系统，主要指车道控制系统或程序，包括启动、关闭、重启、相关参数配置； （3）站场关键外场设施，主要指车道栏杆机、车道显示屏（如雨棚显示屏、岛面显示屏等）、路侧单元、车牌/车型识别设备、自动发卡/缴费设备等，包括开启、关闭、相关参数配置； （4）站场关键网络设施，主要是相关参数配置，例如路由策略配置等； 门架支持远程管控的前端设施包括： （1）门架关键主机，主要指门架控制机或控制终端，包括重启、关闭、相关主机关键参数配置； （2）门架关键系统，主要指门架控制系统或程序，包括启动、关闭、重启、相关参数配置； （3）门架关键外场设施，主要指路侧单元、车型识别设备、控制柜及内部组件，包括开启、关闭，以及相关参数配置； （4）门架关键网络设施，主要是相关参数配置，例如路由策略配置等

（2）用于远程直接管控的协议方法

为了能实现对上述对象的直接管控，以及考虑到部分管控操作需要有较高的时效性，在相关远程控制工具或系统实现时会应用到一些标准的通信协议。以下对此类远程通信协议及其特点进行介绍：

①Telnet 协议

Telnet 协议是 TCP/IP 协议族中的一种,是 Internet 远程登录服务的标准协议和主要方式。它可以帮助用户在本地计算机上远程访问和控制主机或终端工作,即在终端使用者的电脑上使用 Telnet 程序,用它连接到目标主机,在 Telnet 程序中输入命令,这些命令会在目标主机上运行,就像直接由主机发出指令一样。

②SSH 协议

SSH 是由 IETF 的网络工作小组所制定,是建立在应用层和传输层上的安全协议。它是基于加密技术构建的网络协议,用于在不安全的网络上安全可靠地运行网络服务,可以有效地防止远程管理过程中的信息泄露问题。目前 Linux 环境下广泛使用免费的 OpenSSH 程序来实现 SSH 协议,常用来执行远程命令行输入、执行等。

③RFB 协议

RFB 协议即图形化远程管理协议,我们比较熟悉的 VNC 远程管理工具就是基于此协议,前述提及的 Telnet 和 SSH 服务只能实现基于字符界面的远程控制,而 VNC 可以实现图形化的远程控制,其由两部分组成:VNC server 和 VNC viewer,使用时用户只需要将 VNC server 安装在被控制的终端上,然后在主控制端上执行 VNC viewer 控制被控制端。

④RDP 协议

RDP 协议可以为用户提供图形界面,并通过网络连接到另一台终端,其中一个用户运行 RDP 客户端软件,而另一个用户运行 RDP 服务器软件,默认监听 TCP 端口 3389 和 UDP 端口 3389。使用时用户可以通过鼠标、键盘等操作工具软件实现两个应用程序间的通信连接和指令传输,达到远程控制的目的。

⑤ARP 协议

ARP 协议即地址解析协议,是根据 IP 地址获取物理地址的一个 TCP/IP 协议,用于在给定 IP 地址的情况下识别媒体访问控制地址。主机发送信息时将包含目标 IP 地址的 ARP 请求广播到局域网内的所有主机,并接收返回消息,以此确定目标物理地址。另外,收到返回消息后,将该 IP 地址和物理地址存入本机 ARP 缓存中并保留一定时间,下次请求时可直接查询缓存以节约资源。

3)与数据汇聚系统的协同关系

一般情况下各级联网收费系统中都会搭建一个数据汇聚管理的系统或平台,承担这个级别的内外数据交互工作,例如内部系统间的数据交互、本级系统与外部系统间的数据交互等。基于这样一个交互系统,同级的运行监测与运维保障系统之间、同级的运维保障系统之间、不同级的运行监测与运维保障系统之间、不同级的运维保障系统之间就都可以完成数据交互。

(1)通过数据汇聚管理系统完成的主要交互数据内容

①设备明细数据。该数据的交互主要确保监测和保障对象保持一致,涉及的数据字段一般应包括设备编号、指标属性、创建时间、创建人等。

②属性字典数据。该数据的交互主要确保监测和保障对于某对象属性的认读可以保持一致,涉及的数据字段一般应包括指标类型、设备类型、指标编码、指标描述、指标单位、告警

类别、告警回应、创建时间、创建人等。

③对象监测数据。该数据的交互主要确保运维保障系统能够在给定业务环节执行时(例如问题进一步确认、故障处理后确认等)确认对象的运行最新状态,涉及的数据字段一般应包括设备编号、监测值指标、监测值、采样时间等。

④对象告警数据。该数据的交互主要确保运维保障系统能够及时获知运行监测中某对象的告警信息,以便触发生成相关工单,涉及的数据字段一般应包括设备编号、告警级别、告警回应、告警延时、告警恢复时延、告警产生时间等。

⑤对象工单状态数据。该数据的交互主要确保运维保障系统的工单状态能按需提供给运行监测系统,以便其考虑是否进一步升级超过某时限的告警事件,涉及的数据字段一般应包括设备编号、设备类型、告警类型、告警原因、告警级别、正常阈值、告警次数、工单状态等。

另外,对于上述这些数据除了满足同级的运行监测系统与运维保障系统之间的数据交互外,也应支持跨级别或跨主体的数据交互,以便实现协同,例如部级运行监测告警信息与省级运行监测系统的同步等。

(2)数据汇聚管理系统提供的主要交互手段

两个系统间通过数据汇聚管理系统交互的数据方式较多,常用的有以下几类:

①数据仓库写入和读取。一般情况下业务系统都会配置数据库,但数据库间很少直接同步,而是通过中间的数据仓库来实现一些常用数据的专项处理,如采集、计算和共享等,以提升应用效率。这种模式由于架构较复杂,一般不仅限于数据共享,更多的是用于一些预测、评价等复杂计算。

②Redis 写入和读取。对于一些实时性要求高的信息(如一些设施状态等),可以配套的、基于内存的、可持久化的日志型数据库空间作为支撑,例如 Redis,并且在条件允许时尽可能采用多节点部署,确保高可用性。

③Kafka 的写入和读取。为实现数据的高效同步或计算,可以采用分布式发布订阅消息系统 Kafka,以便后续相关程序的消费应用,并可满足多应用同步的诉求。

④文件的写入和读取。为满足对于数据文件的共享处理,可以提供相应的文件(运维过程中记录的图片等数据)写入和读取支持。

数据的写入、读取等操作方式很多,不同的数据汇聚管理系统也会有所不同。因此,在相关交互技术选择上更多地考虑既有诉求,同时兼具对效率和可靠等非功能性方面的考虑。

3.2　运维保障体系业务构成

运维保障体系的业务构成有很多,其中比较重要的应是围绕维护任务这一焦点展开的各类关键业务项别,包括任务发起、任务执行、任务跟踪、任务管理、任务验证和任务评价等。

3.2.1　维护任务发起

1)事件驱动规则

为提高维护作业整体效率,维护任务发起需要有的放矢。事件驱动规则可理解为达成有的放矢的第一项非常重要的理念支撑,它涵盖三个核心要素:事件生产者、事件消费者和消费基础设施或者支撑。

(1)事件生产者主要指代事件发现或者产生的首源。一般情况下它是维护任务发起的根本所在,是维护任务解决的目标所在。

(2)事件消费者主要指代事件处理的主体。在维护任务中,事件消费者异常重要,它既是任务执行者,也是任务执行过程中的重点管理对象之一。

(3)消费基础设施或者支撑主要指任务从发起至处理完毕的相关支撑工具。这个工具不仅指具体工具,也涵盖一些相关流程、制度等。

回过来看事件驱动规则,结合这三项组成的串联和协同,可以支撑非常清晰和具体的事件或任务展开执行。结合事件的标记和导入,通过一系列具备单一目的、有较高耦合度的事件处理模组(可以为具体的模块,也可以为抽象的内容),完成事件消息的接收、任务的生成、任务的处理、任务的关闭、任务的评价等事务,实现最终的事件闭环,其也正是这套规则有效保障运维效率的关键。

对于基于事件驱动理念搭建的运维保障体系,最大的特点是除了以事件为驱动支点外,还可以结合不同的规模组织起两种拓扑结构:调度拓扑和代理拓扑,这两种拓扑各有特点,选择哪种拓扑与运维保障的内容、规模和规则有非常密切的关系,最终选择的模式将会影响业务的处置机制,也会影响未来配套技术工具的建设需求。

调度拓扑适用于协调事件中的多个步骤,其中会存在一定程度的协调和安排模型,这样才能够确定这些事件步骤之间的执行顺序,同时确定步骤之间应该按串行还是并行处理,其非常适合构建和执行存在多界面、多关联关系任务等情况的大规模维护任务。此时,必须有合理的安排,例如在获取初始事件信息时,调度模组不仅能辨识事件,还可以分解为一系列的相关步骤甚至对应的处理方式,从而让其按给定指向进行处理,以提高处理效率,否则,会导致逻辑、次序混乱,效率下降。这种方式类似一种比较中心化的模式,接受统一指挥、调度,但其依赖的资源也必然会更多。

代理拓扑与调度拓扑的最大差异是没有中心事件调度这个概念,其更适用于处理简单的事件流程,例如一些给定的事件处置规则运行等。虽然它也支持用户自定义,但其逻辑和关联复杂性、灵活性会较弱。从最直观的对比来看,它对涉及的计算能力或资源需求会减少,相关工具的建设投入也会减少。

对于这两种模式的选择,在实际操作时并非仅能选择一种,可以根据不同的业务内容、特点实现混合搭配,这样更具经济性。

2)任务发起方式

事件驱动最为直观的起点就是导致一个任务的发起,它可视为维护保障工作的一个起始,重要性十分明显。目前行业内任务发起的方式主要有自动和人工两种。

(1)自动方式

自动方式一般基于事件的告警驱动任务发起,这种驱动关联着一种自动化的任务生成逻辑,即接收某事件信息后可自动形成任务工单,无须人工介入。一般情况下,这种自动方式常用于比较稳妥且易确认的事件类别中,由于在此过程中无人工介入,因此必须确保智能判别具备一定的准确性,避免过多误报。随着技术进步,自动方式触发维护任务的生成将会越来越普遍,这被视为运维智能化的一种重要表现,是行业在此业务支撑上的必然潮流。

(2)人工方式

人工方式是最为传统的一种方式,即通过人工来进行任务申报(图3.2-1)。从对于事件的辨识角度来看,人工发起方式又可再细分为两类:一种是人工依托相应的工具达成事件辨识的目的,例如一些设施状态异常、某个设施未正常运行、数据迟迟未采集到等,这些事件的辨识难度并不高,过往主要是由人工作出处理上报,但是随着科技进步,已逐步被自动方式所替代;另外一种则是更多地发挥人工的兜底能力,对于一些比较复杂、自动方式无法自行完成辨识的事件,依靠人工的经验和分析能力予以辅助判断后再作上报,目前此类方式也十分普遍,不仅成为发现和处理运维事件的兜底方式,更有助于未来将这种短时期内难以在大多数专业人员中普及的能力经验实现代码化,形成配套的智能判别模型。

图3.2-1　传统的人工电话上报事件方式

3)任务通知方式

任务的通知同样十分重要,它是任务获得及时响应的关键所在。随着时代信息交互技术的进步,任务发起后的通知方式有多种,以下简单介绍目前应用比较普遍的几种(图3.2-2)。

系统消息　　　　手机短信　　　　电子邮箱　　　　App/小程序

借助高灵活性的流程编制器,定制多重告警应用策略,确保告警消息及时送达

图3.2-2　目前比较普及的事件消息推送方式

(1)系统消息通知。它主要依托运维保障体系中配套的信息系统或平台中的相关消息中心模块,实现向与此维护任务相关的干系人进行自动消息推送。这种消息推送方式可视为系统内部的一种消息交互方式,执行门槛比较低(例如相关消息推送对象为系统或平台用

户），基本无额外的消息流转费用，操作、配置的灵活性强。当然这种方式也有不足之处，例如用户只有在使用或上线系统时方能接收消息。

（2）手机短信通知。它主要依托手机应用的普及，借助短信服务向此维护任务相关的干系人进行自动消息推送。这种消息推送方式比较普遍，在其他行业或业务领域应用也比较成熟，并且接收门槛较低（只需要获知消息接收人的手机号码即可）、不受时空限制。不足之处是此类方式会产生一定的费用，并且需要设计好相应的消息推送策略，否则会成为短信轰炸。

（3）电子邮箱通知。这种方式比较传统，主要依托过往电子邮箱在大众工作应用中的普及，借助开发相应消息模组实现向目标邮箱的邮件发送服务。这种消息推送方式目前虽仍有使用，但规模越来越小，主要适用于一些重要、特大事件，以便后续回溯，例如任务发起和响应的时效界定等。这种方式的不足之处十分明显，即用户首先必须有个可用的电子邮箱，并且须确保其经常在线，邮箱不在线则无法收到此类消息。

（4）App/小程序通知。这种方式是目前比较常用的一种做法，也是移动办公化发展的必然趋势，主要是通过配套的专用App/小程序实现消息的内部推送。其与系统消息通知十分类似，优点是接收人不仅能在PC端接受消息，在移动端也可以接收。

4）任务发起注意事项

对于任务的发起，除了设定好发起和通知的方式外，有关入口的统一、基本情况的描述和非标准化信息填写的处理也是在此业务执行中非常重要的环节，需要做好相应管控。

（1）做好任务入口的统一

对于基于故障、异常等生成的任务信息或单据，应该尽量确保入口的一致性，若入口不统一将容易导致信息收集不全、流程闭环管控困难等问题。例如有些系统的运维保障主体目前虽然对所辖路段的各类维护任务工单是通过手工归类，但在挑选和核实故障工单、识别有无存在报错等时，均应按照统一的流程和调度规则执行，不允许运维发起者直接跳过某些层级执行，例如出现问题时绕过统一入口直接联系运维人员处置，这样做尽管也许能解决问题，但会给后面的工作计量和服务评价提升难度，缺少任务执行的信息依据。

（2）故障基本情况描述的清晰性

任务生成主要来源于某些系统或人员申报的异常、故障等情况，在任务中必然带有真实的相关信息，以便后续的管理和追溯，例如在这些基本信息中必然有表达任务来源的申报人信息（如申报人类型、角色账号或真实名称等）、申报事件、申报信息要项（如故障信息、故障地点、故障发现时间、故障类型、涉及设施类型及名称等）。当中为了便于后续的管理、分析和查询，这类信息的填写应该有相应的标准作为指引，尽量避免重复填写，填写时尽量表达标准，例如涉及设施的类型为选择项、设施的名称最好有枚举作为参考。否则会导致未来数据分析价值的降低、给未来这些信息的二次应用和处理增加难度和成本等。

（3）非标准化数据填写的应对处理

虽然任务信息的表述需要进行标准化处理，但非标准化情况在实际工作开展时必然会存在，特别是对于一些暂时难以判别或首次出现的问题。当任务申报受系统或人所掌握的信息有限，暂时无法确定位这个维护任务对应的故障问题所在时，可以将其中的信息（如事件的表征现象等)进行简要描述,以便任务统一入口或管控人员可以结合这些情况考虑是否进行更为深入的判定或分析。由此可见,对于非标准数据的填写及规定指引也十分关键,虽然不像标准化数据那样更多地关注一些信息表达的细则,但对于信息涵盖的内容,甚至一些任务处置建议的填写技巧同样十分重要,它们对于任务处置的准确、高效大有帮助。

3.2.2　维护任务执行、跟踪和管理

1)维护任务执行

维护任务的执行主要是以发起的维护任务为目标,由相关责任体通过系列的操作,如接收、响应、委派等,将该项任务落实到可实现闭环的个人或者队伍进行处理。一般情况下,日常执行的维护任务按执行地划分,主要分成室外和室内两大类(图3.2-3);按作业类型划分,主要分成巡检和排障两大类。

(1)巡检就是通过定期专项的巡视检查确保目标设施运转正常、部件齐全完好、磨损消耗未超过规定标准等。一般情况下巡检通常涵盖相应的养护活动,特别是面向一些容易由于日久运行产生不稳定因素的设施对象,例如车道现场自动栏杆机因为长期抬、降杆导致的响应速度变慢,计算机运行较久产生磁盘坏道等。对于这些情况其实是可以通过巡检及其中的养护活动来缓解的,这正是这类维护任务执行的要旨。当然在实际中也存在一些专项巡检,例如 DSRC 专项性能(如功率、兼容性等)检查,这类巡检多服务于异常的定位、性能的检验等,但其本质仍然是希望设施能够按预期正常运行或使用。

(2)排障就是针对具体的异常、故障等问题,通过相应的修复或更换确保问题得到解决。对于这类维护任务,其产生一般具有一定的时间不确定性,需要进行持续的监测跟踪,并且可能涉及不同的专业面和责任体(如故障设施的资产所有和维护责任属于不同的归属方等),在任务的处置上也会存在多方协同处置的情况。同时,排障任务大多会受到一定条件的约束,例如前面介绍的专业性、时效性、经济性等,排障对应的维护任务也会存在不同等级,这些等级各自有着不同的执行策略或要求。

图 3.2-3　室外和室内的设施排障任务执行

2)维护任务跟踪

为确保任务能按预期拟定的要求完成,对于大多数维护任务而言不能仅关心最后的执行结果,对于过程的监管同样十分重要,维护任务跟踪正是基于这个诉求而作出的必然举

措。某项运维工作按照单项任务或者某个执行步骤作为颗粒度展开跟踪,于内于外都非常有价值,甚至还会制定一套完备的工作机制作为支撑,例如能以已经生成的各项任务为对象,结合流程引擎的使用,将需要执行的维护任务细分、拆解为单个任务单元。从专业的执行角度而言,这些任务单元有可能会分配给相应的责任主体(人或自动化平台)来完成,但有关完成的状态必然需要进行监测和管控,可以通过给定的接口获取这些任务单元的执行状态、执行结果、执行时间等信息,让监管者知道哪些任务存在时延、哪些主体导致效率瓶颈、哪些配合工作没有做好、哪些组织配合上存有问题等,并且还可以结合具体发现的现象和本质原因启动优化或处置工作。流程复杂、耗时长的维护任务可列为重点优化目标,将其进行拆解,针对其中的问题作出有效的调优整治,这个也是流程改进的常用方法。

3)维护任务管理

维护任务的跟踪固然重要,但任务的统筹管理也十分关键。维护任务的管理既是对所列工作任务的跟进,也是推进流程处理的基础。虽然涉及的流程及要求仍会在每个具体细分任务中呈现,但任务管理很多时候被视为整个体系效率保障的关键所在。任务管理的内容通常会比较多,根据不同的主体,其职责和要求也会有所不同,例如历史运行信息和历史工作信息的快速查询是管理工作,实现与巡检管理、故障管理、变更管理和问题管理等流程的联动也是管理工作,根据任务内容判断是否升级告警等级也是管理工作。以下围绕常见的几项任务管理组成进行介绍,加深大家的认识。

(1)任务接收

一般情况下,结合运行监测或运维管理系统的应用,可以通过自动或人工的方式对告警信息、值班日志、巡检计划、决策分析等信息进行分析,从而形成给定的维护任务作业类型(如故障、巡检、问题、变更等)和内容,并且会结合相应的保障要求设定任务的优先级、影响范围和处置建议。这些内容一般会在前面的任务生成环节中形成,当任务生成后,就会通过给定方式传递给接收人或系统。待这些任务被接收后,也就进入具体的流程内进行管控。

(2)任务分配

任务分配是管控流程中一个非常重要的环节。一般情况下,系统或操作人员需要按照任务的内容、分类和等级完成相应的任务分派工作,分配给解决这些任务问题的职能部门或机构。对于这些任务分配,一般会采取手动分配和自动分配两种方式:手动分配,顾名思义,没有什么多余的技能,管理员手动选择工单处理部门和人员,点击派单按钮进行任务派送;自动分配则具有一定的技术含量,一般需要利用类似触发器的机制或工具,结合相关条件实现流程的触发执行,以此完成自动的任务分配流转。此外,分配时一般还需要考虑其他的一些要素,例如故障(巡检)问题与责任主体的距离、目前所分配主体的忙闲指数等信息,避免任务分配过去后无法处理或者经济性较差。

(3)任务监管

当任务分派到相应的责任主体后,这些任务会被拨入细分的任务单元支线上开始执行。对执行过程需要展开监管,相关信息及活动均应支持被查看,例如任务对应的故障处理(或巡检任务)是否被执行、执行情况如何(如待安排、正进行、待验收等)、是否与其他关联任务间存在关系等。这些信息不仅有助于本层级推进任务处理,也可以了解关键节点,有助于监督层级了解和推进任务处理。

（4）任务关闭

对于已经处理完成的任务需要进行关闭，避免该任务对其他待执行或正在执行的任务造成干扰。对于关闭的任务要作出归档和总结，例如总结整项任务执行的过程，记录好任务的来源、处理的细节、过程日志，以及当中可能存在的调整或变更等，并且需要说明这个任务如何符合要求，以及如何证明这个任务目标已被完成。此外，任务关闭与后面将给大家介绍到的维护任务执行效果验证和评价也是密切相关的。

（5）任务模板配置

前面已经提到了任务信息规范化的必要及好处。要达成这些规范化效果，关键任务的表达或流转模板必不可少，我们可以在任务模板和规则设定上做好充分的准备和管控。

①工单模板

工单是任务表达和流程的基础，为了达成规范化的要求，对于运维体系中的工单模板应该作出提前设置，模板应具备足够的通用性，特别是对于当下存在较多的表单跨层级、跨主体流转场景而言，只有具备足够的通用性和互认性，才能便于大家对这些工单的认读，提升彼此间的协同效率。遵循这样的执行原则，可以根据维护任务的类型、地域性、客户等级、重要性等来针对不同维护任务进行模板设置，例如按故障、巡检来分，按硬件、软件、数据等来分模板，按无关联作业和有关联作业来分等。当然对于这些模板的调整和创建也应有权限管制，避免工单模板的随意改动对运维保障工作的开展造成影响。

②规则预设

规则主要是指流程内的节点流转规则。在执行维护任务过程中，工单在生成后就会按照这些给定的规则进行流转，相关的监督者也会根据这些规则进行跟踪。由于其中涵盖了对这些具体任务细分单元的责任和效果呈现，它必然是管控中不可或缺的依据之一。对于这些规则的预设，相较于工单模板而言，除了会受有关不同参与干系人的责任约束外，可有更多的优化空间，大家可以通过日常规则的应用来观察它对于任务流转和问题解决的效率是否存在消极影响，及时作出针对性的优化和调整，这往往会成为避免体系走向僵化的重要保障。

3.2.3　维护任务执行效果验证和评价

1）任务执行效果接收

判别维护任务是否完成，其中一种方法就是对这些执行反馈出来的效果进行接收和验证。对于执行效果的反馈，一般是从任务处理责任主体发出的执行完成开始。此时，这类信息一般应比较明确地表达出责任主体已经通过自检、自验等方式确认自身已经按要求完成任务的内容或要求，对应问题应该已经恢复到何种要求的状态或程度，如完成排障、完成巡检、设施/系统恢复运行等。

由于已经有明确的信号表明某对象的维护保障工作已经完成，对于其执行效果的采集可以被视作为运行监测的一部分，或者属于事件辨识的一部分。同样它也可以分为人工方式采集和自动方式采集，前者是通过人工的查看和判别来达成对任务目标完成的初步确认；

后者是通过一些系统的自动检测手段来对任务目标所列的异常恢复情况或问题处置结果进行辨识,若确认任务已经完成则作出标识或报送。

执行效果的接收者主要为任务发起人或者过程监督者,主要是让他们能认识到维护任务已经获得处理,可以进入验证或评价环节。当然若此项任务是某些任务的分支,并支持独立验证或验收,接收人还应包括整体任务处理的统筹人员或者其他关联任务的负责人员。

2)任务执行效果验证

责任主体(系统或人)在处理完维护任务之后,必然需要通过一个检验的环节来核实该项任务是否真正得到解决。这种检验一般包括自检和外检两部分。自检主要是指责任主体完成这项任务的工作后,可以采用人工或辅助工具来验证任务目标是否被执行完成,如某个设施的故障解决、某个数据服务的正常运行等,一般情况下,只有完成这类自检才可以正式地向任务指派部门上报工作完成。外检部分主要是任务指派部门通过组织或授权等方式,以系列的检查方式和手段来确认本次任务是否被执行,其中涉及面较多,除了会检查任务目标是否被达成外,很多时候还会从处理时间、处理所耗成本等其他角度作出总结,这与后面提及的效果评价密切相关。

3)任务效果整体评价

任务效果在完成确认后,虽然该项任务已经完结,但为了达成不断改进的目标,我们应对任务效果作出整体评价。这种评价可以有很多种方式或者维度,例如可以通过检查维修记录资料(如包项考评、预算考评、保养记录、维修记录等)、询问路段相关管理和使用人员、现场抽查维护结果等方式作出综合评价,可以从责任体(如负责的单位、维护的厂家等)、设施对象(如车道收费设施、站级收费设施、中心收费设施等)、设施类型等维度展开考核评价。

3.3　运维保障体系技术支撑

3.3.1　常用支撑技术介绍

1)软件开发与运维一体化的 DevOps

(1)DevOps 概念认识

从严格意义而言,DevOps 不属于一项技术,更像是一种过程、方法与系统的统称,也是一项强调软件开发人员和 IT 运维技术人员相互沟通合作的理念(图 3.3-1)。结合当下大家所熟知的"精益"化发展思维,如精益生产、精益管理、精益创业、精益制造等,DevOps 可视为软件在精益生产过程中,在发布和运维阶段的一种实现手段。

回看我国高速公路联网收费发展之路,软件在其技术组成中的影响性占比越来越大。一方面体现在量上,随着行业业务的不断深化,与之配套的各类应用软件、系统软件(如操作系统、通信中间件、数据库等)数量不断增加,种类越来越多,如车道收费软件、二次发行软件、清分结算软件等,并且它们还存在部署地点不同、服务主体不同、研制团队不同、运维团队不同等特点;另一方面体现在质上,对于这些软件的要求也越来越高,不仅体现在软件功能上,也体现在软件性能、交付时间、运行质量、操作友好等方面。另外,近年来由于受到互联网时代的冲击和受前沿技术方法(如大数据、云计算、物联网、区块链等)的带动,行业对智能化、信息化、数字化发展更为关注,对系统平台化建设和运营的青睐更趋明显,也加剧了软件在质上面临的挑战。

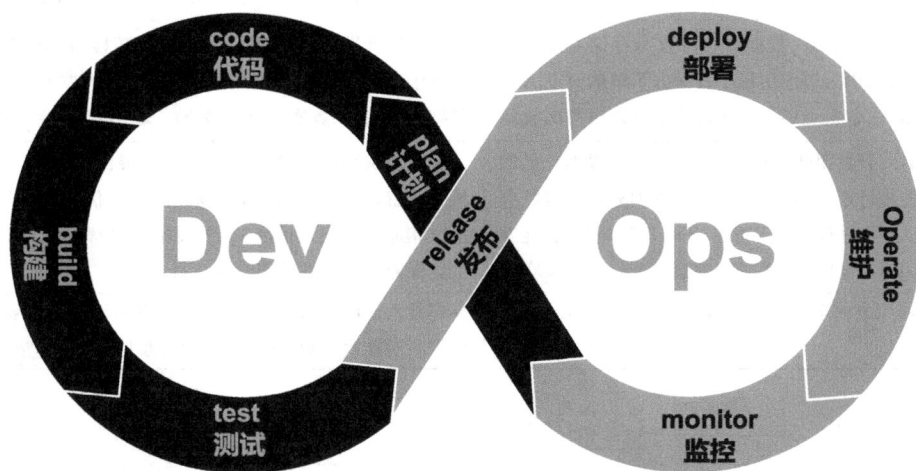

图 3.3-1　DevOps 的开发、运维一体化组成示意图

　　面对这种发展态势,传统的软件生产组织过程和方法无疑会呈现出较大的限制和约束。在传统方式下,一般会将软件生产划分到不同的部门、团队,但他们的驱动力又往往有所区别,开发部门/团队关注的是频繁交付新特性,而管理部门/团队关注的是服务可靠性和成本投入效率,这种差异和鸿沟会导致业务价值交付走向困境,呈现出一系列不利于用户价值呈现的消极影响,如进度不可控、流程不可靠、环境不稳定、协作不顺畅、版本混乱无法回溯、部署复杂经常失败、线上报警紧急回滚、等待上线周期太长等,这无疑非用户所需,也不是行业所期。

　　另外,近年来,一些前沿技术、方法在软件生产中被逐步应用,例如微服务架构和敏捷开发方法、虚拟化和云计算基础设施环境、数据中心自动化技术和配置管理工具等,这些趋势使一个软件工程在研制、测试、部署、交付和运维的过程中,必将不得不面对多对象、多团队、跨组织的协助诉求;特别是一些大型平台的构建已经很难由某一家单位、某一个系统、某一个部门独立承担,这也是为什么上述这些前沿技术、方法在当今的软件生产过程中备受欢迎,这也确实给运维作业带来便利(表 3.3-1)。因为在这种生产环境中,必然需要更多的边界定义、协同机制和扩展可行,所以也导致未来在部署、运维阶段同样需要形成与之衔接和契合的类似机制,让用户价值快速交付目标在各阶段持续得到保障。

　　(2)DevOps 常规能力

　　为了能让 DevOps 的理念和效用真实地在软件生产和运维中落地,目前已有众多基于DevOps 构建的配套工具。这些工具的目标非常纯粹,就是能让我们的软件研发和运维一体化运作,在研发阶段就形成任务制品或镜像,然后依托相应的监控或触发机制,这些成果将被运维团队识别并拉取到部署环境中执行,形成成果价值提供给用户(图 3.3-2)。

传统运维方式与 DevOps 方式间的作业特点差异示例　　　表 3.3-1

传统运维方式	DevOps 方式
在订购新服务器之后,开发团队将给定开发成果在此环境下进行测试,运维团队则负责部署、维护等工作,两者可能因为相互独立而产生差异	在订购新服务器之后,开发和运维团队将共同完成测试、部署、维护等工作,这将提高基础设施需求测试透明度,保障开发成果在基础设施上实现用户价值呈现的一致性
关于故障转移、冗余、数据中心位置和存储需求的预测是不准确的,因为对应用程序有深入了解的开发人员无法提供输入,仅由运维人员从自身角度作出考虑处置	由于有开发人员的加入,对于故障转移、冗余、灾难恢复、数据中心位置和存储需求的预测均是以开发人员的成果为基础开展,其在真实运行环境下的交付可用性会更有把握
运维团队对开发团队的进展一无所知,仅根据自己的理解制定监控计划、运维计划等,会存在对软件自身特点未作全面认知而导致监控不精准、不全面等风险,在运维执行时也因为对软件不了解而存在运维交付可用风险	运维团队完全了解开发人员的进展,运维团队与开发人员互动密切,共同开发满足或保障客户价值的监视计划及采取相应事件处置措施,另外还有高级的应用程序监视工具保障故障被发现和作业执行
在投入使用之前压力测试可能会使应用程序崩溃,发布有可能推迟	在投入使用之前,压力测试会使应用程序速度变慢,但开发团队对此紧密跟踪,能很快响应修复,让程序按时发布

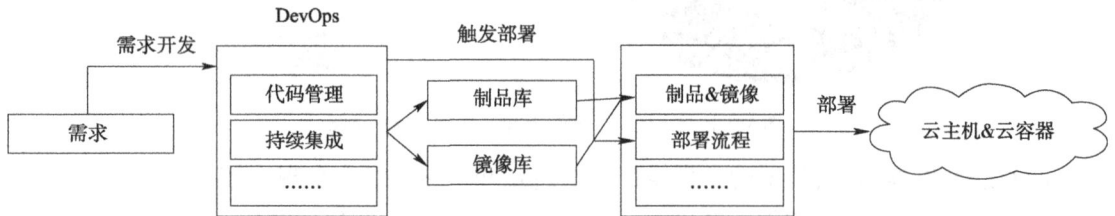

图 3.3-2　DevOps 基于信息流转实现开发和运维高效协同

　　信息若想有效流转,必然与相应的作业节点、环节状态和任务主体等要素密切相关。为了能更好地让这些要素在过程中发挥作用,切合过程中的不同阶段,需要形成一套系统化的支撑工具,将其呈现给组织、部门和团队,以便组织、部门、团队可以应用、运营和管理(图 3.3-3)。

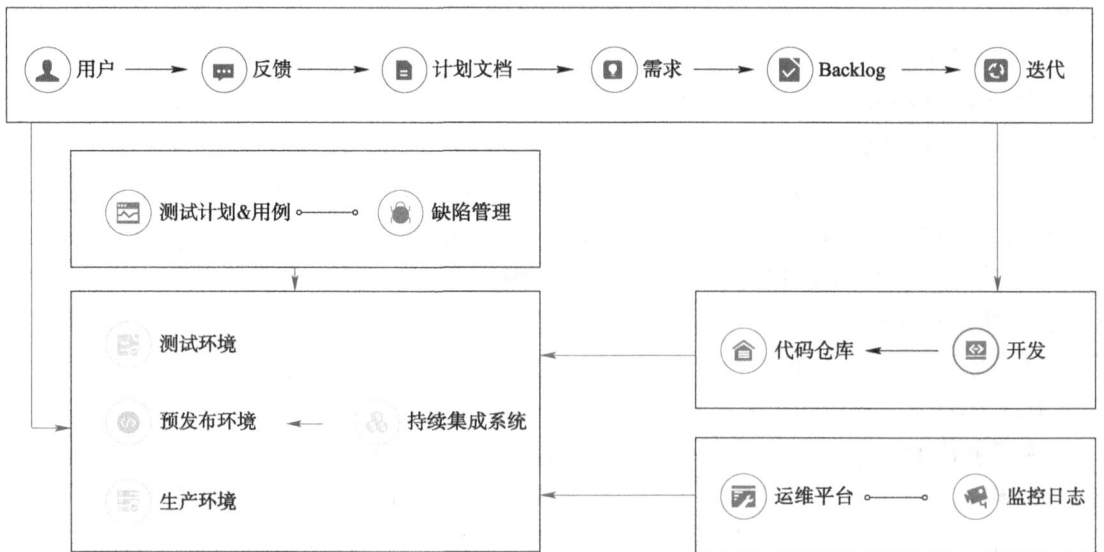

图 3.3-3　DevOps 系统化工具能力组成示意图

目前面向 DevOps 应用的技术支撑工具众多,核心是围绕开发、测试、集成、部署和监控这几个方面呈现相应的支持,其具备的功能内容如下:

①持续开发支持。在 DevOps 理念中,与传统软件开发模式不同,工具应能够支持软件的持续开发。为此,工具会将一个软件开发交付成果切为多个短开发周期任务节点,并将这些任务分配给相应的负责团队或人。所有任务和状态都会开放和呈现给与这个任务过程相关的人员,以便其可以随时了解掌握。

②持续测试支持。主要是为测试这个环节提供持续测试管理的能力,包括测试用例和缺陷管理。测试用例用于负责人编写测试用例,制定测试计划并执行,测试结果可直接关联到缺陷,方便对问题进行跟踪处理,实现对迭代质量的全程把控;缺陷管理会提供强大的统计功能,通过分组、解决状态、优先级等列表对缺陷进行全方位记录与跟踪,同时明确缺陷责任人,以便及时跟进解决缺陷。

③持续集成支持。由于整项软件生产任务会切割成不同任务节点且被不断地开发,这必然要求更新后的代码也需要随之不断地集成,并顺利地与系统集成,从而体现出工作是为了解决最终用户需求的更改或其他问题,实现用户交付价值的快速实现。因此必须能提供对这些新代码(含缺陷修复调整的代码)与现有代码的集成,并且通过实时监测来确保运行环境的准确无误。

④持续部署支持。这是面向软件阶段成果价值体现的重要一步。它能确保在所有服务器上正确地部署代码,并且在部署时运维人员有责任扩展服务器以容纳这些功能上线后的正常运作。同时为更好地开展这些部署工作,一般可在可视化界面上进行选择部署的程序包、选择目标服务器等操作。

⑤持续监控支持。通过相应的监控能力来帮助运营团队监视用户活动中的错误或系统中的任何不当行为,保障各个环节准确有效执行,这也是在严格贯彻落实 DevOps 中的 PDCA 理念。

2)"智能算法 + 运维保障"构成的 AIOps

(1)AIOps 概念认识

AIOps 是在自动化运维的基础上,增加一个基于机器学习的大脑,以便更好地指导或驱动运行监测体系对相关数据进行采集、处理和评价,基于这些举措形成的结果可以用来分析和决策运维作业,然后通过一些自动化、智能化手段去体现或者执行,从而达到运维和保障系统的目标。

虽然在感官上 AIOps 好像与技术有着紧密关联,但本质上其构建过程中离不开对业务的充分把握,需要技术和业务紧密融合,否则应用效果就会失之毫厘、谬以千里。在构建AIOps 时一般需要三方面的知识作为支撑:

①行业领域的相关知识、面向业务及其特点相关的知识和经验积累,并且其中的经验与生产实践中的具体作业内容、面对的难题等有紧密关系。

②监测和运维领域的相关知识,如指标监控、异常检测、故障发现、故障止损、成本优化、容量规划、性能调优、作业调度等。

③AI 算法及相关知识,AIOps 的特点就是把实际问题转化为算法问题,常用算法包括聚类算法、决策树算法、卷积神经网络算法等,并在算法构建过程中涵盖自学习特点,确保具备

自适应、自调整能力，以满足持续运行需要。

由此可见，AIOps 并不是一个跳跃发展的过程，而是一个长期积累和逐步演进的过程，根基就是依托数据的收集、分析和处理能力，逐步实现对对象的深入理解，从把脉逐步延伸到诊治，从发现逐步下钻到根因，最终实现两者的一体化衔接，并以系统化的手段服务于具体业务中。

（2）AIOps 常规能力

AIOps 代表着一种面向客户、面向行业、面向业务的整体智能化运维服务能力，特别是结合当下社会、行业、客户对智能化、信息化、数字化建设的关注，过往局部、传统的运维保障手段都难以适应当下的 IT 新发展趋势。只有具备一定自学习、可防控能力的智能化运维，才更符合当下这种多元复杂的信息化系统运维需要，AIOps 所具备的技术特点无疑能很好地契合这种发展所需，其常见的技术架构如图 3.3-4 所示。

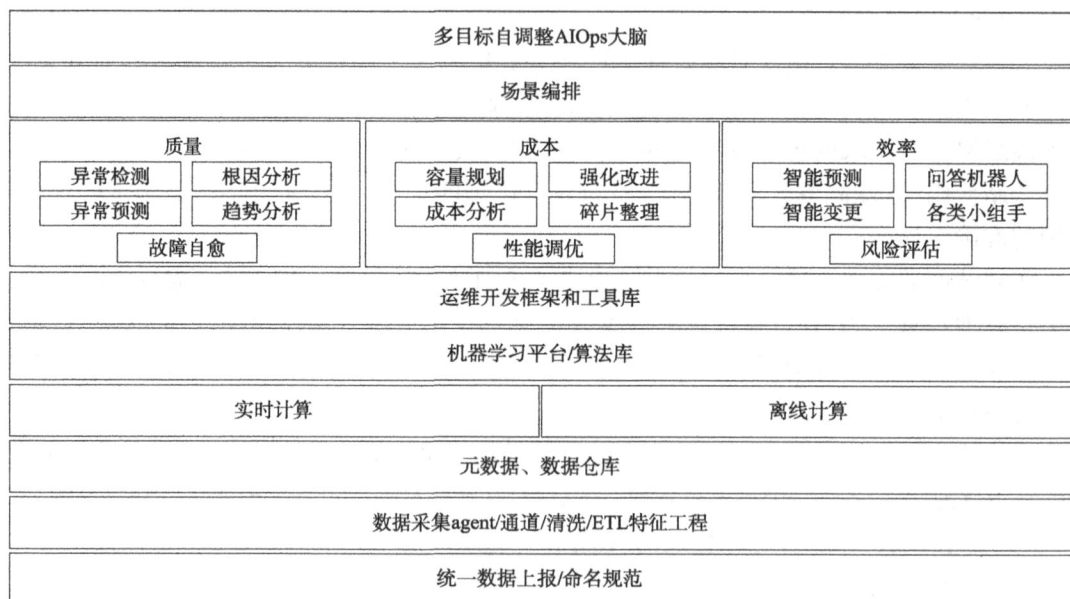

多目标自调整AIOps大脑		
场景编排		
质量	成本	效率
异常检测　根因分析 异常预测　趋势分析 故障自愈	容量规划　强化改进 成本分析　碎片整理 性能调优	智能预测　问答机器人 智能变更　各类小组手 风险评估
运维开发框架和工具库		
机器学习平台/算法库		
实时计算		离线计算
元数据、数据仓库		
数据采集agent/通道/清洗/ETL特征工程		
统一数据上报/命名规范		

图 3.3-4　AIOps 常见技术架构示意图

结合自身过程建设的特征，依托上述技术架构，AIOps 将逐步实现相应能力的演进和呈现：

①开始尝试应用 AI 能力，还未有较为成熟的单点应用。

②具备单场景的 AI 运维能力，可以初步形成供内部使用的组件。

③由多个单场景 AI 运维模块串联起来形成流程化的 AI 运维能力，可以对外提供可靠的运维 AI 组件。

④主要运维场景均已实现流程化、免干预的 AI 运维能力，可以对外提供可靠的 AIOps 服务。

⑤依托核心中枢 AI 能力的不断打造，可以在成本、质量、效率间从容调整，达到业务不同生命周期对三个方面不同的指标要求，实现多目标下的最优或按需最优。

从上面的技术架构演变过程可以看出，AIOps 的特点是以数据为驱动，辅以机器学习算法，并赋能到具体运维作业过程中的质量、成本、效率等的管控中。一般应具备以下功能模块：

①异常检测模块。它的主要作用是判断相应的关键绩效指标（KPI）在某一时刻是否存在异常，并对这种异常按照给定的规则进行研判和处理，尽量确保与实际贴合。

②故障分析模块。它的对应流程一般会在告警产生时触发,例如当某条 KPI 产生告警时,故障分析模块就会调用告警 KPI 对应的故障分析模型进行处理,若模型发现用于提供故障分析的 KPI 值不足以支撑判断,则会进行搁置分析并返回结果;若检测到用于故障分析的 KPI 符合要求,则调用特征提取函数提取各 KPI 进行特征分析形成分析结果。

③运维作业模块。这一般指用于支撑日常运维作业执行的相关功能,例如工单功能、巡检功能、排障功能、统计功能等。这些能力主要面向具体运维的对象,不同对象在功能内容上会有所区别。

(3)AIOps 案例介绍

目前从应用场景看,AIOps 多聚焦于一些 IT 基础设施的运维服务中,例如机房、网络、存储、物理机、虚拟机等基础架构,以及数据库、中间件平台、云平台、大数据平台等基础支撑环境。但随着联网收费行业的深入发展,各类系统、设施不断在生产环境中被上线应用,对持续稳定运行的要求较高,这也驱使大家有意依托 AIOps 智能手段解决具体生产中的运维保障问题。

我们可以依托深度学习算法对某一高速公路路段 ETC 门架的 RSU 交易成功率建立分析模型,通过采集成功率低于 95% 的数据,对其进行建模。将建立后的模型部署到具体生产系统中,持续对目标数据(交易成功率低于 95%)进行采集、KPI 统计,并辅以原因(RSU 故障或软件故障导致等)的判别以支撑维护措施决策。同时结合具体的作业结果,还可自调整分析模型,并自动完成模型的配置和升级。

上述应用聚焦于 AIOps 的智能化能力,并依托自学习算法的应用,设计和实现了对行业内某类关键设施对象的异常研判、原因分析和运维处理,不再像以往主要依赖人工经验来处置。但也可以清晰地表明 AIOps 不是一项一蹴而就的工程。在上述应用中,业务建模、智能运维等仍较为局限,抗干扰性和稳定性不足,其原因主要有:

①AI 能力的建设需依赖可持续升级的、拓展性强的技术框架和算法库。

②算法库中的模型是基于大量样本(大数据范畴)进行深度学习,样本数据除人工模拟外更重要的是依赖真实环境下的生产数据,这类数据需要积累,还需要进行一定量的预处理和模型训练。

③实际应用的落地要求系统具备一定业务功能,并且这些业务功能需要操作人员很好地遵从及使用,确保能得到有效反馈,例如排障原因确认及运维结果登记等。若这些信息不准确,算法就无法得到进一步优化,实际应用效果也就无法持续改进。

鉴于此,上述应用可以分两期来实施,第一期目标定位在技术架构搭建上,实现运行监控、数据收集、数据分析和运维管理等根基功能,同时开始尝试应用 AI 能力围绕某类问题进行原因分析和智能运维保障;第二期则依托更充足的数据预处理结果,聚焦于面向更多运维保障对象的算法模型训练和建模,进一步积累有效算法库,在自动化运维上实现更多的远程、智能运维作业执行手段,让智能运维作用进一步扩大(图 3.3-5)。

3)基于知识图谱的收费设施运维知识库

(1)知识图谱和知识库

①知识库

任何一个领域的信息处理系统都离不开数据和相关知识的支持。知识库是通过某种或几种知识表示方法,在计算机环境中实现对这些知识的存储、组织、管理和使用,其被视为信息化和数字化工程中最重要的知识集群体现。知识库的存在是为了解决某一或某些领域的问题,如信息的处理、结论的推导、决策的支持等,具有结构化、易操作、易使用、综合性和组织性强等特点。这也正是知识库与当前我们在信息化系统中常见的许多应用程序之间的区别,前者是一个基于知识且具有智能特性的系统,也可称为专家系统,它会将应用领域问题求解的知识进行显式表达,并单独地组成一个相对独立的程序实体;后者一般会把问题求解的知识隐含在编码中,或者与知识库相接,通过检索、查询、调用等方式获取支撑。

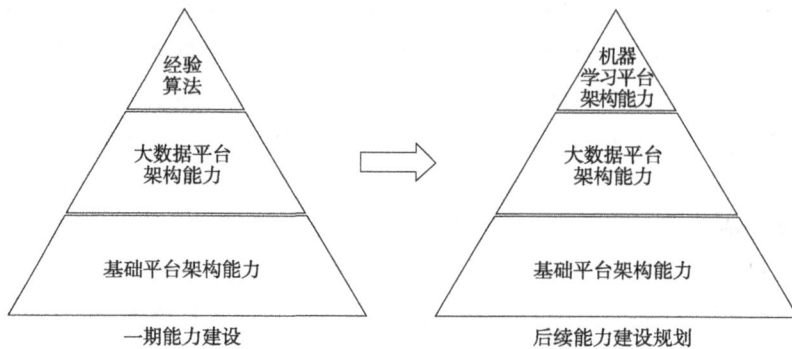

图 3.3-5 AIOps 能力建设规划示意图

为便于知识的存放、归集、管理,以及和其他应用程序的共享、流通,知识库在搭建时会与数据库紧密联系在一起,借助数据库中有关元数据、数据结构、调取方法等方面的定义和应用及体现,将知识内容实现确定性表达(图 3.3-6)。一般情况下,在构建和设计知识库时需注意如下事项:

a) 知识库中的知识可根据应用的领域、背景(获取时的背景信息)、使用、属性等特征,辅以易用、有序等应用诉求进行组织和设计,经常用模块化来实现这些知识的体现和表达。

b) 知识库类似于大家所熟悉的某领域、某专业的知识体系,会有层次感,最底层是事实知识,中间层是控制事实的知识,最高层则是策略。因此,知识库设计一般会采用层次结构,其中的知识点/片之间都会存在的相互依赖关系。

c) 知识库是动态变化的。一方面知识会不断地补充、调试,以便符合应用的要求;另一方面知识并不都是 100% 可信任的。因此,知识点/片多用可信度作为一种相对标尺,以便应用于不同场景时可作为另外一种参考。当然为了便于应用,知识库在构建时也可将 100% 可确认、可落实的规则、方法等原理性知识单独划分到一个专属区间存放。

②知识图谱

作为智能的基础,知识是不可或缺的;作为知识的体现,智能又是不容忽视的。知识系统是基于知识对实际问题进行求解的系统,核心部件正是知识库。知识库中知识的质量(结构、完备性、有效性、一致性)和使用知识的方式(推理)又决定着知识系统整体的性能(可用性、可靠性、有效性等)。在过往,基于计算机技术的发展以及人类知识形成的类推性思考,对于知识库中知识的表示主要采用以下几种方法:

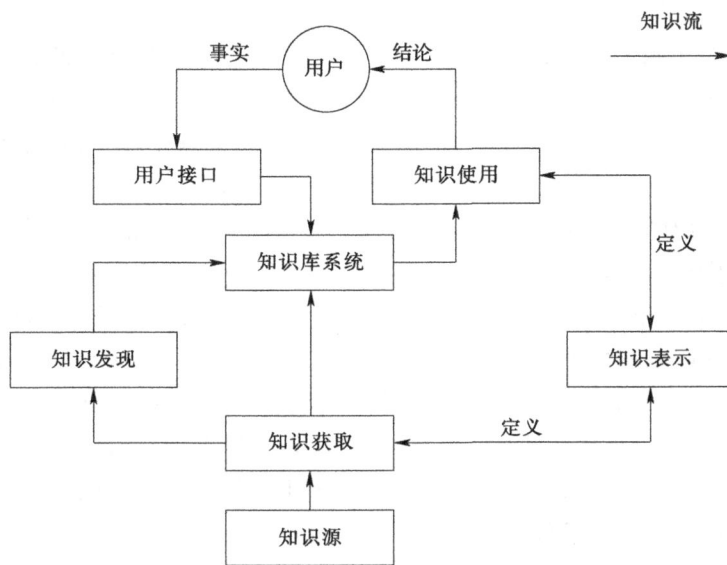

图 3.3-6　知识库构建和应用过程示意图

a)逻辑表示法

逻辑表示法是一种叙述性的知识表示方法,多利用逻辑公式来描述对象、性质、状况和关系,它多用于自动定理的证明。它的特点是简单,接近于自然语言,非常容易让人接受和理解,并且具有严密性和易实现性等优点。但是由于它多来源于确定的经验,因此,难以表示不确定的知识,例如对于一些启发性知识及元知识,用逻辑表示法阐释时就会发现复杂度太高、效率低下,经常出现事实规则的组合爆炸。

b)产生式表示法

产生式表示法是一种广泛意义上的规则系统,它在一定程度上扩展了逻辑表示法,具有自然性、模块性、有效性、清晰性等优点。早期在搭建大量的领域知识系统时,都比较倾向于使用产生式表示法来制定库中的一系列规则集。但随着业务的纵深发展,或者涉及跨专业、跨域协同配合时,它的规则库则会变得越来越庞大,考虑到在实际应用中要进行规则的匹配工作,故其效率会不断下降。而且它无法表示具有结构性的知识,这也是该方法应用受限的原因之一。

c)框架式表示法

框架式表示法力求将对现实中某领域、某事物的认知以一种框架形式的结构存储于大脑中。当一个新认知到来时,选择合适的框架加以修改,从而形成对新认知的表示。它具有完整性、全面性等优点,但其构建成本一般非常高,对数据的质量要求也较高,并且不太善于表示过程性的知识。

d)面向对象式表示法

面向对象式表示法是基于面向对象的理念将知识单元表示为对象的形式。对象可以包含属性,也可以从其他对象继承属性,所以它也具有面向对象的封装性、易操作性、继承性等优点。但它容易限制知识之间的多元性关系,无法表示复杂的知识网络。因此,从行业持续发展的角度看,其会带来跟产生式表示法类似的问题。

e)语义网络表示法

综合上述这些知识表示方法的不足,大家开始思考语义网络表示法是不是能解决传统方法的局限。语义网络的基本思想是网络可以映射为一张图,图中的节点代表概念,节点之间的有向边代表节点之间的多种关系,所有的概念都通过关系相连,同时每个节点和每条边都有唯一标示,以区分出不同概念和概念间的多种不同关系。

近年出现的知识图谱本质就是一种语义网络实现方式。知识图谱最早由 Google 公司于 2012 年提出,用于优化其搜索引擎的查询检索技术。它是一种基于人工智能技术的知识组织和构建方法,可充分融合和学习多源数据,是一种多学科融合技术。从网络视角来看,它建立了文本之间的联系和数据之间的语义链接,并支持语义搜索;从自然语言处理的视角来看,它解决了如何从文本数据中提取语义和从结构化数据中提取数据间关系的问题;从人工智能的视角来看,它可以支撑知识库构建能力的提升,来辅助计算机理解人的语言和仿效人的思维;从数据库的视角来看,它可以利用图的方式来存储知识。目前知识图谱已经广泛应用到知识检索、智能问答、信息处理等场景及事务处理中。

知识图谱作为一种新兴产物,又属于人工智能的领域。很多人也将它与深度学习、传统知识库、关系数据库进行比较(表3.3-2、表3.3-3)。综合来看,知识图谱主要具有以下优势:

·大范围:可以支持大量实体概念的管理、应用。

·精确性:可支持加入更多的语义关系,可以深层次地表达语义网络知识。

·多样性:可提供不同的关系链接种类,有利于知识推荐结果的发散,有效避免推荐结果局限于单一类型。

·解释性:可以对推荐结果进行回溯,如链接用户的历史记录、类似结果等,有助于增强用户对整套体系的信任度。

知识图谱与深度学习的区别　　　　　　　　　　　　　　　表 3.3-2

对比项	深度学习	知识图谱
原理	对人类智能的隐性模拟	对人类智能的显性模拟
特点	对海量数据进行训练,依托强大的计算能力,部分形成的算法、模型和规则等难以进行解释	依托海量的知识,这些知识可来源于不同的渠道、形式、方式,一般为可解释、可理解
进展	在一些任务处理上,接近或超过传统人工处置方式	在知识量上,基本超过人类个体、群体等所能达到的规模
趋势	两种技术有着很多融合、互补的点,在实际应用中两者经常融合在一起,包括知识的提取、知识的更新等	

知识图谱与关系数据库、传统知识库的区别　　　　　　　表 3.3-3

对比项	关系数据库	传统知识库	知识图谱
语义层	没有语义	丰富的语义	少量的语义
数据层	丰富的数据	少量的实例	丰富的实例

③知识图谱在领域知识中的应用

领域知识是指特定的、专门的学科或领域的知识,与一般知识有所不同。它目前已经逐步被大众所认可,经常被用来指代一类更普遍的学科,例如在描述一个软件工程师时,他既拥有编程的一般知识,也有关于联网收费领域的知识,基于这样的特性,他通常被认为是收费领域的专家或学者,可预期将会发挥非常重要的价值。这正是前面提及的能够支撑在运维保障体系中更好地不断提升和巩固本领域专业人员能力的可行途径之一。

领域知识内含有一系列存在给定联系的知识集合,虽然这些独立的知识内容有着自己独特的内容,但是在众包式框架支持下,它必然可以依据自身领域发展所需注入和丰富不同的知识要项,形成当下看似跨域,实则存在紧密联系的知识集(图3.3-7),例如行业运维保障知识不只是一些机电、计算机、通信技能,也与特定的职业、研究方向、文化圈层等相关联。知识图谱在知识表达上的优势无疑有助于迎合这种变化和挑战,其不仅是助力构建领域知识库的最佳选择,更有利于本领域知识及人才能力的不断提升。

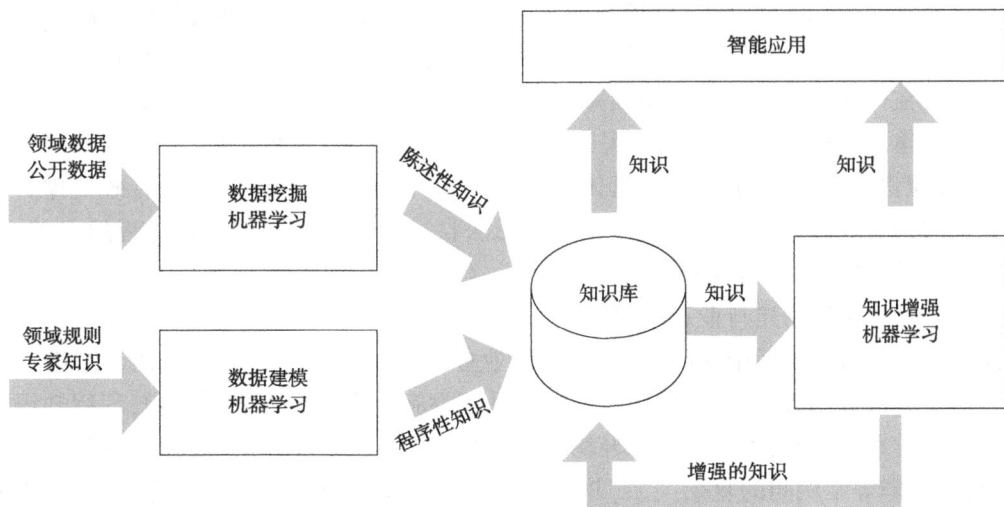

图3.3-7 知识图谱中领域知识构建知识库的应用示意图

(2)基于知识图谱构建收费设施运维知识库

①收费设施运维保障需要知识支撑

近年来,高速公路联网收费快速发展,相关系统、设备在种类、品牌和数量上变得越来越多,组成和结构也变得越来越复杂。其中的部分系统、设备于整个联网收费体系而言起到十分关键的作用,运行正常与否会直接影响业务的运转,若未能对它们的故障及时予以响应和处理,将可能造成通行费流失、收费站堵塞、民众舆情争议等消极影响。因此,联网收费体系中的各层责任主体均会组织或配置专业团队来开展此类保障工作。同时为能够提高运维作业的效率和质量,无论是责任主体还是作业队伍,均会通过系列手段来支撑日常工作开展,例如通过信息化系统对保障对象进行自动检测和异常预警,提高响应速率;做好设备说明、维修手册等材料归档,作业时可便捷浏览、参阅;通过互联网的搜索引擎、专业论坛等检索问题解决方案等。

但是在实际工作开展时,这些措施往往未能达到预期,主要体现为:

a)设备资料、操作手册大多为纸质版本,或者存放在资料柜上。这种资料一般量非常大,即使做好分类,在碰到急需处理的故障时也不好检索。

b)如何识别异常、怎样定位问题、采用哪些手段、如何评价结果等受个体知识及能力的影响会较大。虽然过往的一些优秀作业例子多被作为案例进行培训,但是继承性、持续性不足,导致培训效果大打折扣。

c)知识储备多为被动型,已有知识框架的局限性随着工作的深入和行业的发展逐渐显现。另外数据在领域知识系统构建中的价值未充分发挥,多为集中堆砌,无效信息多,在应用时难以聚焦。

d)知识体系及内容的组成、构建比较僵硬,应用时难以契合使用者的思维,在不同的语义和语境下经常会出现答非所问的尴尬现象。

由此可见,在收费行业这一专项领域中,不乏对知识赋能和支撑的诉求,并且这种诉求随着行业的发展越趋强烈,要求也越来越高。一方面,行业一直在发展,各种基础设施的组成、内容在动态变化,如新设备的部署、新系统的构建、新技术的应用等,由此必然驱使运营队伍无论是在行动上还是认知上均须跟上脚步,避免建设成果失效或价值流失;另一方面,行业逐步从建设期转至运营期,特别是近年来受到精益管理思想的影响,行业同仁更青睐用数字化、敏捷化、智能化的手段解决具体的运维问题,而知识工程是其中的有效支撑。如果没有知识的指引,机器就可能无法进行操作、无法自行学习或者弥补操作过程的误差,更谈不上智能化,最多仅能达到自动化。

②基于知识图谱搭建行业运维保障知识系统

结合联网收费系统运维保障的专业范畴、业务特点、作业要求等,依托知识图谱在知识工程构建上的特有优势,可构建面向联网收费系统设施的运维保障知识图谱,利用知识管理相关的先进技术与理论,通过将多源异构数据转化为有价值的知识,探究运维保障中遇到的各种异常、故障等案例间的复杂关系,并将与之相关的知识与关系实现结构化、显性化和可视化,从而实现该项领域知识的有效积累与组织,辅助运维保障作业高效开展。例如知识系统可有助于解决由于运维保障成员知识储备匮乏所导致的异常判别和故障定位精准度低、响应时效差等问题;有助于运维保障成员在处置故障问题时,快速采取合适的手段,检索类似的过往成功案例,以便合理有效地组织处理故障,让问题得到快速有效的解决。

基于知识图谱搭建行业运维保障知识系统一般分为三步。第一步是源数据的获取,即如何有针对性地从不同渠道、系统中获取不同类型的数据,并且从中提炼出相关的知识资源信息;第二步是知识的融合,通过图谱的点、边关系实现某知识实体与其他知识实体的关联,将知识结成网状关系,扩大知识的范围;第三步是知识的计算和应用,知识计算是知识图谱能力输出的关键,也是应用的重要支撑,为应用提供合适、有效的知识结果;而知识应用则是将实际的运维保障作业与知识图谱能力通过给定的系统、接口等方式打通,让知识能力直接辅助具体业务执行,提高执行效率和质量。

a)运维保障知识图谱框架

设施的运维保障知识来源于设计知识、原理知识、经验知识、业务数据知识、历史故障案例等,从中可以提炼出有助故障分析和故障处理的知识。另外,还可通过日常故障报送来进行采集,通过在运行监测中形成一系列统计、分析和识别的手段来获得更加抽象的故障规律或法则,并以此不断地更新故障知识。以下是基于日常业务来构建面向设施故障问题的知识架构(图3.3-8),这无疑是知识需求形成的关键一步,即从基础数据源推导至未来的应用层面。

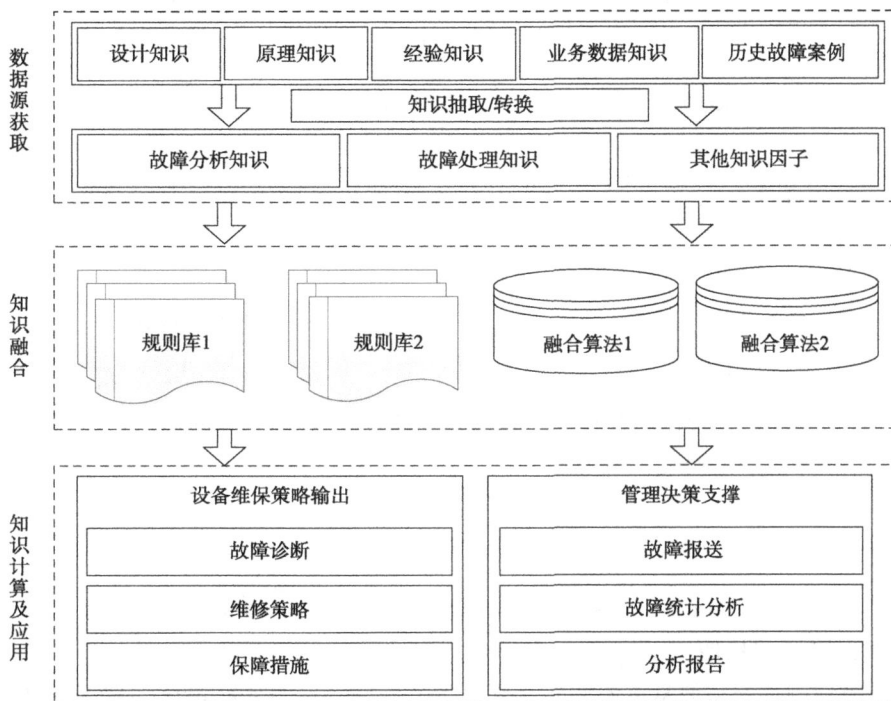

图3.3-8　面向设施故障维修的知识架构示意图

b)运维保障知识建模

知识图谱的基本单位为"实体(Entity)-关系(Relationship)-实体(Entity)"。构建知识图谱的核心工作在于从大量的非结构化数据中提取出实体和实体关系:实体是知识图谱中的原子信息元素,对特定领域中的一类实体可抽象形成概念,每类实体可能具有不同的属性特征,根据领域知识需求可以确定该领域包含的概念及其属性;实体关系反映出两个实体之间存在的联系,对于特定的领域,不同类型的实体之间可能存在不同的关系。

知识建模需要确定知识网络中实体和关系的类型,即概念和关系模式设计。运维保障知识图谱中的概念是指知识库所需要的不同的实体类别,例如不同层次的设施(如系统、设备、数据、网络等)数据、异常模式类数据、维护保障类数据(含巡检、排障等)和运行监测类数据等;关系是指具体的实体之间的关系,例如异常的影响关系、原因关系和从属关系等;属性是实体所具有的自身属性,可区别于其他实体的特征,不同的实体具有不同的属性,例如异常模式具有的属性包括编号、名称和类型等,实体的每个属性都有其确定的属性值。运维保障知识图谱的主要概念和关系模型如图3.3-9所示。

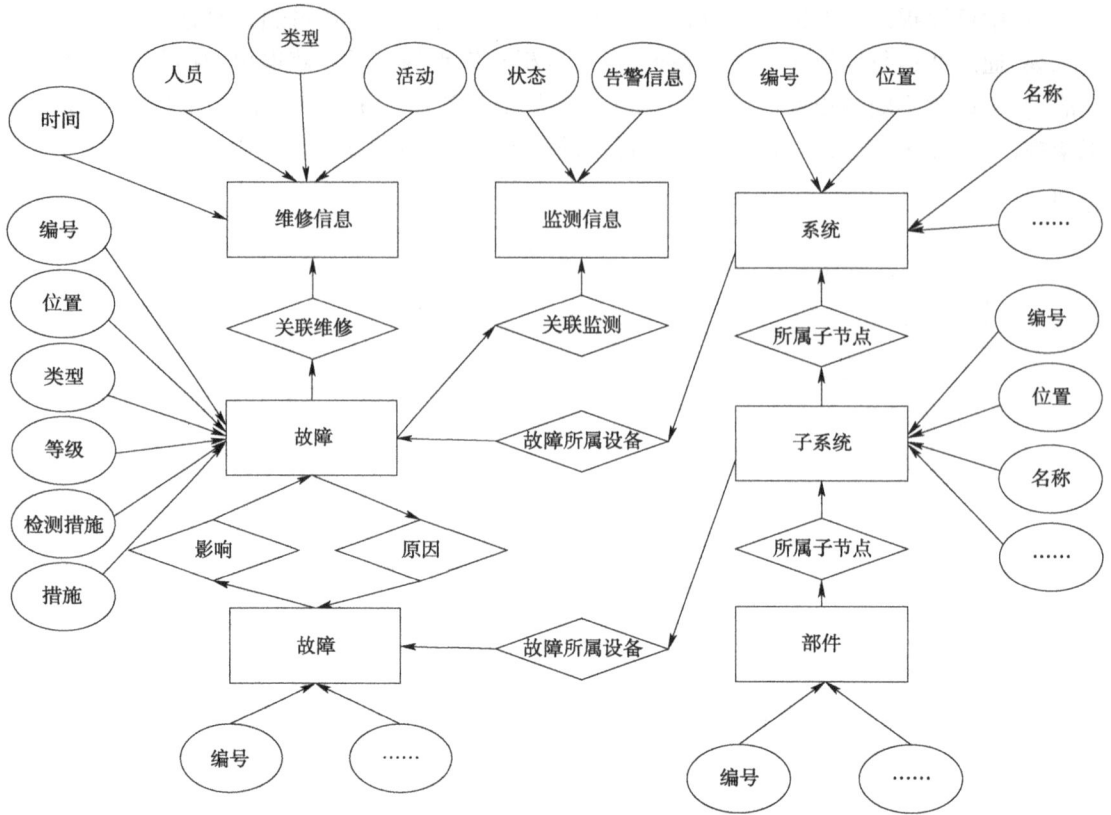

图 3.3-9 运维保障知识图谱的主要概念和关系模型示意图

c) 运维保障知识提取

运维保障知识提取需要从各类数据源中提取知识要素,例如在设施故障的关键知识要素中执行提取动作时,需要从故障描述文本中识别出与给定故障关联的故障设施对象、异常模式、异常原因、异常影响和运维保障措施等关键知识要素。另外,在知识提取过程中,可以引用故障模式库、数据规范标准等资源来帮助规范化处理故障数据,并将提取结果与从部分系统的故障模式及后果分析中得到的失效模式和影响分析(FMEA)数据表、从历史故障案例中提取的故障模式及实体信息和关系信息相结合,最后形成设备故障知识库,如图 3.3-10 所示。

知识提取是知识图谱构建的首要任务,通过自动化或半自动化的知识抽取技术,从原始数据中获得实体、关系及属性等可用知识单元,为知识图谱的构建提供知识基础。另外早期知识抽取主要是基于规则的知识抽取,通过人工预先定义的知识抽取规则来从文本中抽取,这比较依赖具备领域知识的专家手工定义规则,难以应对数据规模庞大的知识图谱构建。随着人工智能的快速发展,相比早期基于规则的知识抽取方式,目前已可采用基于智能算法的知识抽取手段来将堆文本作为向量输入,自动发现实体、关系和属性特征,这种方式无疑更适用于处理大规模知识,已成为知识获取的主流方法。

d) 运维保障知识融合

运维保障知识图谱的构建数据来源广泛,不同数据源之间的知识缺乏深入关联,知识重复问题也很严重。知识融合就是融合各个层面的知识,包括融合不同知识库的同一实体、多个不同的知识图谱、多源异构的外部知识等,确定知识图谱中的等价实例、等价类及等价属性,实现对现有知识图谱的更新。它的主要任务包含实体对齐和实体消歧:实体对齐是知识融合阶段的主要工作,旨在发现不同知识图谱中表示相同语义的实体;实体消歧是根据给定文本,消除不同文本中实体指称的歧义(即一词多义问题)。

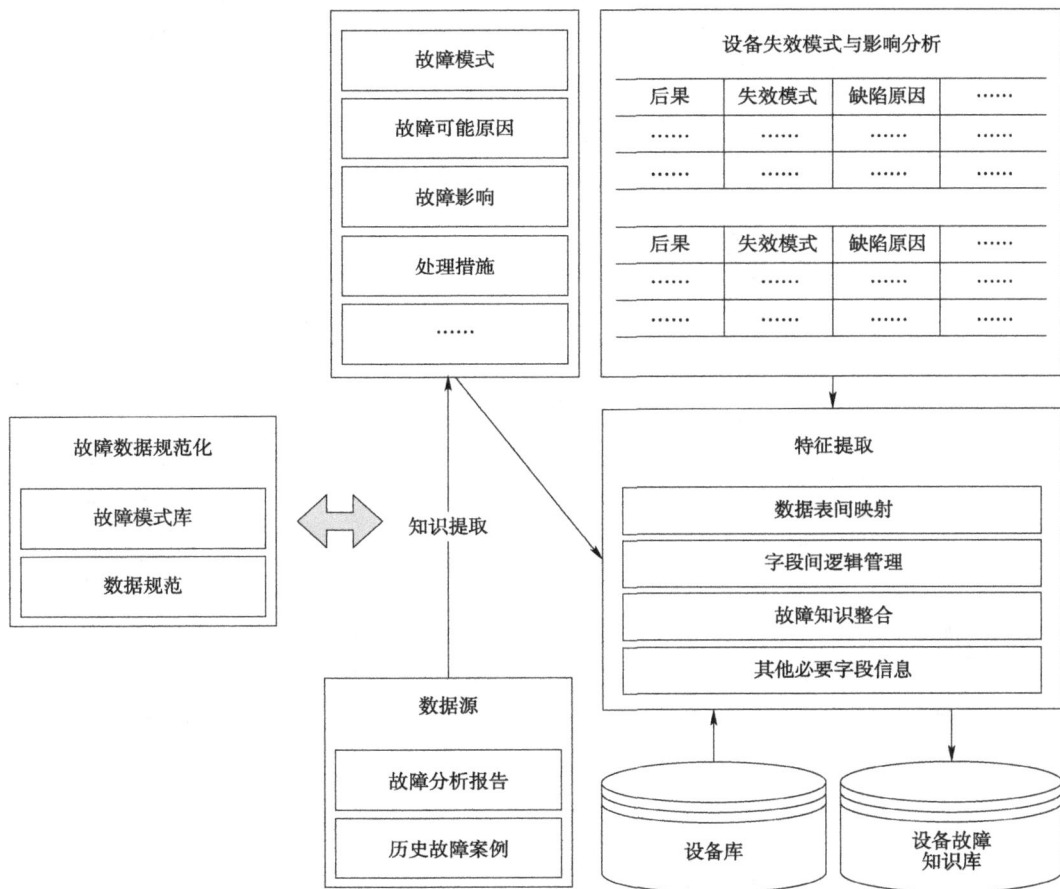

图 3.3-10　设备运维保障知识库的提取示意过程

e)基于知识推理的运维保障支撑

知识推理是根据已有的实体关系信息来推断出新的事实结论,满足任务需求。知识推理主要分为三种类型,分别为基于传统规则的推理,基于分布式特征表示推理和基于深度学习的推理。

知识库构建完成之后,在实际应用中一般可以采用专家系统的服务思路实现对众多运维保障工作的支撑。例如为相关应用提供故障的综合推理与智能判定,这个无疑与前述的AIOps 关联紧密,可以结合这样的业务诉求,通过给定的处理模块对在用数据(含历史数据)进行处理,结合诊断规则的应用得出故障现象,再而搜索出过去发生过的类似维修案例以及其他知识关系。一般在持续执行的诊断过程中,对于同一个故障现象,我们会对启发规则、故障案例、关系型模型、机器学习模型等各类诊断的结果设置不同的置信度,如案例诊断的结果将比故障树诊断的结果有更高的信任度。最后,我们对诊断结论进行冲突消解和结论融合,以得出更为精确的诊断结论,详细应用过程如图 3.3-11 所示。

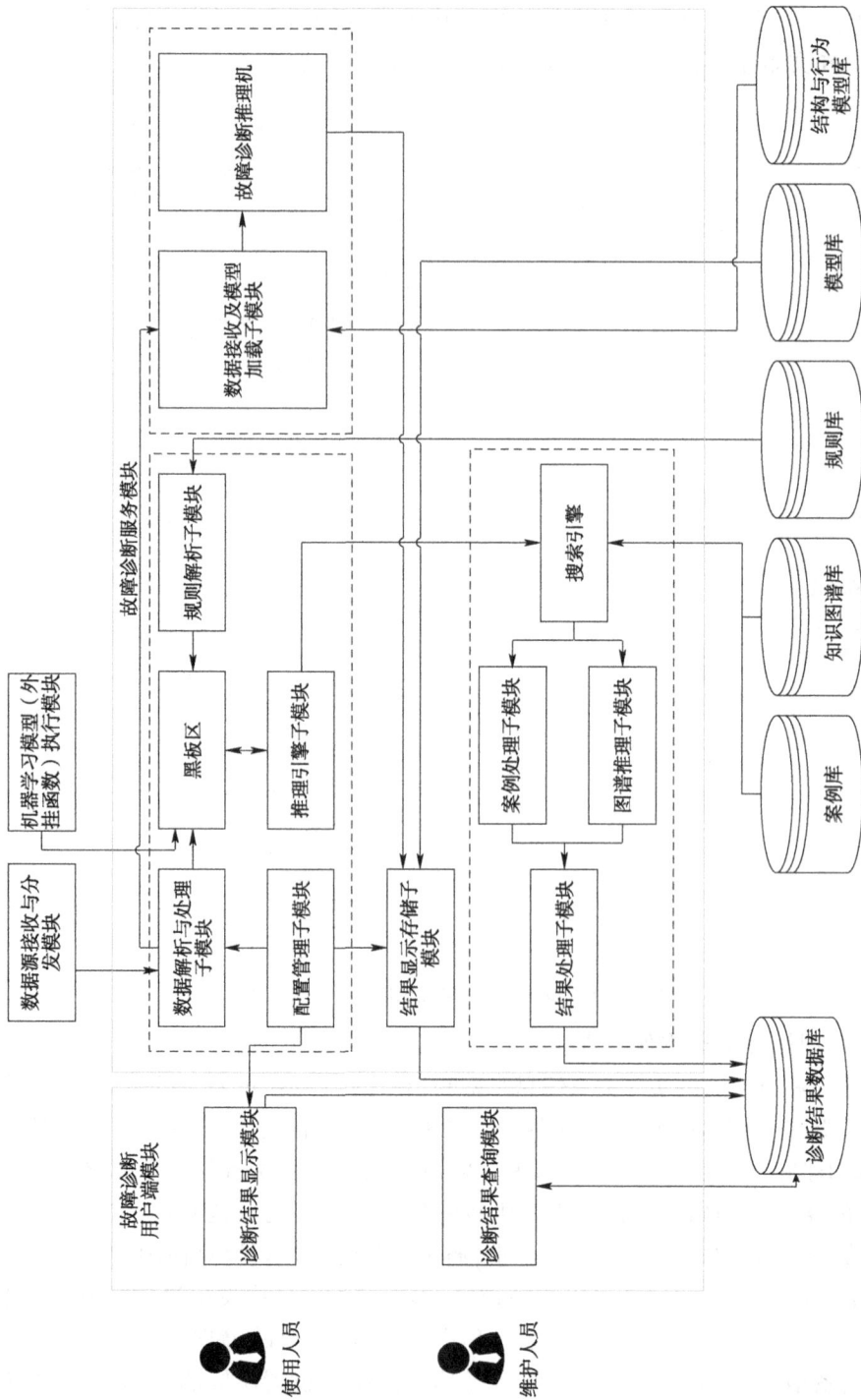

图3.3-11 依托图谱知识执行故障诊断推理过程的逻辑示意图

（3）新型知识库应用案例介绍

①系统应用预期目标

为进一步提升运维保障效率，一些企业已经开始基于知识图谱技术构建专业知识库。这些企业拟通过这样一套知识系统对其他应用系统、工具进行赋能来达成以下业务场景效果。

a）在收费设施的日常运维保障过程中，当遇到异常问题、特殊情况、处置方式、作业要项等一些疑问时，可以迅速基于自身理解和形成的关键词检索到相关知识条目。这些检索出的条目可以将与之紧密关联或用户希望获知的体系信息反馈出来，例如针对给定特情事件，检索到它可能的产生原因、有效的确认方式、合适的处置手段、可协助的外部单位、可参考的处置案例等。

b）在收费设施的日常运维作业中需要系列的指引辅助，例如巡检指引、排障指引等。若采用代维模式，可以指引解决某类故障可以联系哪些单位、一般处置的时间及配套要求等；若采用自维模式，应给出处理某类故障应配备的工具、需要哪些成员或工种处置比较合适等。可见，知识此时发挥的不仅是参考作用，还有助于处置的标准化、规范化和流程化，降低个体专业差异带来的影响。

c）为团队成员提供问题的专业解答，例如设备故障异常值的了解、常见异常造成的原因、设备保养须知等。另外，还可以提供相关的技术规范、运营管理规则、企业作业规范等方面的材料，运维人员需要时可通过检索功能快速查到相应的知识点或展开相关知识网，成体系地了解有关信息。

d）为团队成员的知识学习、传承提供基础支撑，可以以此作为培训系统构建的题库基础，降低成员流动带来的业务风险。另外，还可以基于图谱强大的连接能力，推导出一些监测考评指标作为运维保障考评体系的支撑。

②系统搭建总体架构

基于知识图谱搭建的行业运维保障知识系统主要包括运维保障管理系统、专业培训系统、专业知识问答工具等，采用的总体架构如图 3.3-12 所示。

a）数据采集层，即确定知识图谱构建的基础语料，一般分为三类数据形式：结构化数据、半结构化数据和非结构化数据。

· 结构化数据一般是现有的关系型数据库或者以规整的数据库表的方式进行数据存储，各项数据间存在明确的对应关系，可以简单、直接地将其映射成 RDF 三元组，再而进一步导入图数据库中。

· 半结构化数据具有一定的结构性质，但一般还需要进行进一步的过滤、整理及抽取，它主要来自百科网页或者实体专属的描述性网页，页面中包括对实体的描述信息。半结构化数据通常可存储在 MangoDB 等非关系型的数据库中，并可进一步通过知识解析、属性归一化等关键组件将半结构化数据转换为结构化三元组。

· 非结构化数据通常指文本数据，形式多样且内容复杂，是三类数据中抽取难度最高的，从中抽取结构化三元组一直是知识图谱构建领域的难点和热点。

b）数据获取层，以数据来源层为基础，根据定义的本体规则的约束来从数据源抽取知识三元组。本体规则可以为表示更加规范的高质量数据提供基础与约束。定义本体规则是构建知识图谱至关重要的一步，本质上就是定义图谱中需要存储的实体和关系类型。

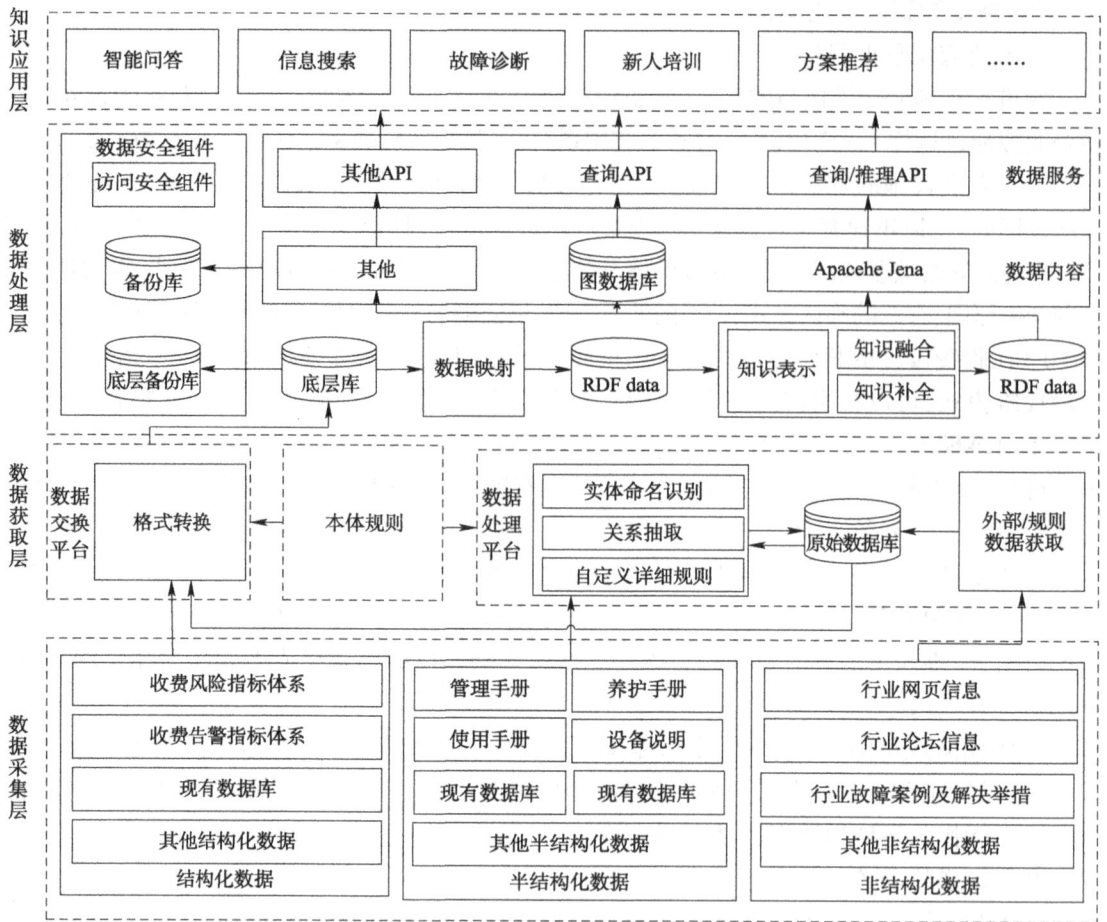

图 3.3-12 基于知识图谱搭建运维保障领域知识系统架构示意图

c)数据处理层,包括数据映射、知识表示、知识融合、知识存储、质量评估等多个关键环节。数据映射将从数据源中提取出的知识转换为 RDF 三元组形式,利用知识表示、知识融合等手段可以对获得的知识进行知识挖掘、验证及提升,提炼出更高质量的知识。知识存储主要是将符合要求的 RDF 三元组存入图数据库或语义网框架中。存储于知识库中的知识可供进一步查询和推理,为下游应用提供便捷的信息获取通道,可根据不同应用设置相应访问或展示方式。

d)知识应用层,即基于知识图谱支撑的各类下游应用,包括但不限于智能问答、信息搜索、故障诊断、作业指引、新人培训、方案推荐、从事件管理数据中自动识别普适性问题等。这些应用诉求以系统、工具等形式存在。

③系统构建支撑技术

a)RDF

资源描述框架(简称 RDF)是用于描述网络资源的标准,主要是通过属性和属性值来描述资源。RDF 本质上是一个数据模型和一种表示手段。资源可以为拥有统一资源标识符(简称 URI)的任意事物,比如网页有唯一对应的网址、个人有唯一的 18 位身份证号,同样每个实体也可以被赋予唯一的 ID;属性是指与资源有联系的性质名称;属性值是对应于某个属性的具体内容,比如性别为女、作者为吴承恩等。从形式上看 RDF 表现为三元组形式,由节点和关系边组成。RDF 中的所有资源都需具备唯一 URI,如此一来就可以从根本上区分名称相同但本质不同的实体。

b)本体构建工具

本体构建工具在概念层次上进行本体模型的构建,具有可视化操作界面,支持中英文,可以直观地呈现知识图谱中实体、关系、属性、概念之间的联系。在通用领域和垂直领域都可以帮助图谱设计者来对知识图谱本体进行设计和编辑。

c)图数据库

数据库用来实现三元组数据的存储。一方面,图数据库能提供便捷的查询语句来快速实现对图谱数据的增、删、查、改,在向图数据库导入数据时,可以仅导入单条数据,也可以通过 CSV 文件批量导入数据;另一方面,图数据库在浏览器端也可自带图形化平台,可以以图形化的方式展现图谱中的局部节点和关系,并且可以拖动来调整节点和边的位置关系,展示起来十分便利。

d)Apache Jena

Apache Jena 是基于 Java 开发的语义网框架,提供了基于三元组库的知识图谱存储,也提供对图谱进行查询访问的功能。它有三种内置存储模式:RDB、SDB 和 TDB。其中,RDB 目前较为少用,因为其在处理速度上相对其他模式较慢。使用较多的是 RDF 和 TDB,一方面把 RDF 数据装载到 TDB 中进行存储,另一方面通过 TDB 查询。两者的组合有着操作简单、查询速度快等优点,不仅可以支持几十亿条记录的存储支持,也支持几百个并行查询的诉求。

e)文档数据库

由于知识图谱一般会涉及大量的多表关联查询,使用关系数据库作为底层数据库时效率比较低。文档数据库作为一种非关系型数据库,其使用类似字典形式的 Bson 格式存储数据,比较灵活,读写速度比较快。通过文档数据库的 key-value 存储格式能非常灵活地表示实体间关系,因而将其作为知识图谱的底层数据库。

3.3.2　日常维护作业手段

为确保联网收费系统的正常运行,尤其是在系统故障和异常的情况下能够保持车辆通行的通畅和通行费的正常收取,相关运维保障责任主体、机构等都应准备好巡检保障、故障处置、应急处理等一系列的日常维护作业手段,以应对不同场景下的运维作业或处置措施。

1)常见巡检保障手段

如前面章节所介绍,巡检是运维保障中一项非常重要的举措,一般具有较强的计划性和周期性,目标是通过这类较为规律的活动实现给定对象的检查处理,当中还会伴随着一些养护活动,例如垃圾数据的清理、软件缓存的释放、硬件设备的除尘等,从而既有利于实现对故障的防患于未然,也有利于延长对象的持续运行时长或总体使用寿命。由于联网收费系统涉及的设施类型和规模复杂多样,也涉及不同的运营层级及主体,必然会带来在巡检保障上的差异。以下我们将从运营主体的维度来介绍日常巡检保障中应予以关注的巡检对象及对应的保障手段。

(1)省联网中心常见的巡检保障手段

省联网中心汇聚着大量的软件和硬件,部分应用软件由于承担着全省(区、市)业务的运转工作,在保障的重要性上十分突出,是日常巡检的重点对象。对于硬件则主要体现为机房设施,这些设施的价值较高,对于系统运转起到的作用同样不可忽视。这些机房设施[高端服务器(群)、存储、网络设备等]大多已作了高可用配置,并且有相应的监测告警工具可以使用,其在巡检保障时会更加方便和全面。另外由于省联网中心是全省业务的重要汇聚节点,其中必然存有大量的关键数据,所以数据方面的巡检处置同样不可忽视。结合一些实操经验,以下从软件、硬件和数据等方面向大家介绍一下省联网中心常见的巡检保障要项。

①软件的巡检保障

省联网中心通常部署有众多的关键应用系统,如跨省清分系统、跨省拆分系统、省内清分/拆分系统、费率管理系统、逃费稽核系统、运行监测系统等。除了在巡检时需要关注这些系统的运行情况外,对于其中的核心业务功能及流程操作情况也要进行重点检查,如跨省清分系统中从部联网中心下载跨省 ETC 交易记账结果的功能是否正常、费率管理系统中所管理的本省(区、市)费率模块和费率参数与部联网中心版本是否保持同步等,这些功能的异常将会直接影响到省级联网收费业务运行的精准性,若出现异常可能会产生舆情。同时,对于一些重要数据交互的逻辑链路也要做好检查,包括与部联网中心的数据交互逻辑链路、与发行机构的数据交互逻辑链路、与结算银行的数据交互逻辑链路等,避免由于这些逻辑链路异常导致数据滞留、结算延迟等。

②硬件的巡检保障

省联网中心一般部署有众多的关键硬件设施,如网络设备、服务器、安全设备、北斗授时设备、数据库、数据存储/备份设备、供电设备等,由于这些设备承担着为上述的关键业务应用系统提供计算环境、通信环境、电力环境、安全环境等运行基础,对于这些设施的运行状态同样应做好巡查,并且对于其中应用到的一些策略及其可用性也要予以关注,例如服务器群的高可用处理机制是否运行正常、网络安全设施的配套措施是否生效等。

③数据的巡检保障

省联网中心存放着各类关键业务数据,这些数据也有着各自的管理作业机制,对于这些数据的存放情况、同步情况、给定的数据作业任务是否起效等都应做好日常的巡检处理,例如检查向部联网中心系统上传的数据是否存在积压情况、省联网中心管理的状态名单等关键参数与部联网中心版本是否同步等。

(2)发行方常见巡检保障手段

发行方与省联网中心有些类似,特别是对于汇聚着众多运营业务且客户规模量大的大型发行方而言,其相关中心/集团级的软件和硬件巡检保障工作同样值得关注,这些设施运转得是否正常不仅关乎发行方的业务,还与资金、客户等息息相关,处置不妥容易产生严重后果,极易引发舆情。以下同样从软件、硬件和数据等方面向大家介绍一下发行方常见的巡检保障要项。

①软件的巡检保障

发行方的中心机房同样部署有众多的关键应用系统,如记账处理系统、卡签发行系统等。除了在巡检时需要关注这些系统的运行情况外,对于其中的核心业务功能及流程操作情况也应重点检查,特别是其中关系着资金流转和用户服务的功能更是应该列为重点巡检对象,例如记账处理系统中从省联网中心接收 ETC 交易数据的功能是否正常、ETC 交易的记账处理功能是否正常、卡签发行系统中的发行信息是否正常发送到部级发行认证与监管平台等。同时发行方各类业务系统中的一些重要数据交互逻辑链路也要做好检查,特别是数据安全方面,由于其中可能涉及很多用户敏感信息的交互,若发生泄露可能引发严重后果。

②硬件的巡检保障

发行方部署着众多关键硬件设施,如网络设备、服务器、安全设备、数据库、数据存储/备份设备、供电设备等,对于这些设施的运行状态同样应像省联网中心一样做好巡查,对于当中应用到的一些策略及其可用性也要予以关注。除此以外,发行方还管辖有众多的发行渠道,对于客服工作站、自助服务终端等渠道终端的运行情况也要做好定期检查,确保不影响渠道网点的正常服务。

③数据的巡检保障

对于发行方数据的存放情况、同步情况、给定的数据作业任务是否起效等应做好日常的巡检处理,例如检查向部中心系统、省中心系统上传的发行方基础数据(发行方信息、客服合作机构信息、服务网段信息等)是否正常,发行方的状态名单等关键参数与省联网中心是否保持同步等。

(3)路段常见巡检保障手段

路段与发行方和省联网中心相比,既有类同的地方,也有差异的地方。类同的地方主要指路段也有路段中心这样的设施运维保障场景,差异的地方则是路段重点运维保障的对象大多位于高速公路沿线和收费站,例如车道的外场设施和 ETC 门架的外场设施,并且这些设施也都涵盖有软件和硬件。路段也存有大量的业务数据,并且这些数据均十分"原始",大多是从车道系统、门架系统等业务链条最末端产生,这些数据产生问题会直接影响后续的各类业务环节。由此可见,路段的软件、硬件和数据的巡检保障非常重要,但由于在业务内容、位置特点等与省联网中心、发行方相比还是有较大差异,其巡检保障要项也会有所区别。

①路段中心常见的巡检保障

路段中心巡检保障的对象相较于省联网中心而言,软件涉及的业务复杂度、硬件涉及的项别规模度和数据交互涉及的广域度均不是一个层级,省联网中心无疑更为复杂,作为路段而言可以参考和引用,详细可以参见附录 2 中总结的路段中心巡检保障对象及措施,在此就不再赘述。

②收费站常见的巡检保障

收费站情况与路段中心类似,巡检保障对象仍离不开软件、硬件和数据交互等类别,但在业务、技术和数据交互复杂度上相较于路段中心更为简单一些。以硬件为例,多数收费站负责数据上传和下发等交互处理职能的收费应用服务器仅有一台。

③ETC 门架常见的巡检保障

ETC 门架是高速公路取消省界站工程时启动建设的一种收费基础设施,承担着对车辆通行行为的识别及路径的计费职能。对于现在的整个收费业务而言,ETC 门架起到了非常重要的作用,若其运行不稳定或不可靠,可能导致车辆计费的错漏,最终既影响路段经营单位的合法收益,也可能引起用户投诉等事件,给行业带来消极影响。ETC 门架需要保障的对象也离不开软件、硬件和数据交互等类别,但由于它是由前端控制部分和后台服务部分所组成,因此对于这些对象类型在具体巡检保障时还是有所区别,主要是巡检细节会有所侧重。

a) 软件的巡检保障

ETC 门架的软件包括后台服务软件和前端控制软件。后台服务软件主要承担与上级系统之间的数据交互,包括参数的接收和数据的上传,在巡检中需重点做好此部分的数据交互逻辑链路和交互功能的检查。

对于前端控制软件则除了在数据交互上予以巡检关注之外,还要对 ETC 计费处理逻辑的运行、CPC 计费处理逻辑的运行和 ETC 的 0 元计费处理功能触发是否正常等都要作出关注。同时,由于 ETC 门架前端职能主要集中在计费处理上,有关计费过程中对于计费模块的调用、运行及异常情况也应做好检查。

b) 硬件的巡检保障

对于 ETC 门架硬件的巡检保障,一般情况下也是从两个方面展开工作。对于后台服务器、北斗授时、供电等设备,由于其通常会部署在门架邻近的路段中心或收费站机房,可参考路段中心和收费站的硬件巡检措施来执行。

对于前端门架外场硬件的巡检,要重点关注当中的感知类设施和控制类设施,例如 RSU 天线、车牌识别设备、控制器等,重点观察这些设备的运行状态,特别是存在单点故障问题的门架,要及时做好损坏设施的修复安排,让其尽快恢复可用性。另外由于此类巡检多为路上作业,甚至还有登高行为,执行巡检作业时要注意做好相应的安全防护。

c) 数据的巡检保障

ETC 门架属于联网收费系统中一个重要的业务数据产生点,这些业务数据与后续的特情计费、逃费稽查、拆分结算等业务息息相关。因此,对于这些关键数据及数据关联的管理或处理机制要做好检查。例如门架前端向后台系统上传数据是否存在积压、从上级系统下载的费率模块和费率参数版本是否正常等。

④车道常见的巡检保障

车道从联网收费业务形成以来就开始存在,被视为其中一种重要的基础设施,承担着车辆收费和通行处理的作用。由于车道位于高速公路的关键节点——收费站处,其可用性和稳定性均是行业亟待关注的内容,若出现故障极易引发拥堵事件。车道按照业务类型分为 ETC 专用车道和混合车道,并且随着行业机电设施的发展和进步,车道也逐步开始应用车型识别设备、自助缴费/发卡设备等多种智能化设施。由于车道涵盖众多业务功能,致使支撑这些职能正常运转的软件和数据也是其重要组成。因此,车道的日常巡检保障对象虽然也涵盖硬件、软件和数据这几部分,但是不同类型车道会有所侧重。

a) 软件的巡检保障

对于 ETC 车道的软件巡检保障,应注重交易处理、计费处理、名单判别、跟车干扰和旁道干扰这几大功能项别的可用性。对于混合车道,除了关注 ETC 功能事项外,还要关注日常 ETC 和非 ETC 控制逻辑切换是否正常,有关特情车辆(如绿通车、大件运输车等)的管控功能是否正常,出口车道生成二维码功能是否正常、信息是否准确等。

b) 硬件的巡检保障

车道的硬件巡检保障主要是巡检外场设施,但种类上会比 ETC 门架多,包括 RSU 天线、车牌识别设备、费额显示器、车道控制器、读卡器、栏杆机、供电设备等(图 3.3-13),重点是观察这些设备的运行状态。另外随着行业发展,新型高集成的车道外场设备也会不断推出,此时对巡检也会提出更高的要求,同时这些设备的智能化能力对于降低检查作业难度也大有益处。

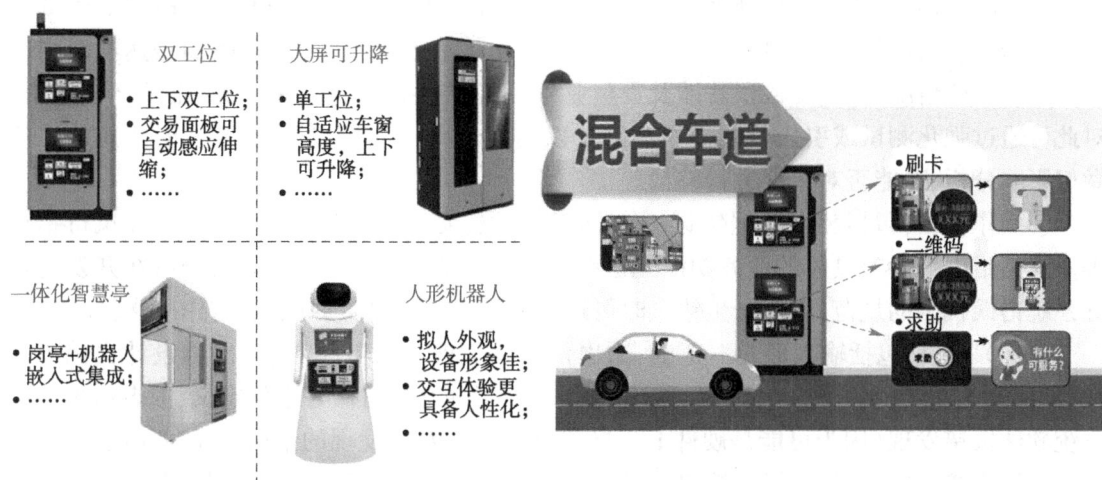

图 3.3-13　车道高集成设备的应用示意图

c) 数据的巡检保障

车道同样属于联网收费系统中一个重要的业务数据产生起始点,这些业务数据与 ETC 门架数据类似,与后续的逃费稽查、拆分结算等业务密切相关。因此,对于这些关键数据及数据关联的管理或处理机制要做好检查,例如向收费站系统上传数据是否存在积压、从上级系统下载的各类参数和名单(如 OBU 状态名单、用户卡状态名单等)是否正常等。

(4) 通信系统常见巡检保障措施

联网收费系统配套的通信系统同样是我们日常重点巡检和保障的对象之一,主要需要开展两方面巡检:一方面主要体现在有关数据传输、设备状态和网络传输这些关键要项上;另一方面主要体现在专项运营维护支撑是否完备,例如备品、备件是否准备充足,确保不会因此造成整个行业网络或关键节点瘫痪。

2) 常见问题排障手段

相较于巡检保障而言,联网收费系统的故障排除不仅涉及专业问题的解决,还涉及对一些应急管理要求的响应,最终目标是促使一些可能影响全网联网收费业务持续运行的问题获得尽快解决。其中,最困难的地方在于故障产生的不确定性上,因此,日常需要做好对这些故障问题的认识和处理方面的充分准备,只有这样才不至于在问题出现时手忙脚乱。

(1)应用软件常见故障处理

考虑到联网收费系统中各层级或主体所应用的业务软件,在具体的开发实现或功能的承担上均有所不同,这些业务软件日常所呈现出的问题在具体表现内容上差异会比较大,但归根结底不外乎以下几类:

①逻辑错误,包括采用不正确的、无效的或不完全的逻辑,死循环或循环次数出错,循环结束确认有错,分支判断转向有错,重复步长不正确的判断,逻辑或条件不完全导致执行出错等。随着收费业务复杂度的增大,由于这类错误引起的应用软件异常时有产生,一般可在开发阶段通过强化需求和测试予以一定的遏制。在这类故障产生时最好的解决方式是通过关键逻辑节点日志或者数据来判别,辅以业务和技术人员来协同处理当中的错误。

②算法错误,主要指计算处理功能产生不精确的计算结果或非期望的运算结果,例如向量运算错误、混合运算次序错误、错误运用符号的习惯表示法、使用不正确的表达与习惯表示法等。一般情况下,这类错误若涉及资金业务,将会产生较为严重的后果,需要予以重视。对此可通过强化测试或引入一些校核机制予以遏制,且事件产生时除了需及时纠正外还应做好影响分析,看能否对错误进行补偿。

③操作错误,包括装入数据错误、数据准备错误、使用了错误的主结构、任务执行错误等。这类错误会导致具体的业务功能无法执行或者计算错误,对于这类错误可在开发时做好系统错误代码的规范,以便产生错误时可通过具体报错来排查原因,及时作出修复。

④I/O 错误,包括输入形式不正确、输出信息丢失或丢失数据项、输出与设计文档不一致、设计未定义必要的 I/O 形式等。对于此类错误可在开发时做好事件定义,或者通过一些系统软件报错发现(因为可能是硬件 I/O 异常所引发),对于发现的错误需及时作出修复。

⑤用户接口错误,包括操作接口设计不完善、程序对输入数据解释错误、程序拒绝接收有效数据输入、对合法的数据输入作不正确处理、接收并加工处理非法输入数据等。对于这些错误,应用之间的连接、交互越紧密就越容易产生,特别是在系统相互对接的初期比较容易产生,因此,可通过加强巡检予以防范。若发生错误时需尽快定位错误来源于接口哪方,并及时作出处理。

(2)服务器常见故障处理

在前面已向大家提及,在部联网中心、省联网中心、发行方、路段中心和收费站等均配有大量的服务器设备,这些服务器是各类应用软件运行的重要依托。在搭建服务器时若条件允许多会启用一些高可用机制,如果出现短时间的故障一般不会影响正常收费运转,但若出现较长时间的故障则可能会影响收费业务开展的及时性,引发很多运营管理隐患,在日常巡检和排障处理时需要重点关注。下面给大家介绍一些常见的服务器故障处理手段:

①内存错误

服务器都设有随机存取存储器,用于存储和处理数据。日常应用过程中一些内部和外部因素都可能会破坏服务器内存,例如机柜内的灰尘颗粒会引起电磁干扰,可能导致内存损坏,使其无法使用;业务软件产生超过预期的大量数据致使服务器内存难以存储导致崩溃;目前常用到的虚拟化技术也会容易因服务器内存不足而出错。对此,在发生故障时应做好分析,有针对性地排除问题。

②CPU 问题

大多数服务器一般都具有多个处理器芯片,以便处理大量的请求并同时响应每个请求。随着执行业务的增加,CPU 可能会因以下原因造成错误:在占用大部分内存及其处理能力的服务器上运行不必要的应用程序;高峰期用户需求激增导致服务器崩溃;由于服务器负载过重,100% 的 CPU 使用率可能会使服务器过热;无响应的系统应用程序增加响应时间,以致当前服务器请求数据的程序会遇到延迟等。对于这些问题,归根结底要确定其产生的根源,是硬件问题还是软件原因,从而针对性解决。

③磁盘阵列(RAID)故障

服务器大多会使用 RAID 技术将多个磁盘驱动器组合成一个单元。使用服务器时会由于未检测到 RAID 故障而崩溃,如果单个驱动器发生故障,则整个 RAID 系统也会出现故障。服务器上常见的 RAID 错误原因包括 RAID 控制器故障导致磁盘故障、缺少 RAID 分区、电源浪涌、需要磁盘碎片整理的数据被删除或重新格式化、RAID 重建错误或卷重建问题等。我们日常需要经常监控服务器的 RAID 状态,定期做好保养检查,产生问题及时作出修复。

(3)数据库常见故障处理

数据库软件作为系统的重要支撑组成,对于其产生的异常或故障同样要做好应对。数据库故障处理可以聚焦在以下几方面:

①事务故障

事务故障是指数据库的某个事务在运行过程中由于种种原因未运行至正常终止点,故障的常见原因有输入数据有误导致运算溢出、违反了某些完整性限制发生锁死等。对此除了解决好现有问题,也应排查导致事务故障的原因,例如是不是由于某些应用软件的逻辑或处理不当导致等。

②系统故障

系统故障是指由于某种原因造成整个系统的正常运行突然停止,致使所有正在运行的事务都以非正常方式终止。发生系统故障时内存中数据库缓冲区的信息可能会全部丢失,影响系统中各类应用的正常运作。因此,要尽快解决此类故障,同时要考虑好因故障丢失的数据是否需要恢复。

③介质故障

介质故障主要指因为硬件故障使存储在外的数据部分丢失或全部丢失,一般比前两类故障产生的可能性小,但其破坏性最大,例如存储、磁带等方面产生的故障。要尽快修复好此类故障,并且需要事先考虑好数据的可用性机制。

(4)网络常见故障处理

网络常见的故障主要呈现在硬件设施方面或者具体链路上(某些运营商提供的通信链路等)。硬件设施主要包括交换机、路由器等,若处于关键节点,如核心交换机、核心路由器、核心防火墙等,一般情况下会设有高可用机制,短时未做修复影响不大;在具体链路上情况类似,特别是取消省界站后,很多数据交互链路均做了冗余备份。但若故障长时间存在,影响还是很明显,可能直接影响到车辆通行或用户的服务质量,因此,也要进行重点关注和处理。下面介绍一些常见的网络故障处理措施：

①路段中心/发行方等与省联网中心网络中断。若专用通信网出现故障则使用备用通信线路,同时应及时修复主用通信链路,同样机制可应用到省联网中心与部联网中心的网络关系中。

②收费站与路段中心网络不通。有可能是专用通信网、路段中心网络设备(路由器或三层交换机)或收费站网络设备(路由器或二层交换机)出现故障,应立即进行修复,若长时间修复不好则应准备数据拷贝工具,人工对数据进行备份拷贝并向路段中心上传,避免收费站滞留交易流水。

③收费站与收费车道网络不通。尽快修复故障,对于暂时滞留在车道计算机中的收费原始数据通过手工方式进行备份,等网络恢复后再行上传。如长时间修复不好,同样应人工对数据进行备份拷贝并向收费站上传,避免交易流水滞留在收费车道。

（5）外场设施常见故障处理

外场设施方面应重点关注安装在车道和 ETC 门架的关键设施,包括 RSU 天线、车道/门架控制机、车道 IC 卡读写器等。以下为外场设施的常见故障处理方法。

①门架控制机故障

门架控制机一般采用冗余架构,当其中一台机器产生故障时另一台机器可以接管相关工作,确保门架的业务功能不受影响。但对于这台故障设备不应让其处于未修复的状态,尝试重启设备能否恢复运行,若失败应作出更换,避免长时间存在单点故障风险。

②车道计算机故障

a）入口车道计算机故障

立即进行修复,若长时间(如 10 小时内)修复不成功,应采用备用计算进行替换。

b）出口车道计算机故障

立即进行修复,若长时间(如 10 小时内)修复不成功或根据收费站具体情况,可以将通行卡拿到别的车道刷卡收费打票,由监控中心读取或查询入口信息,以特情收费方式(在线特情收费处置失败方启用最少费额特情收费处置)收取通行费,并做好详细记录。

③RSU 设备故障

RSU 设备主要应用在 ETC 门架和车道上。ETC 门架上的 RSU 设备一般采用冗余设置,如果故障时间不长就不会对 ETC 门架的正常运行带来太大干扰,但同样应避免长时间的单点故障风险存在。

车道 RSU 设备故障应及时作出修复,否则车道的 ETC 处理功能将会出现缺失,导致 ETC 车辆无法在本车道正常通行。入口 ETC 车道应配置应急处置终端,若 RSU 设备故障导致本车道无法正常运转时首先应关闭车道,将车辆转入到其他车道进行处理,如果本车道车流较大时则启用应急处置终端处理。对于 RSU 设施故障可从控制器、天线和 PSAM 卡等几个常见故障点来确认故障原因,有针对性地作出更换和修复。

④车道 IC 卡读写器故障

a）入口车道 IC 卡读写器故障

立即进行修复,若无法修复应采用备件进行更换。在无备件更换的情况下,可根据交通情况通过设置应急收费终端等手段处理。

　　b)出口车道 IC 卡读写器故障

立即进行修复,若无法修复应采用备件进行更换,并将通行卡拿到别的车道读取查询入口信息,收取通行费。

　　⑤票据打印机故障

立即用备件更换或修复,若无备件或无法修复,经批准后开具手撕票。

　　⑥其他车道设备故障

自动栏杆机、费额显示器、语音报价器、通信信号灯、线圈、车牌识别系统等车道设备出现故障,一般认为不影响正确收费,但毕竟带来诸多不便,增加收费难度,维护单位也应尽快修复。

　　(6)供电设备常见故障处理

在部联网中心、省联网中心、发行方、路段中心和收费站等的中心机房,一般设置有 UPS 设施来保障供电。若这些 UPS 设施出现故障无法正常供电时,应立即切换到市电模式(旁路直通)供电。

相较于前述的机房类停电,收费站停电带来的影响一般更大,此时应该及时启动发电机,若发电机此时出现故障且 UPS 电池也耗尽,则整个收费站收费系统都无法工作,应立即启用便携式收费机进行收费。如收费站未配备便携式收费机,应立即报路公司,且逐级上报到省联网中心、部联网中心等,经批准后,入口方可发放纸质通行券,出口站根据通行券信息进行收费。

　　(7)系统全面瘫痪

联网收费系统本身的缺陷或计算机病毒的爆发有可能会导致整个系统的瘫痪(如终端无法进行收费、卡签无法正常发行等),此时应立即报告省联网中心并做好记录。此时,省联网中心也应立即报告到部联网中心,以便其可以分析事件的影响范围,并通知到其他干系省(区、市)或主体。如果收费站的系统出现瘫痪,可以启用全人工收费,即入口站发放纸券,出口站收费人员根据入口信息和车型查询费率表收取通行费,开具手撕票。对于在途车辆,可通过上报监控中心查询车辆入口信息收取通行费,若无法读取或查询入口信息,可根据司机口述入口信息,人工查询费率表收取通行费,开具手撕票。

3.3.3　配套系统搭建指南

针对联网收费系统的运营管理层级特点,不难发现,运维保障体系与运行监测体系两者所涉及的层级和主体应尽量保持一致,同时在业务职责上应相互协同,形成互锁和协同的效果。纵观当下的行业发展趋势,部—省—路段/发行方这三级运维保障架构应是大家所认可的基本框架,在配套运维保障工具或系统的构建上可按照此框架展开,再结合运维管理任务、运维工作要求等相关运维管理制度和办法来充分发挥这些信息化、数字化和智能化的工具或系统的真实效用。

　　1)部联网中心运维保障系统的搭建指南

部联网中心作为行业重要的指导部门,对于全网联网收费系统的运维保障必然责无旁贷。但要承担好这份工作,工作利器必然不可或缺,在前期全网运行监测系统的打造基础上,部级运维保障或管理的相关工具或系统将会成为未来全网运行监测系统的重要组成,实现部—省—路段/发行方的工单流转和巡检填报能力,让这些问题的涉及单位可以对监测结果进行快速响应,及时进行内部调度,让问题有效闭环。当下主要是结合全网运行监测系统的异常检测和告警能力,让其所发现的异常和故障能及时生成工单,通过工单的流转跟进,驱使问题尽快得到处理和反馈。

以下是部联网中心运维保障系统具备的业务能力:

(1)工单管理

根据告警的重要程度生成工单,将工单下发至省级运维支撑系统,待省级运维支撑系统完成运维作业并反馈作业结果后归档完成闭环管理。同时,系统可供部联网中心管理员、省联网中心管理员、路段/发行方管理员随时了解这些工单的状态,便于他们快速查找所需工单和处理操作。

(2)工单统计

通过该功能从省(区、市)、路段和发行方等层级对工单来源、工单等级、工单类型等不同维度的各种状态的工单进行统计分析。

(3)工单创建

由于有些问题不能通过自动检测的手段发现,因此,应该提供人工创建工单的途径,由相关人员人工核实后填写和上报故障信息,形成对应的人工工单推进问题的处理。

(4)运维自查

运维自查是指能够定期生成巡检任务表,指导省(区、市)各级对收费系统进行巡检自查并在系统内填报运维巡检完成情况。运维自查包括自查事项管理和自查结果查询。

①运维自查事项管理。通过报表展示不同用户对象、不同自查类别的运维自查事项及事项信息,包括事项描述、执行频率、指标要求、状态等,支持对自查事项的新增、修改和停用操作。

②运维自查结果查询。针对不同用户对象的运维自查,展示运维自查的类别、子类别、运维子项、执行频率、状态、运维结果、复核情况等内容,同时支持不同用户对象对运维自查结果进行提交、修改等操作。

(5)校核评价

校核评价主要通过运维保障系统的信息统计能力,辅以运行监测的效果校核能力,评估运维责任主体的一些关键性能项,如工单的处置时间、故障的响应时间、故障的处理时间、故障一次修复率等,进而可以评价省联网中心、路段、发行方等这些参与主体的整体运维服务质量。

2)省联网中心运维保障系统的搭建指南

省联网中心作为省域的主管部门,承担着省(区、市)内联网收费系统的运维保障工作,同时对下辖的路段、发行方等主体的运维保障质量有重要的指向和监督职责,可以参照部联网中心的运维保障系统构建自身的系统,尤其需要注重与部级系统和下辖系统的对接,形成承上启下的协同贯通效果。

3)路段运维保障系统的搭建指南

路段运维保障系统与部联网中心、省联网中心的系统有所不同,其更关注对具体运维保障作业的管理和支撑,具体可以围绕以下几方面来打造:

（1）运维管理

运维管理主要是针对故障而构建的管理能力，以工单作为责任和流程的重要载体。这也是本层级系统关注执行管理的重要体现。工单生成一般分为人工上报与系统工单，主要实现对于告警信息和故障信息自动或者手动生成维修单，并根据设置的故障干系人自动派单，同时还应具备接单、转派、审核等能力。

（2）巡检管理

巡检管理主要包括巡检模板管理、计划管理和任何列表。

①巡检模板管理。通过管理、配置收费系统的巡检模板，支持路段人员对收费系统的日常或定期保养工作。将用户线下常用的日常巡检表转为线上的巡检模板，节省人力、时间成本等，解决归档繁杂（纸质单）、复查困难等问题。

②计划管理。计划管理主要是制定巡检计划，包括巡检清单（含巡检的位置、对象、项目、标准、记录方式等）、计划配置（含执行人、审核人、巡检任务提醒频次）等。

③任务列表。任务列表可实现对巡检任务的展示、领取、处理等功能，支持按任务节点、任务开始日期、任务名称查询任务。同时把已发布的计划生成任务进入到任务列表，由具体执行人进行处理。

（3）在役设备管理

在役设备管理主要是对已经入网服役的设备进行管理与监控，支持对设备上下线的审核、查看和状态查询，实现设备统计、设备变动总览、设备变动审核、设备变动详情以及在役设备管理等功能。

（4）运维物资管理

物资管理是路段运维保障工作的重要内容。只有对象明了，运维才能更有目标感。在物资管理方面系统应主要提供以下能力：

①仓库台账。按库房纬度进行设备划分，支持按设备类型进行查看，支持设备类型编号、名称、品牌或规格型号的模糊搜索，使仓库管理人员能够对设备库存情况一目了然。

②入库管理。供仓库管理人员对已进行资产登记的设备进行入库，还支持维修入库、借用入库、调拨入库等业务场景。

③出库管理。主要包括出库申请，出库审批和出库登记。运维人员根据工作所需发起一个出库审批流程，仓库管理人员进行相应的审批和登记操作。

（5）考核评价

考核评价在路段运维保障中同样不可缺失，并且要尽量做到细化和量化。对于具体的维修和巡检任务，需要将维修类型、维修对象、维修时长等基础信息初始化在系统内，运维人员在实际运维工作中填写少量的过程信息即可。维修结束后参考需求方的评价即可自动计算出运维相应的绩效分数并转换成定期的绩效结果。

发行方的运维保障系统也可参照路段运维保障系统进行搭建，只是其所涉及的保障对象、范围和特点有所不同，在此不作赘述。

第4章 高速公路联网收费运行监测与运维保障一体化管理体系建设

4.1 一体化管理体系概述

根据当前高速公路联网收费采用的管理体制,结合相关系统的运营管理现状,建设高速公路联网收费运行监测与运维保障一体化管理体系是行业发展的必然要求。其中,运行监测与运维保障的对象主要包括部联网中心的收费相关业务系统(以下简称部联网中心系统)、各省(区、市)联网中心的收费相关业务系统(以下简称省联网中心系统)、发行方的发行相关业务系统(以下简称发行方系统)、路段收费相关业务系统(包括路段中心系统、收费站系统、车道系统、门架系统等),对于这些重点监测和保障的系统,其监测和保障范畴应涵盖软件、硬件、数据传输、网络传输等子类别。

各级运营管理单位应充分协同联动开展运行监测和运维保障工作,坚持责任到人,遵循定岗、定责、定人的原则开展工作;坚持实事求是,科学、合理、客观开展工作;坚持注重实效,做到有问题早发现、早解决,确保系统安全稳定运行;坚持考核评价,细化考核标准,跟踪运维工作效果。

4.2 联网收费各级系统运行监测管理

4.2.1 部联网中心系统运行监测管理

为达到部联网中心系统的运行监测管理工作要求,应对部联网中心内关键软件、关键硬件、关键数据、关键网络等运行状态进行重点监测。其中,关键软件包括但不限于跨省清分软件、跨省拆分软件、综合业务处理软件、全网费率管理软件、特情辅助(含在线计费服务)软件、数据汇聚管理软件、统一登录软件、逃费稽查软件、运行监测软件、发行认证与监管软件、客服支持软件、绿通预约管理软件、集优预约管理软件、通行介质管理软件等应用级别软件,以及关键系统数据库、关键数据传输消息组件等系统级别软件;关键硬件包括但不限于网络关键设备、私有云关键服务器资源、安全关键设备、硬件部署环境的供电设施等;关键数据包括但不限于部联网中心—省联网中心数据和部联网中心—站数据的交互情况;关键网络包括但不限于部级与其他外联系统之间的网络链路。

4.2.2 省联网中心系统运行监测管理

为达到省联网中心系统运行监测管理工作要求,应对省联网中心内关键软件、关键硬件、关键数据、关键网络等运行状态进行重点监测。其中,关键软件包括但不限于跨省/省内清分软件、省内拆分软件、费率管理软件、特情辅助(或称为在线计费服务)软件、数据汇聚软件、逃费稽查软件、运行监测软件等在内的应用级别软件,以及关键系统的数据库和消息组件在内的系统级别软件;关键硬件包括但不限于网络关键设备、关键服务器和存储资源、安全关键设备、硬件部署环境的供电设施等;关键网络包括但不限于部联网中心-省联网中心数据交互、部联网中心-站数据交互、省联网中心-路段(或收费站)数据交互等;关键数据包括但不限于省中心级与其他外联系统的网络链路。

4.2.3　发行服务机构系统运行监测管理

为达到发行方系统运行监测管理工作要求,发行方应对本机构内关键软件、关键硬件、关键数据、关键网络等运行状态进行重点监测。其中,关键软件包括但不限于记账处理软件、数据交互软件、发行管理软件、客服支持软件等在内的应用级软件,以及关键系统的数据库和消息组件在内的系统级别软件;关键硬件包括但不限于网络关键设备、关键服务器和存储资源、安全关键设备、硬件部署环境的供电设施等;关键数据包括但不限于发行方-省联网中心数据交互、发行方-合作银行数据交互等;关键网络包括但不限于发行方系统与其他外联系统的网络链路。

4.2.4　路段系统运行监测管理

根据当前的运营管理架构及各层级和主体职责分工,路段中心、收费站、收费车道和ETC门架系统的运行监测管理工作主要由路段根据实际情况组织开展,具体内容如下:

1)路段中心系统运行监测管理

为达到路段中心运行保障管理工作要求,路段应对本路段内关键软件、关键硬件、关键数据、关键网络等运行状态进行重点监测。其中,关键软件包括但不限于路段中心收费系统软件和数据交互软件等应用级软件,以及关键系统的数据库等系统级软件;关键硬件包括但不限于网络关键设备、关键服务器和存储资源、安全关键设备、硬件部署环境的供电设施等;关键数据包括但不限于路段中心-省联网中心数据交互、路段中心-收费站的数据交互等;关键网络包括但不限于路段中心系统与其他外联系统的网络链路。

2)收费站系统运行监测管理

收费站系统运行监测管理工作包括对本站内关键软件、关键硬件、关键数据、关键网络等运行状态进行重点监测。其中,关键软件包括但不限于收费站收费系统软件和数据交互软件等应用级软件,以及关键系统的数据库等系统级软件;关键硬件包括但不限于网络关键设备、关键服务器资源、安全设备、硬件部署环境的供电设施等;关键数据包括但不限于收费站-省联网中心(或路段中心)数据交互、收费站-车道的数据交互等;关键网络包括但不限于收费站-部联网中心的网络通信、收费站-省联网中心(或路段中心)的网络通信、收费站-车道的网络通信等。

3)收费车道系统运行监测管理

收费车道系统运行监测管理工作包括对本车道内关键软件、关键硬件、关键数据、关键网络等运行状态进行重点监测。其中,关键软件包括但不限于 ETC 车道系统软件和混合车道系统软件等;关键硬件包括但不限于车道控制器、RSU、车牌识别设备、栏杆机、检测器等关键设备;关键数据包括但不限于收费车道-收费数据交互等;关键网络包括但不限于收费车道系统与收费站系统的网络链路等。

4)ETC 门架系统运行监测管理

ETC 门架系统运行监测管理工作包括对门架内关键软件、关键硬件、关键数据、关键网络等运行状态进行重点监测。其中,关键软件包括但不限于 ETC 门架前端软件和 ETC 门架后台软件;关键硬件包括但不限于门架控制器、RSU、车牌识别设备等关键设备;关键数据包括但不限于门架-部联网中心数据交互和门架-省联网中心(或收费站)数据交互;关键网络包括但不限于 ETC 门架系统与部联网中心、省联网中心(或收费站)系统的网络链路。

4.3 联网收费各级系统运维保障管理

4.3.1 部联网中心系统运维保障管理

为达到部联网中心系统的运维保障管理工作要求,部联网中心需安排专职运维人员组成专业运维队伍,对部联网中心系统各软件、硬件、数据传输和网络传输等进行定期巡检和故障修复。软件巡检内容应包括但不限于数据汇聚管理系统、清分结算系统、全网费率管理系统、通行介质管理系统、客户服务系统、稽核管理系统、特情业务辅助系统、全网运行监测系统、ETC 发行认证和监管系统、高速公路通行预约系统等;硬件巡检内容应包括但不限于应用服务器、防火墙、防病毒网关、交换机、路由器、负载均衡、数据库服务器、供电设备等;数据传输巡检内容应包括但不限于部省业务数据接收、转发,部站业务数据接收等;网络传输巡检内容应包括但不限于部-省通信链路、部-站通信链路、部-归集银行通信链路等。

4.3.2 省联网中心系统运维保障管理

为达到省联网中心系统运维保障管理工作要求,省联网中心需安排专职运维人员组成专业运维队伍,对省联网中心各软件、硬件、数据传输和网络传输等进行定期巡检和故障修复(图 4.3-1)。软件巡检内容应包括但不限于数据汇聚管理系统、清分结算系统、费率管理系统、通行介质管理系统、稽核管理系统、特情业务辅助系统、运行监测系统、ETC 发行认证和监管系统、高速公路通行预约系统、省级在线密钥管理系统等;硬件巡检内容应包括但不限于应用服务器、防火墙、防病毒网关、交换机、路由器、负载均衡、密钥设备、数据库服务器、供电设备等;数据传输巡检内容应包括但不限于省部业务数据上传下载、省(区、市)内业务数据接受转发等;网络传输巡检内容应包括但不限于省-部通信链路、省(区、市)内通信链路、省(区、市)与其他第三方通信链路等。

图 4.3-1　中心机房的日常维护和巡检工作

4.3.3　发行方系统运维保障管理

为达到发行方系统运维保障管理工作要求,发行方需安排专职运维人员组成专业运维队伍,定期对本机构的各软件、硬件、数据传输和网络传输等进行定期巡检和故障修复。软件巡检内容应包括但不限于发行系统、客户服务系统、密钥管理系统等;硬件巡检内容应包括但不限于应用服务器、防火墙、防病毒网关、交换机、路由器、负载均衡、密钥设备、数据库服务器、供电设备等;数据传输巡检内容应包括但不限于与部联网中心、省联网中心、下辖网点、请款银行的业务数据交互等;网络传输巡检内容应包括但不限于与部联网中心、省联网中心、下辖网点、请款银行的通信链路等。

4.3.4　路段系统运维保障管理

根据当前的运营管理架构及各层级和主体职责分工,路段中心、收费站、收费车道和 ETC 门架系统的运维保障管理工作主要由路段根据实际情况组织开展,具体内容如下:

1)路段中心系统运维保障管理

为达到路段中心运维保障管理工作要求,路段需安排专职运维人员组成专业运维队伍,定期对本区域/路段中心的各软件、硬件、数据传输和网络传输等进行定期巡检和故障修复。软件巡检内容应包括但不限于区域/路段中心系统;硬件巡检内容应包括但不限于应用服务器、防火墙、防病毒网关、交换机、路由器、数据库服务器、PSAM 授权设备、供电设备等;数据传输巡检内容应包括但不限于与省联网中心的业务数据交互、与下辖收费站的业务数据交互等;网络传输巡检内容应包括但不限于与省联网中心的通信链路、与下辖收费站的通信链路等。

2)收费站系统运维保障管理

收费站的软件运维保障内容应包括但不限于站级系统、通行介质管理系统、通行预约系统、稽核管理系统、特情业务辅助系统、治超检测管理系统等;硬件运维保障内容应包括但不限于应用服务器、防火墙、防病毒网关、交换机、路由器、数据库服务器、PSAM 授权设备、供电设备等;数据传输运维保障内容应包括但不限于与上级系统的业务数据交互,与下辖收费车道、ETC 门架的业务数据交互等;网络传输运维保障内容应包括但不限于与上级系统的通信链路,与下辖收费车道、ETC 门架的通信链路等。

3)收费车道系统运维保障管理

收费车道系统软件运维保障内容应包括但不限于 ETC 车道和混合车道系统交易处理、计费处理、名单判别、数据交互,以及对应入口治超系统的称重检测处理等功能;硬件运维保障内容应包括但不限于工控机、天线设备、牌识设备、车道控制器、栏杆机、车检器、综合信息显示器、供电设备等;数据传输运维保障内容应包括但不限于与收费站系统的业务数据交互等;网络传输运维保障内容应包括但不限于与收费站系统的通信链路等。

4)ETC 门架系统运维保障管理

ETC 门架系统软件运维保障内容应包括但不限于 ETC 门架系统等;硬件运维保障内容应包括但不限于工控机、后台服务器、门架机柜、天线设备、牌识设备、交换机、供电设备等;数据传输运维保障内容应包括但不限于与上级系统的业务数据交互等;网络传输运维保障内容应包括但不限于与上级系统的通信链路等。

4.4   运行监测与运维保障一体化管理

4.4.1   一体化工作总体要求

部联网中心系统应实行 7×24 小时运行监测,并由部联网中心安排专业运维团队对系统的软件、硬件、数据传输和网络传输等进行定期巡检和故障修复。

省联网中心系统应实行 7×24 小时运行监测,并由省联网中心安排专业运维团队对系统的软件、硬件、数据传输和网络传输等进行定期巡检和故障修复。

发行方系统应实行 7×24 小时运行监测,并由发行方安排专业运维团队对系统的软件、硬件、数据传输和网络传输等进行定期巡检和故障修复。

路段系统应实行 7×24 小时运行监测,并由路段安排专业运维团队对系统的软件、硬件、数据传输和网络传输等进行定期巡检和故障修复。

对于上述省联网中心、发行方和路段的职责分工,具体也可根据各省(区、市)实际情况组织开展,但是必须界面清晰、权责明确。

4.4.2   一体化服务总体要求

部联网中心、省联网中心、发行方、路段应通过本级运行监测系统对所辖系统进行 7×24 小时运行监测,及时解决发现的系统问题。

1)对于影响部联网中心系统和省联网中心系统运行的故障,应及时响应并在 2 小时内修复;对于影响各省(区、市)收费站和 ETC 门架系统运行的故障(由非人为因素或自然不可抗力引起),应在 1 小时内响应,并在 4 小时内修复。

2)对于部省清分结算链路和部站直连链路,主备链路应具备实时切换能力,当全部通信链路无法正常工作时(由非人为因素或自然不可抗力引起),应在 1 小时内修复至少一条通信链路;其他链路需在 2 小时内修复。

　　各省联网中心、收费公路经营管理单位应安排专人每日登录全网运行监测系统,巡检所辖收费站和 ETC 门架系统的运行情况,及时处理系统生成的相关告警和运维工单。同时,配合相关系统或工具实现与之呼应和协同处理,如所属层级的专属运行监测、运维管理等数字化系统或平台。

　　除此以外,各级联网收费系统应根据系统规模和运行情况,配备维修设备工具和备品备件,确保出现系统故障可及时响应修复。

第 5 章 工程建设思路与应用案例

5.1 工程建设思路

取消高速公路省界收费站工程的实施,不仅拆除了各省(区、市)行政交界处的实体收费站,还促使各省域联网收费体系的全面打通,进一步推动高速公路联网收费运营进入"一张网运行、一体化服务"的新阶段。相较于原有体系而言,联网收费体系的运管和服务全网化趋势突出,在系统规模、设施数量、专业要求、复杂程度上均有大幅提升,对于运行保障也提出了更高的要求。任一省、路段、收费站的系统、设施、数据出现异常,都可能对全网运营和服务造成影响。因此,全网联网收费体系的运行保障工作未来必然会在一个纵向到底、横向到边的责任体系下开展,部联网中心、各省联网中心、发行方、路段等参与方应根据自身职能,分层分级承担运行监测和运维保障的具体工作,通过有效协同,确保系统故障快速闭环处理,保障全网收费业务稳定有序运行。

5.1.1 总体职能定位

运行监测与运维保障一体化所构成的保障体系及相关应用系统是全网联网收费体系的核心业务之一,该体系立足于发现和解决全网联网收费体系中的业务问题,通过运行监测与运维保障的协同作业形成业务闭环,保障联网收费体系稳定、健康运行。

在该业务闭环中,运行监测立足于问题的发现,无论是通过自动手段还是人工报备的手段,目标都是能准确、迅速地发现车道系统、门架系统及相关关键业务系统在软件、硬件、数据传输、网络传输等方面可能影响到联网收费体系正常运转的异常、故障或风险,生成报警信息并将其推送至相关责任主体,以推动相关责任主体开展具体的维护工作;运维保障立足于问题的解决,根据监测告警、运维工单等信息,触发相关参与方组织运维力量开展异常或问题的解决工作,包括定位问题位置、分析产生缘由和提出解决方案等,组织维护队伍落实方案,启动实际运维工作,确保出现的异常事件或问题得以尽快处理,使软件、硬件、数据传输和网络传输迅速恢复至正常运行状态。运行监测与运维保障业务关系如图 5.1-1 所示。

根据该体系及相应系统的业务覆盖范围,需对联网收费体系内的部联网中心、省联网中心、发行方和路段业主的收费相关业务系统、收费站系统、门架系统等的软件、硬件、数据传输、网络传输等子类别的运行状态进行实时监测。

部联网中心、省联网中心、发行方、路段业主等各级参与方的职责、定位、权益、业务侧重点各有不同但又相互关联。其中,部联网中心主要对全网运行监测体系中的关键业务系统、收费站系统、门架系统等的运行情况进行全面监测,督促各省(区、市)按规定开展巡检工作,并在规定时间内完成故障修复;省联网中心主要根据部联网中心下发的监测指标、运维规则等,对所辖设备设施及业务系统等开展巡检和运维工作,督促下辖路段按期完成运行监测与运维保障工作;路段业主主要根据部联网中心和省联网中心要求,负责对本路段内的设备设施及业务系统等开展巡检工作,并作为运维工作的主要参与方,确保能在规定时限内完成运维作业。

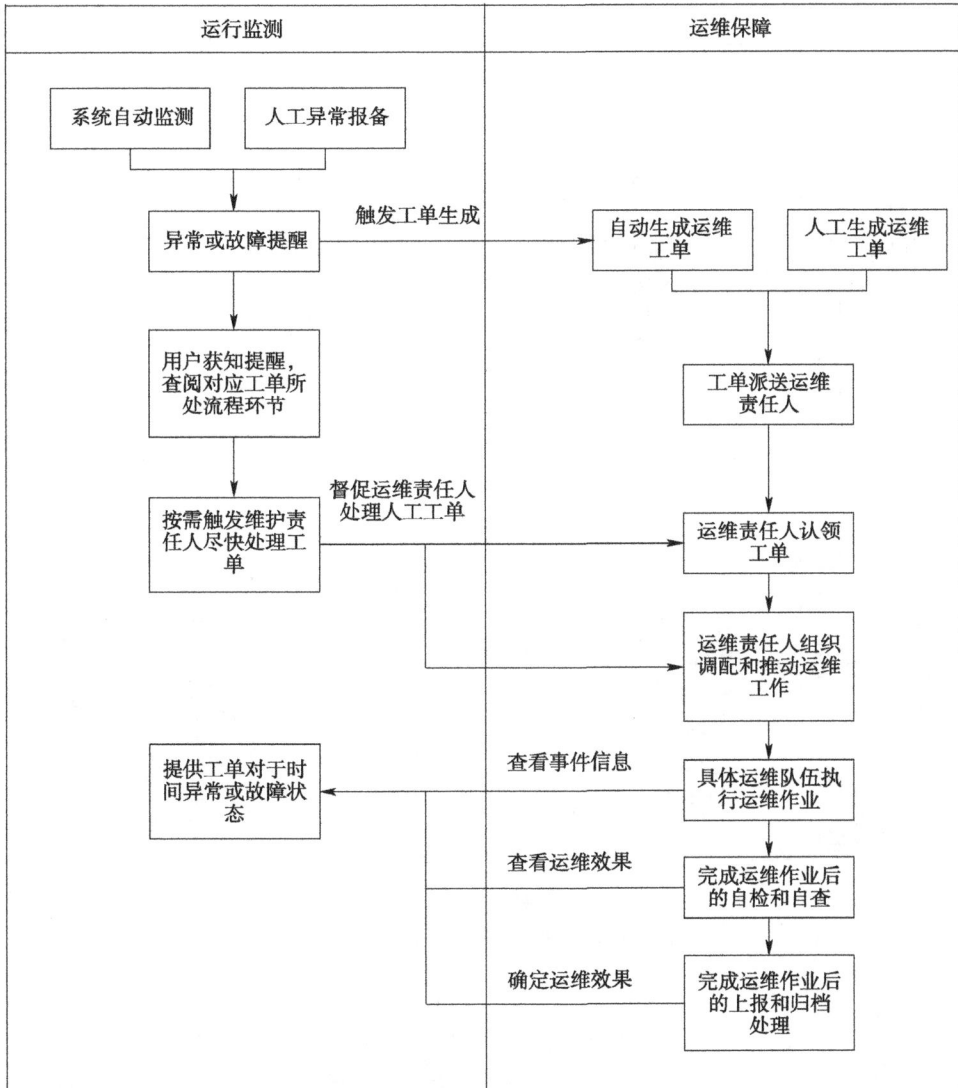

图 5.1-1　运行监测与运维保障业务关系示意图

针对各级参与方的工作重点,各方在运行监测与运维保障一体化体系中主要承担的职责及相关的业务流程要项如图 5.1-2 所示。

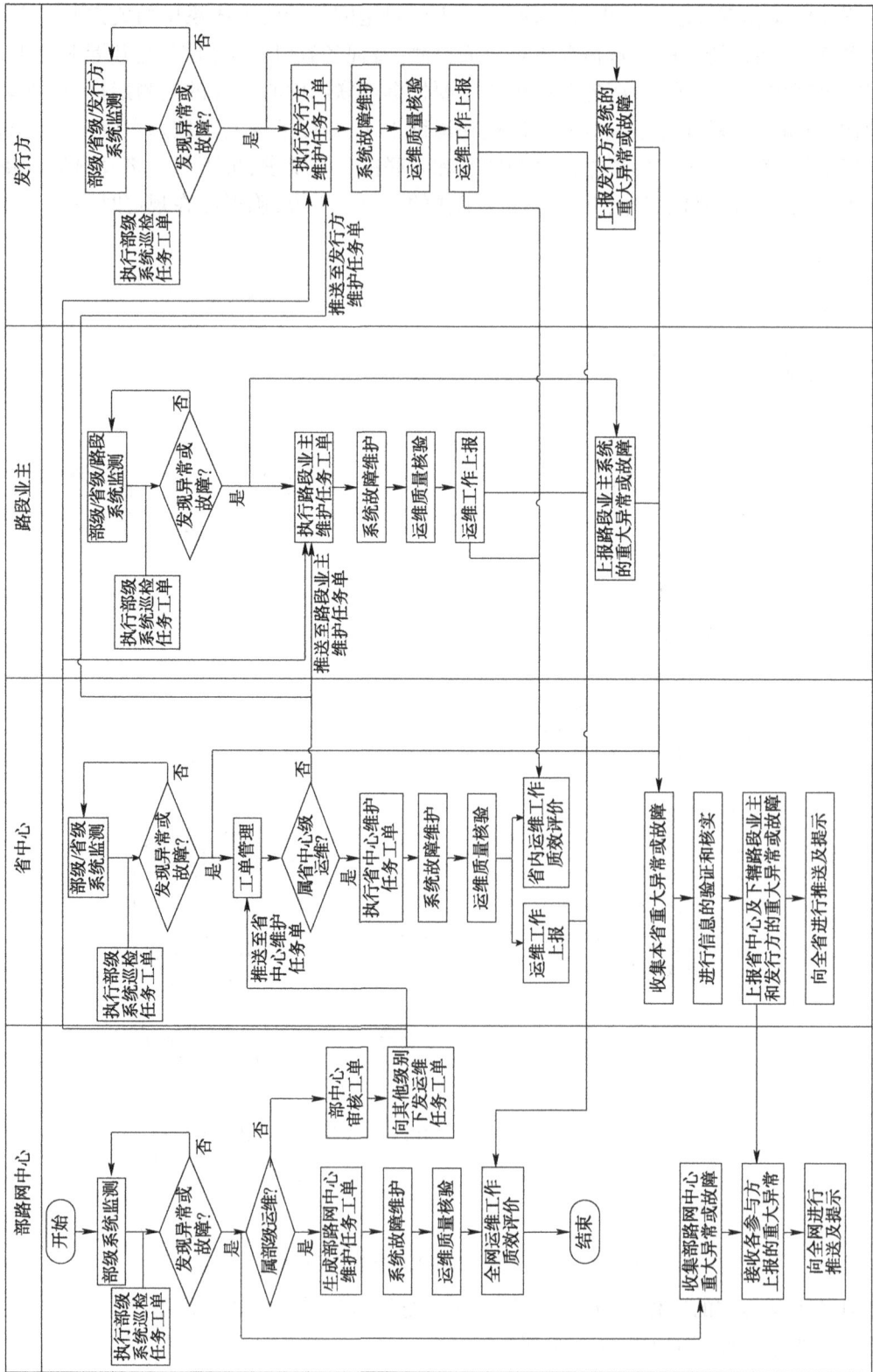

图5.1-2 运行监测与运维保障一体化体系业务关系示意图

综上所述,根据体系中各方的职能定位及工作范围,在全网联网收费系统的运行监测与运维保障一体化体系建设过程中,一方面应该考虑运行监测与运维保障的协同关系,确保业务有效闭环,做到及时发现异常、高效解决问题;另一方面还应该考虑不同层级参与方的业务侧重点,从部级、省级、路段级、发行方级分别建立对应的应用支撑系统,自上而下做到逐级监测、分级运维。

5.1.2　建设需求分析

作为运行监测和运维保障一体化体系的具体支撑,对应应用系统的核心场景是支撑部联网中心系统、省联网中心系统、收费站系统、ETC 门架系统等各层级业务系统的运行状态监测和异常运维保障。接下来我们就基于收费站和 ETC 门架这两个核心场景,在部联网中心—省联网中心—路段业主的联动协同机制下,讲述这套体系是怎样通过支撑部级、省级、路段级用户查看运行监测结果和进行运维保障操作来保障对相关联网收费系统的可测、可知、可控。

根据各参与方的职能定位与工作范围,不同层级参与方所构建的配套应用系统也会有着不同的功能内容和应用特点。在这套体系及保障对象下(即前面谈到的收费站系统和 ETC 门架系统),部级系统的主要用户包括部联网中心、省联网中心、路段中心的业务人员;省级系统的主要用户为本级及下辖路段单位的业务人员;路段级系统的主要用户为本路段业务人员。以下围绕各级运行监测和运维保障相关系统的建设,就这些系统在联网收费体系下的职能定位展开业务层面的需求分析,为各级系统的整体业务规划和功能设计提供指导。

1)部级系统建设需求分析

(1)运行监测场景需求分析

作为行业指导部门,部级系统在收费关键设施的运行监测场景中,主要聚焦于问题的发现、部-省-路段三级监测业务打通、各项指标数据质量提升、全网关键系统的监测与展示。在此基础上,为各层级业务人员提供服务,具体建设需求可归纳如下:

①监测对象与指标体系的建立。为保障全方位、多角度地实现对联网收费体系内车道系统、门架系统及其他关键业务系统运行状态的监测,需构建一套包含链路指标、业务指标、版本指标、设备指标、数据传输指标、收费计费指标等在内的指标体系,并定义告警阈值,以便及时、高效地发现问题。

②部-省-路段业务联动。根据部联网中心、省联网中心、路段中心的职能、职责和业务范围,部联网中心主要指导、监督、辅助支撑各省联网中心和路段对联网收费关键系统进行运行监测和运维处理,省联网中心及路段中心主要在部联网中心的指导和监督下,对所辖关键业务系统进行运行监测及实际运维处理。基于此,需要实现部-省-路段三级业务联动与协同,共同保障联网收费体系的健康稳定运行。

③各项关键指标数据质量提升。部联网中心作为行业指导部门,需要对监测指标体系中的关键指标统计值、明细值等数据进行定期通报,当指标数据不满足预期值时,敦促对应省(区、市)或路段进行整改,推动实现联网收费体系的数据质量提升。

（2）运维保障场景需求分析

部级系统的运维保障场景主要聚焦于问题的精确定位、异常信息的快速触达、问题的快速解决，其主要需求可归纳如下：

①运维保障流程构建。运维保障最主要的功能是为业务人员提供处理工单的入口与渠道，即根据工单处理过程，为业务人员提供工单生成、接单、回单、核验、归档等操作功能，并在此基础上，根据部联网中心的职能定位，针对省联网中心的工单和路段的工单提供下发、督办等功能，最终保障所有工单均能纳入运维保障流程中，并在规定时限内完成处理。

②多种消息触达方式构建。部中心级系统涉及部、省、路段等不同层级、不同角色的用户，为保障运维消息及时、准确触达运维作业责任人，除了站内信的方式，还需要对消息触达方式进行拓展，以支持不同方式的组合，使运维消息可以及时触达相关的运维人员。

③工单处理效率统计。从各省、路段生成的工单数量、等级、处理时效等维度进行工单统计、分析，以此评估各省、路段的运维效率，更好地敦促各省、路段保障联网收费体系的健康运转。

2）省级系统建设需求分析

（1）运行监测场景需求分析

省级系统在运行监测场景中，主要实现对本省（区、市）内联网收费体系中的 ETC 门架系统及其他关键系统的运行监测，并通过对数据的实时监测、统计与分析，借助各类数据、图表反映全网 ETC 门架系统及其他关键系统的运行情况，为保障系统的平稳、正常运行提供数据支撑，为异常应急提供决策分析依据，为系统整体运行趋势提供合理分析研判。基于上述目标，省级系统在运行监测场景中的具体需求可归纳如下：

①监测对象与指标体系细化。在部联网中心所构建的关键监测指标体系下，根据本省（区、市）的个性化需求，对指标体系进行进一步细化，实现对本省（区、市）监测需求的全面覆盖。

②省—路段业务两级业务联动。省级运行监测系统的用户包括本省联网中心及下辖路段用户，一方面，省联网中心用户通过省级系统查看本省整体运行状态；另一方面，省级用户根据下辖路段运行状态，敦促对应路段进行业务处理。

③智能化分析与展示。根据已建立的关键监测指标体系获取各项指标运行数据，从实时、累计、趋势等多维度进行智能化分析，并进行可视化展示，为本省（区、市）异常应急提供决策分析依据，同时也为本省（区、市）整体运行趋势提供合理的分析判断支撑。

（2）运维保障场景需求分析

省级系统的运维保障场景主要聚焦于上级单位及本单位生成的工单的处理、下发和督办，同时对本省（区、市）及下辖路段运维作业效率进行评价，其主要需求可归纳如下：

①运维保障流程构建。省级系统的运维保障流程与部级系统的运维保障流程类似，都是为业务人员提供处理工单的入口与渠道，区别在于省级系统只为路段工单提供下发、督办等功能，确保本省（区、市）及下辖路段的工单能在规定时限内完成处理。

②多种消息触达方式构建。省级系统只涉及本省（区、市）及路段的不同角色用户，但同样需要支持多种不同触达方式的配置，以将工单信息及时、准确地推送至对应的责任主体单

位及运维作业人员,保障其能在规定时间内完成运维工作。

③工单处理效率统计。从本省(区、市)、下辖路段生成的工单数量、等级、处理时效等维度进行工单统计、分析,以此作为评估本省(区、市)、下辖路段运维作业人员的运维效率的依据,敦促下辖路段保障联网收费体系的健康运转。

3)路段级系统建设需求分析

(1)运行监测场景需求分析

路段在运行监测场景中,主要应能对本路段内所涉及的收费站和门架的运行状态、各项指标及数据传输情况进行监测,其具体需求可归纳如下:

①监测对象与指标体系的细化。在部级及省级构建的关键监测指标体系范围内,按照本路段的个性化需求,进一步细化监测指标体系,以在满足部联网中心及省联网中心要求的同时,也能满足本路段的监测需求。

②智能化分析与展示。根据已建立的关键监测指标体系获取各项指标运行数据,从实时、累计、趋势等多维度进行智能化分析,并进行可视化展示,为本路段异常应急提供决策分析依据,为路段整体运行趋势提供合理的分析判断支撑。

(2)运维保障场景需求分析

路段级系统的运维保障场景主要聚焦于运维作业的处理及相关辅助、支撑功能的建设,其主要需求可归纳如下:

①运维保障流程构建。路段级系统的运维保障流程主要聚焦于本级运维作业过程,系统只需要提供工单的创建、接单、回单、核验、归档等功能,不再需要督办、下发等功能。

②多种消息触达方式构建。路段级系统虽然只涉及本路段的不同角色用户,但在运维作业实操中,不同运维人员所负责的区域不一致,所以系统同样需要支持多种不同触达方式的配置,以将工单信息及时、准确地推送至对应运维作业人员,保障故障能在规定时间内完成修复。

③物资管理辅助支撑。在路段的运维实操作业中,需要对硬件设备进行修复、更换等。为支撑路段运维作业的顺利开展,需要对本路段的物资进行采购、入库、上线、下线、退役等全生命周期管理,确保所有物资的来源与去处一目了然。

④工单处理效率统计。从本路段生成的工单数量、等级、处理时效等维度进行统计、分析,并细化到个人,以此作为评估本路段任一运维作业人员运维效率的依据,保障联网收费体系的健康运转。

5.1.3　总体框架设计

1)系统整体架构设计

为提高运行监测及运维一体化体系在系统层面上整体运行的稳定性和可扩展性,在建设不同层级的监测和运维相关系统时,均可采用前后端分离的架构,整体架构包括数据来源层、数据传输层、数据存储层、业务处理层和可视化展示层。在此基础上,为提升相关功能的可复用性,该系统整体架构中各层级结合业务实际需求进行模块化处理。系统的整体架构设计示意图如图 5.1-3 所示。

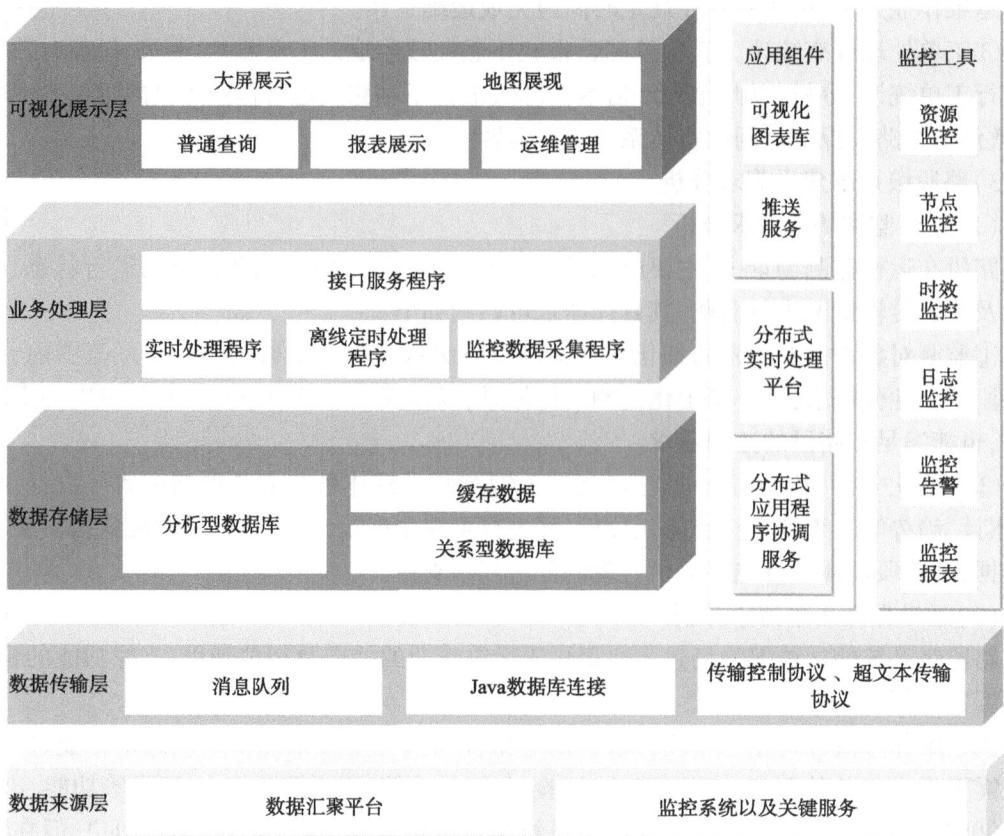

图 5.1-3　系统整体架构设计示意图

（1）数据来源层主要实现数据采集功能，相关数据包含入/出口收费站、ETC 门架的收费和心跳数据，以及联网收费相关系统的运行状态数据等。

（2）数据传输层主要对采集的数据进行可靠、有序的端到端数据传输。

（3）数据存储层主要用于对监测结果数据进行存储，并可利用高速缓存技术降低数据库调用频率，提升系统的读写性能。

（4）业务处理层主要实现业务数据计算，通过流式引擎等创新技术应用对系统涉及的监测指标进行快速处理，实现对设备运行状态、业务指标、通行数据等的实时输出。此外，系统还通过采用离线定时处理程序、监控数据采集程序等多种方式，实现对相关监测数据的定时留存和抓取。

（5）可视化展示层主要实现面向用户的展示，可通过工作台、大屏等多种方式进行展示，同时根据系统用户涉及的层级、角色间的区别，对不同用户采用分权分域的方式进行权限划分，以提升系统的使用效率。

2）系统功能框架设计

基于对运行监测与运维管理一体化系统的总体职能定位和建设需求分析，系统的主要功能包括对关键指标的监测、报警、消息触达和工单的认领、处理、回单、核验等功能。结合部联网中心、省联网中心、路段等不同层级主体在建设这类一体化系统时的功能侧重点，各级系统的核心功能存在一定的差异。在进行系统框架设计时,可将前端页面与后台服务进行分解,并适当地将系统划分为多个子系统,以提高系统的可靠性和可用性,方便各自独立拓展。运行监测与运维保障一体化系统的功能框架示意图如图5.1-4所示。

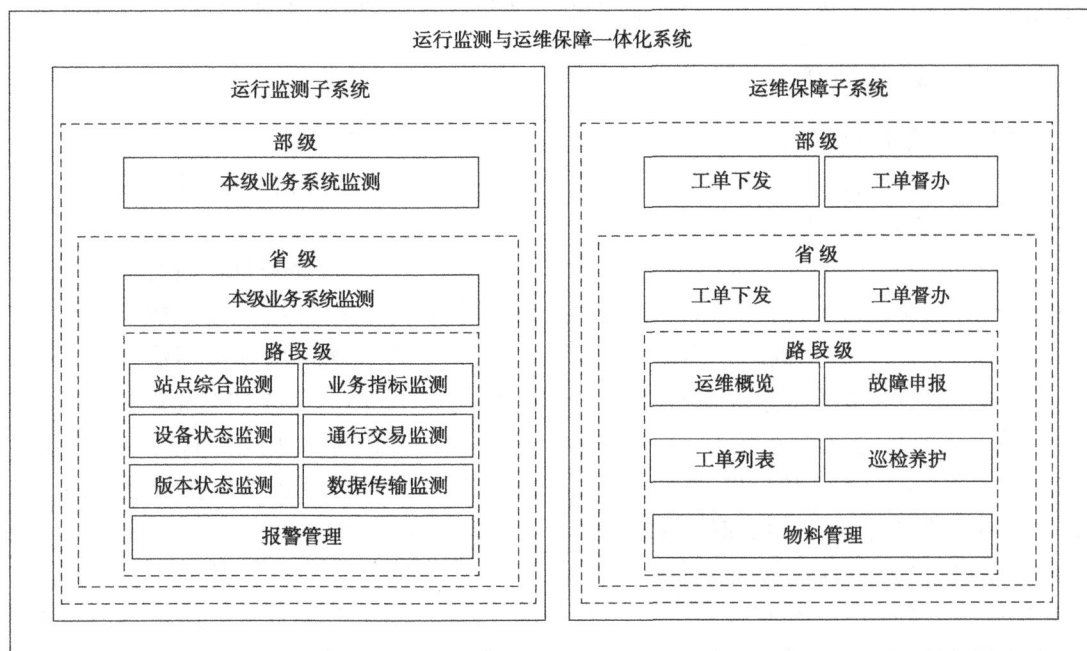

图 5.1-4　运行监测与运维保障一体化系统的功能框架示意图

部联网中心级运行监测与运维保障一体化系统为部中心、各省中心及各路段用户提供监测结果查看与运维作业入口,其监测范围为全网收费站及门架的各项关键指标以及部级的业务系统运行状态;在运维保障方面,除故障申报、工单列表等基本功能外,还需要实现对省中心级、路段级工单的下发和督办功能。

省联网中心级运行监测与运维保障一体化系统为省级及下辖路段用户提供监测结果查看与运维作业入口。其除了监测下辖路段的门架及收费路段的各项关键指标之外,还提供对本省(区、市)业务系统的监测;运维保障方面,除故障申报、工单列表等基本功能外,还需要实现对路段工单的下发和督办功能,以确保路段能按时、保质地完成工单处理工作。

路段级运行监测与运维保障一体化系统作为路段业主在监测、运维实际作业过程中的操作系统,主要分为运行监测子系统与运维保障子系统。其中,运行监测子系统主要对本路段中的收费站与收费门架的站点运行状态、业务指标、设备状态、通行交易、版本状态、数据传输等指标进行监测,当相关的指标数据不在预设的告警阈值范围内时,根据严重程度产生告警;运维保障子系统主要是针对故障运维作业,通过运维概览等页面实现对本路段运维情况的总览,运维工单包括系统监测自动生成的工单、定期巡检发起的工单以及人工申报故障发起的工单,后面的两种工单可以通过人工工单入口发起,所有工单一同流转至工单列表,为运维人员提供认领、回单、核验等操作入口。此外,还支持对本路段机电物资从采购-入库-上线-下线的全生命周期管理,保障所有设备的来源和去向有迹可循。

值得注意的是,在运行监测与运维保障一体化系统的建设过程中,需要从两方面考虑数据和功能的权限:一方面,根据职责划分,各级系统均涉及多种角色;另一方面,在部级系统和省级系统的建设过程中,其所涉及用户除本级用户外,还包含下级单位用户。针对这两个方面,需要做好数据的安全管理,针对不同角色、不同层级用户进行数据、功能权限的隔离。

5.1.4　功能性能设计

1)部级系统功能性能设计

部级运行监测与运维保障一体化系统主要为部联网中心、省联网中心、路段等相关运维人员提供运行监测与运维管理服务。

运行监测方面,主要为系统用户提供全网站点、门架等关键收费设施以及部级系统后台相关业务系统、关键服务、数据流转等的运行状态监测信息,发现异常应及时响应、持续跟踪,并记录异常处理过程,同时还为省联网中心、发行方提供重大异常或故障信息的上报入口,并可选择是否将此类信息或影响向全网公布,保证全网联网收费体系正常稳定运转。

运维管理方面,主要为系统用户提供基于任务工单推进相应巡检和运维管理工作的入口,支持部中心系统的运维工单处理,处理完毕后,及时回单并反馈处理记录,以便备查;支持对全网运维工单的处理跟踪,针对长时间未处理的工单向各省联网中心或对应责任主体下发督办通知,督促相应工单责任主体尽快推动工单处理;支持对部联网中心相关业务系统、硬件、数据、网络等制定巡检计划,生成巡检任务工单,触发运维队伍执行巡检,针对巡检中发现的故障发起运维工单并进行跟踪管理;从工单发生率、超时率、执行率等维度对部联网中心和各省(区、市)运维工作质量和效果进行评估,特别是对各省(区、市)的运维情况进行对比和考核。

2)省级系统功能性能设计

省级运行监测与运维保障一体化系统主要为省联网中心、路段等相关运维人员提供运行监测与运维管理服务。

运行监测方面,主要为系统用户提供本省(区、市)站点、门架等关键收费设施以及省中心系统后台相关业务系统、关键服务、数据流转等的运行状态监测信息,发现异常及时响应、持续跟踪,并记录异常处理过程。同时对部联网中心下发的任务事项、本省联网中心工作事项、路段反馈信息和上报信息的审核事项尽快完成处理,避免导致作业滞后或拖延。对于本省(区、市)及下属路段中较为严重的告警事件,应及时确认相关工单的处理进度,若存在停滞应及时通知责任主体的运维人员处理;对于本省(区、市)及下属路段中轻微的告警事件,应持续跟踪和关注告警状态,从持续时间、引发后果等维度判断是否应该推进责任主体的运维人员尽快介入处理,保证本省(区、市)联网收费体系正常稳定运转。

运维管理方面,主要为运维人员提供基于任务工单推进相应巡检和运维工作的入口,实现对部联网中心下发省联网中心的督办事项、下发到下辖路段业主和发行方的督办事项等尽快推进责任处理和反馈;支持对省联网中心内部业务系统运维工单的处理,处理完毕后,及时回单并反馈处理记录,以便备查;支持对本省(区、市)和下属路段业主及发行方运维工单的处理进展跟踪,针对长时间未处理的工单,向对应责任主体下发督办通知,督促其尽快推动工单执行;支持对路段业主和发行方完成的工单处理情况的审核、确认与评价;从工单发生率、超时率、执行率等维度对各路段业主和发行方的运维工作质量和效果进行评估考核,向各责任主体通报结果;支持对本省(区、市)相关业务系统、硬件、数据、网络等制定巡检计划,生成巡检任务工单,触发运维队伍执行巡检;支持省联网中心对本省(区、市)所辖路段业主或发行方的运维工单的发起和处理。

3)路段级系统功能性能设计

路段级运行监测与运维保障一体化系统主要为路段中心运维人员提供运行监测与运维处理服务。

运行监测方面,主要为系统用户提供本路段站点、门架等关键收费设施及数据传输情况的监测信息,实现对部联网中心下发的任务事项、本省联网中心下发的工作事项以及收费站反馈信息的审核事项的尽快完成处理,避免由此导致作业滞后或拖延。如有重大异常或故障信息,需及时上报并做好持续跟进。对于本路段内较为严重的告警事件,应及时确认相关工单的处理进度,若存在停滞应及时通知责任主体的运维人员进行处理;对于轻微的告警事件,应持续跟踪和关注告警的状态,从持续时间、引发后果等维度判断是否推进责任主体运维人员介入处理。

运维管理方面,主要为系统用户提供基于任务工单的巡检和运维工作开展入口,实现对本路段相关系统运维工单的处理,在处理完毕后及时回单并反馈处理记录,以便备查;支持对自身已反馈的工单处理情况进行自检,确认处理结果,并通过再提交反馈处理信息;支持对本路段相关业务系统、硬件、数据、网络等制定巡检计划,生成巡检任务工单,触发运维队伍执行巡检,对巡检中发现的故障可进行上报,并按照部联网中心或省联网中心发起的运维工单开展作业处理。

5.2　部联网中心级系统建设案例介绍

5.2.1　系统概况

部级运行监测与运维保障一体化系统,又称全网运行监测系统。该系统在2019年底随着取消高速公路省界收费站工程的推进而建设,用于实现部联网中心对各省(区、市)的关键业务系统、硬件设施、数据传输、通信链路等开展运行监测保障。

全网运行监测系统于2021年5月10日起开始进行全网测试,于2021年8月23日起开始试运行,于2021年11月正式上线。为确保各层级用户能够熟悉系统功能和运维工作要求,部联网中心于2021年10月向全网印发运维工作指南,明确各级收费系统的运维工作要求和服务要求,并通过在线方式对各省(区、市)的用户进行了系统使用培训,指导各省(区、市)有序开展联网收费系统运维工作。

5.2.2　业务功能

1)功能架构

在业务功能上,全网运行监测系统主要围绕运行监测和系统维护两项核心业务,从部-

省-路段三级运维主体出发,围绕数据传输、设备运行、版本更新、通行交易、业务指标等方面进行实时监测、异常定位、精准运维,实现发现问题与解决问题的业务闭环,保障全网联网收费体系健康稳定运转。其具体功能架构如图5.2-1所示。

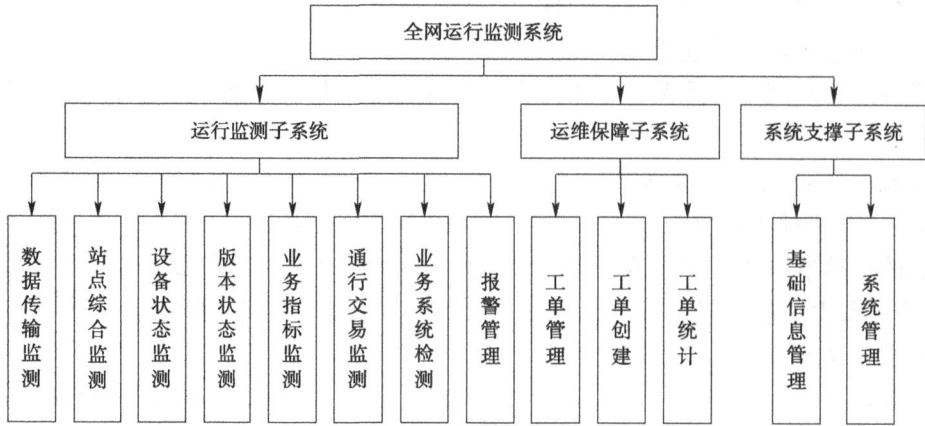

图5.2-1　全网运行监测系统功能架构

2）运行监测子系统

（1）数据传输监测

数据传输监测旨在通过对各省（区、市）收费站、门架和车道的心跳数据、交易数据、牌识数据进行采集和分析,实现对门架的连通合格率、RSU正常率、车牌识别设备正常率、车牌识别数据上传及时率、交易数据上传及时率和车道的连通合格率、RSU正常率、车牌识别设备正常率、车道控制器正常率、入口交易上传及时率、出口交易上传及时率等反映ETC门架系统、收费站系统和部站链路的指标进行监测、统计和分析,以此作为各级联网收费系统运维工作质量的考核依据,进而有效提升系统运维质量（图5.2-2、图5.2-3）。

系统支持从省（区、市）、路段维度完成对数据的实时采集和统计处理,根据预设的指标阈值对这些数据及对应指标进行实时监控,当数据低于预设阈值时,通过不同的背景色进行高亮显示以提示相关责任主体,同时根据数据情况生成不同等级的告警触达相关运维人员。

系统针对不同层级的用户设定对应的数据访问权限,部级用户可查看全国各省（区、市）的实时及统计数据,省级用户只能查看本省（区、市）及下属路段的实时及统计数据,路段级用户只能查看本路段的实时及统计数据,以保障数据安全和运维工作有序开展。

（2）站点综合监测

站点综合监测以收费站和门架为统计维度,按照部-省-路段三级运维架构,通过心跳数据和交易流水数据的统计分析,对全国各省（区、市）、路段的门架、收费站软硬件运行状态、参数版本的更新状态、交易计费等业务指标数据,通行交易的实时及趋势状态,部站的连通情况等整体运行状况进行监测、统计和分析（图5.2-4、图5.2-5）。

系统通过不同层级的实时数据统计和单一站点的实时状态监测两种模式为用户提供信息展示,以便不同层级、不同角色的用户既能够掌握本层级的宏观状态,又能了解本层级下单一站点的微观状态。

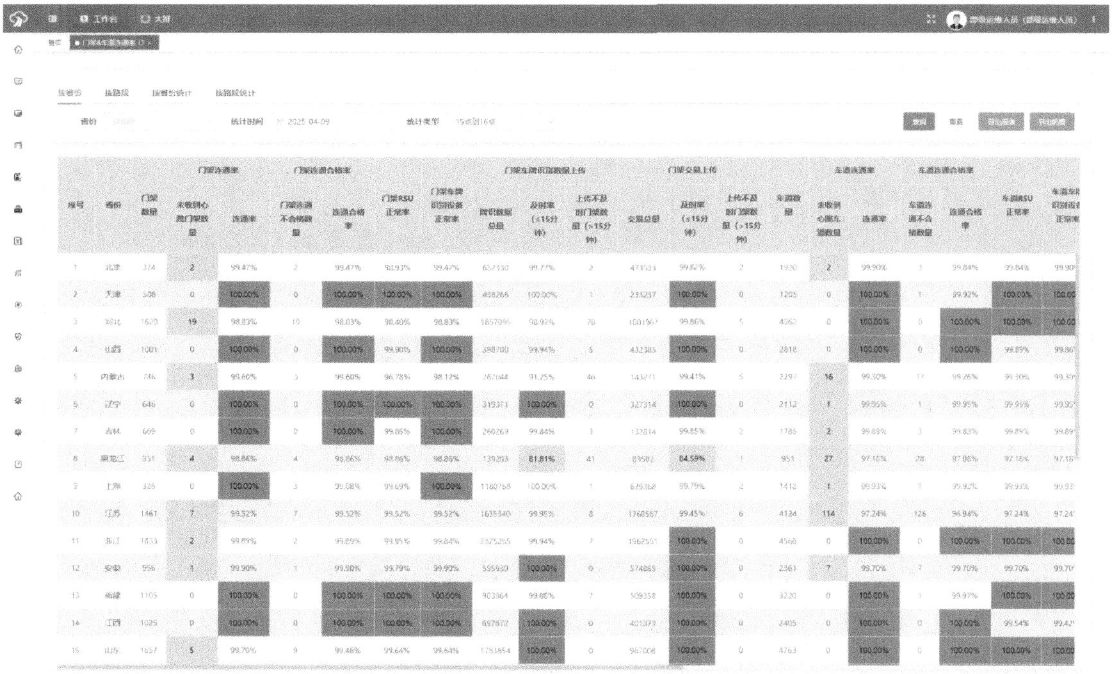

图 5.2-2　数据传输监测(实时数据)

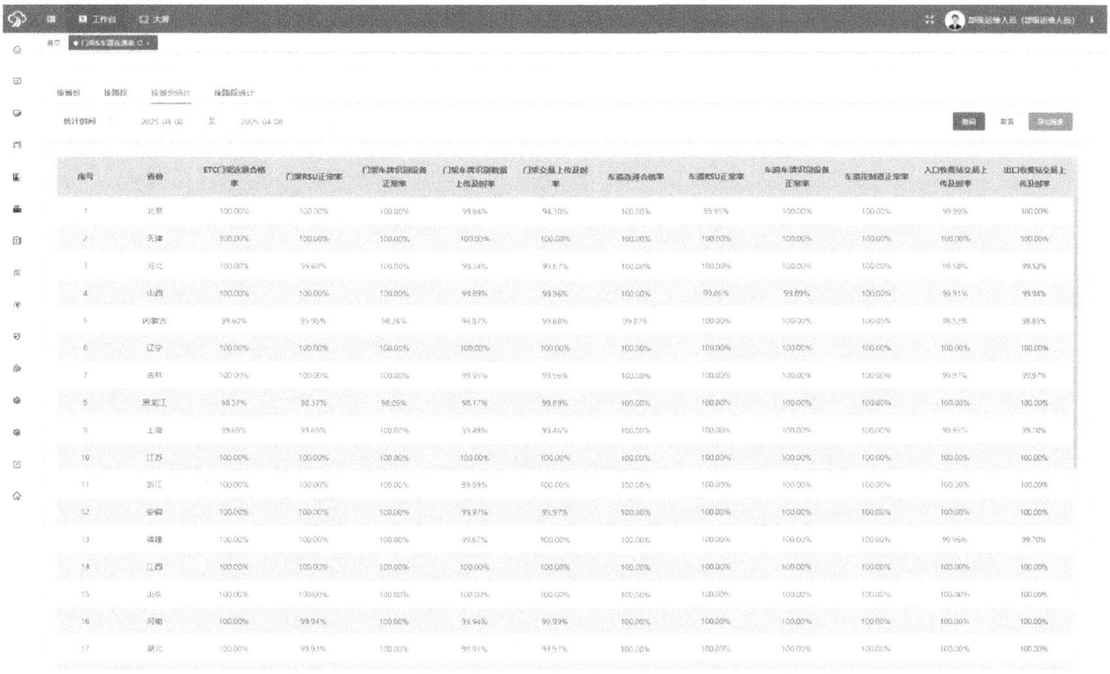

图 5.2-3　数据传输监测(统计数据)

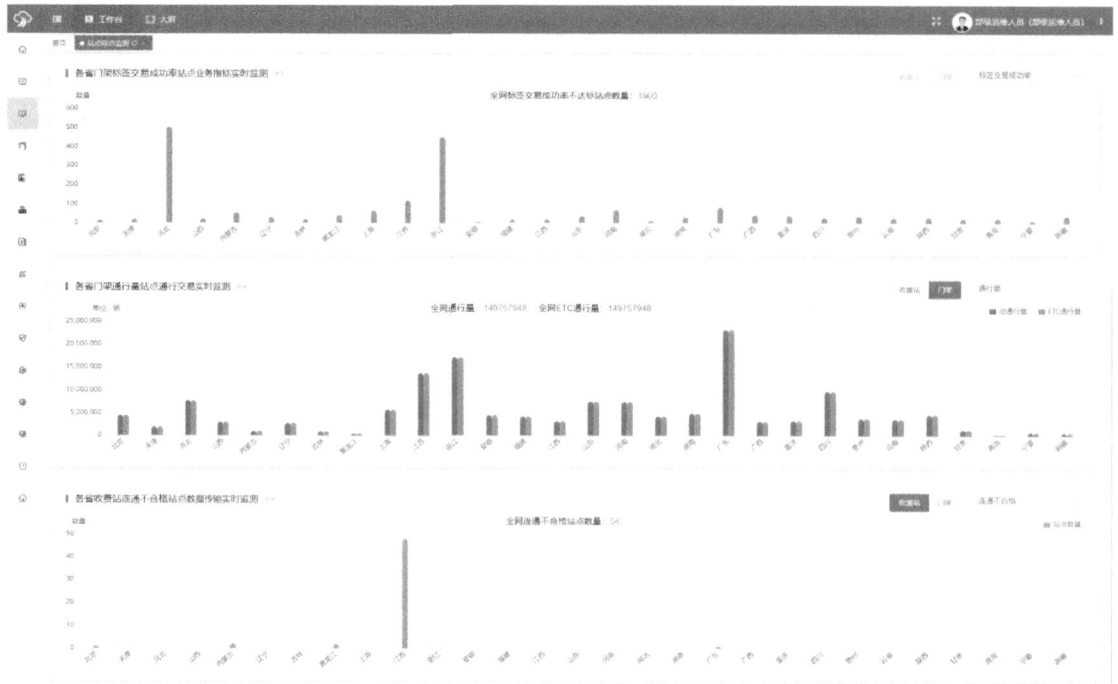

图 5.2-4　站点综合监测概览页面

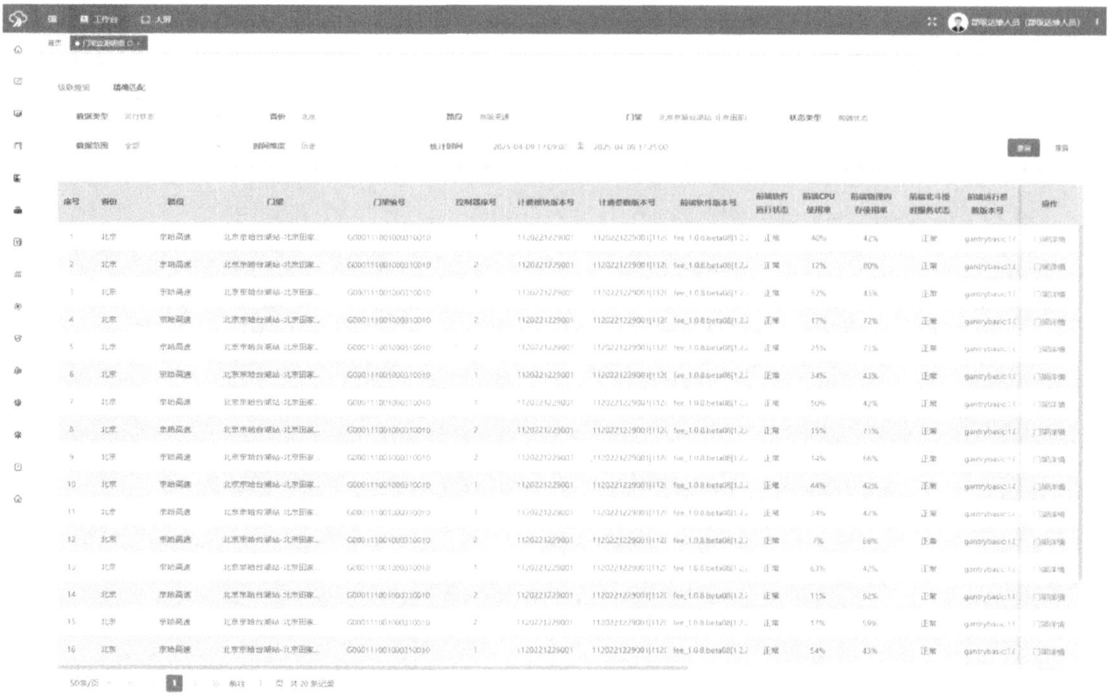

图 5.2-5　站点综合监测明细页面(以门架为例)

（3）设备状态监测

在设备状态专项监测中，以设备为中心，对各省（区、市）、路段、站点的门架设备及收费站设备的总数量、故障数量、故障率、故障次数、故障趋势进行监测、统计和分析，支持从省（区、市）、路段、站点、车道设备类型、门架设备类型、时间趋势等不同维度进行展示（图 5.2-6）。

当监测到设备故障时，根据设备故障数量判定故障严重程度，并以此为依据发出不同等级的报警。

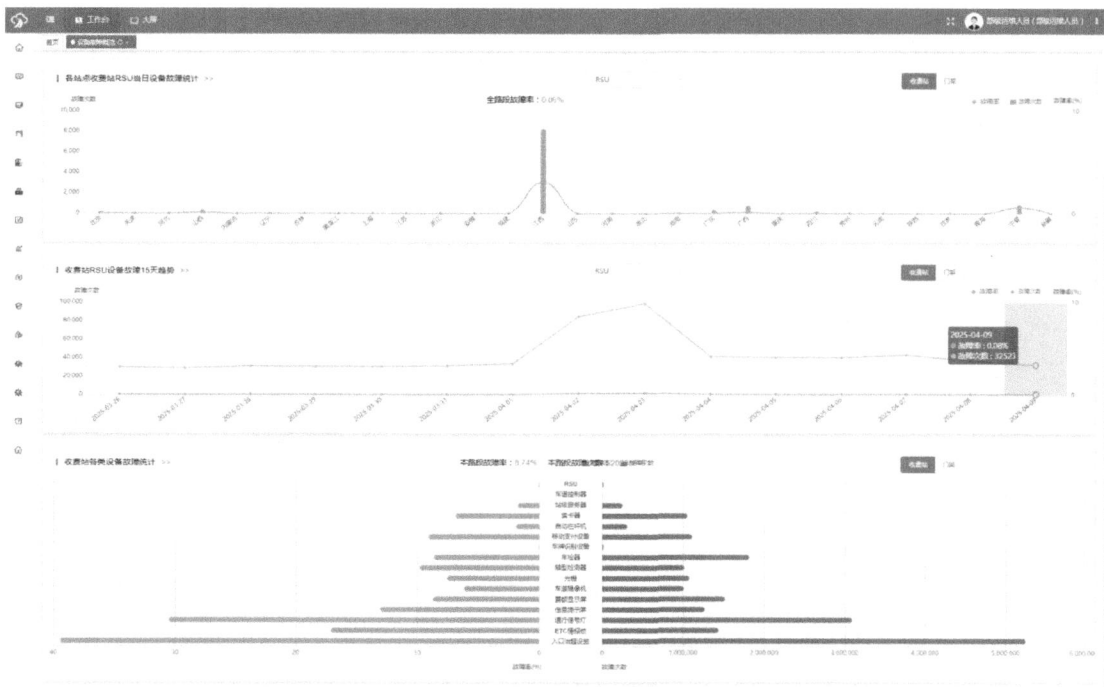

图 5.2-6　设备状态监测

（4）版本状态监测

在版本状态专项监测中，以版本为中心，对 ETC 门架和收费车道的相关参数从省（区、市）、路段、站点等维度进行总数量、异常数量、异常率、异常次数、异常趋势等指标的统计分析，支持从省（区、市）、路段、站点、收费站版本类型、门架版本类型、时间趋势等不同维度进行展示（图 5.2-7）。

当监测到版本异常时，根据版本异常数量判定异常严重程度，并以此为依据发出不同等级的报警。

（5）业务指标监测

业务指标监测主要对各省（区、市）、路段的门架标签交易成功率、用户卡交易成功率、CPC 计费成功率进行统计和分析，支持历史指标的查询和图形化展示（图 5.2-8）。

当门架标签交易成功率、用户卡交易成功率、CPC 计费成功率等指标低于设定的阈值时，则为异常，以此为依据发出不同等级的报警。

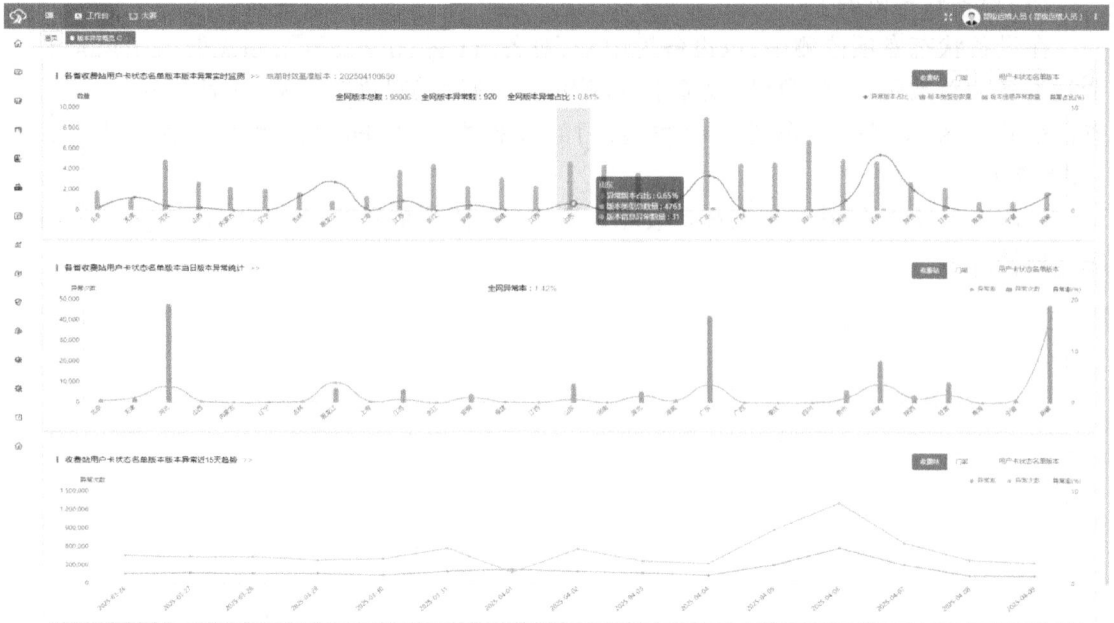

图 5.2-7　版本状态监测

图 5.2-8　业务指标监测

（6）通行交易监测

通行交易专项监测对各省（区、市）、路段、站点的通行量、交易量、交易额等进行全面分析和展示，支持从交易类型、车型、车种、时间等不同维度进行展示（图 5.2-9）。

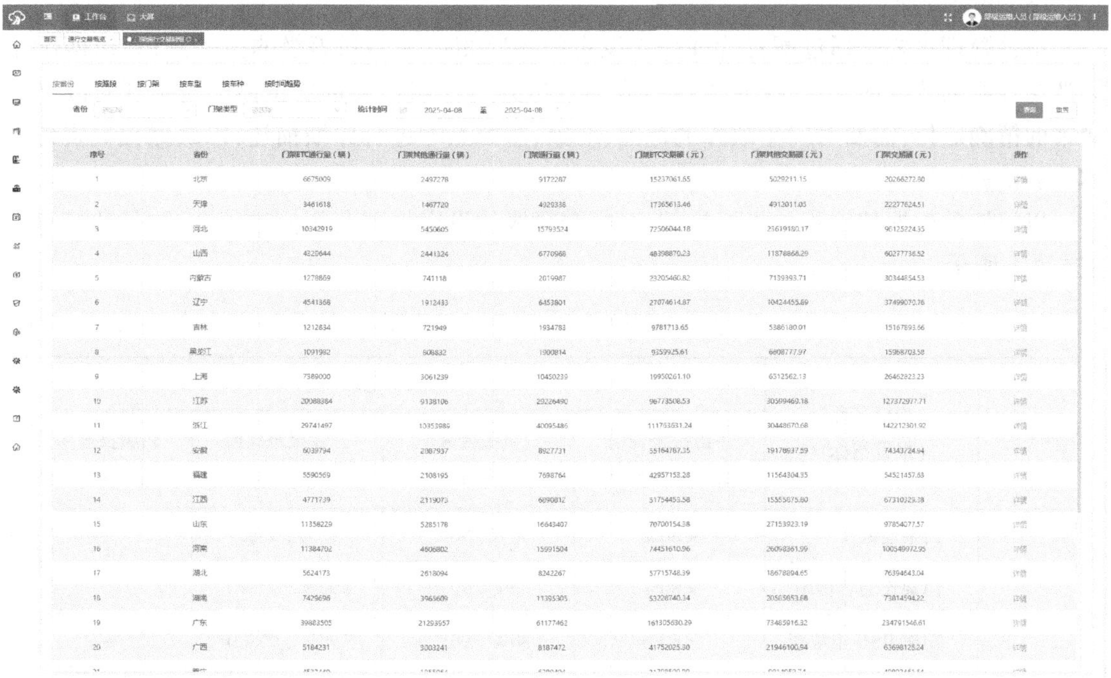

图 5.2-9　通行交易监测

（7）业务系统监测

业务系统监测主要对部级的清分结算、交易对账、客户服务等关键业务系统的服务接口、页面、数据库表及操作等的可用性进行监测，当存在异常时，生成告警信息并推送至相关运维责任人（图 5.2-10）。

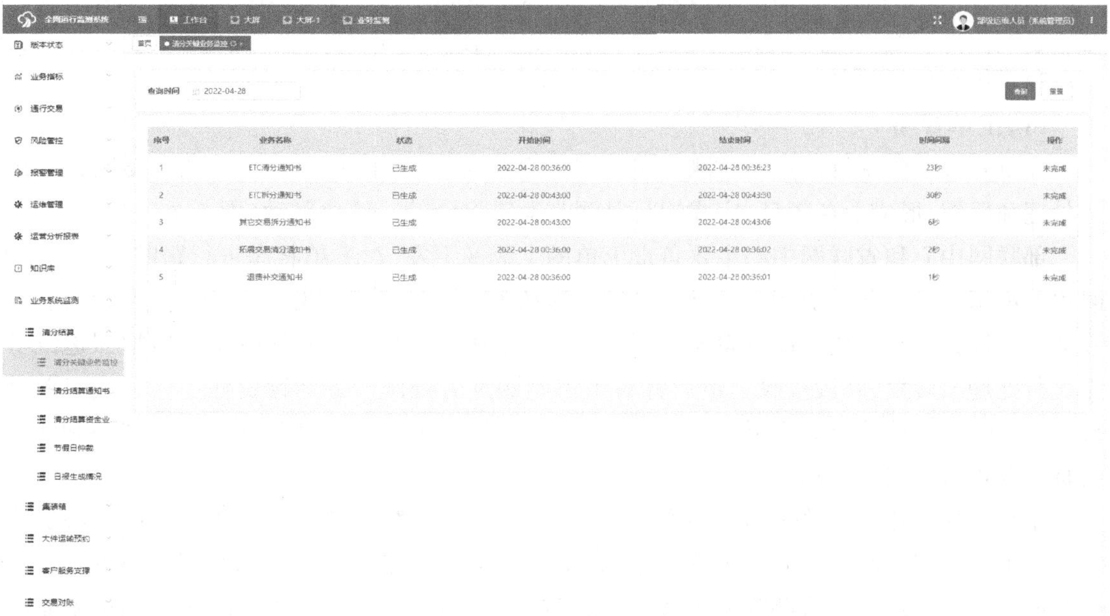

图 5.2-10　业务系统监测

(8)报警管理

报警管理主要是通过配置管理预先设定的各监测指标不同等级的报警阈值,以匹配不同严重程度的故障或异常,及时通过对应的触达方式告知相关责任主体。为实现对故障或异常的精确定位,需要对发生故障的范围、对象、监控点等进行详细描述,以确保相关责任主体能够快速、精准定位。

以门架的数据传输相关指标为例,对报警等级的设定规则及阈值进行介绍,具体信息如表 5.2-1 所示。

报警等级设定规则及阈值设定表 表 5.2-1

指标类别	指标名称 (报警指标)	报警等级			
		一级报警阈值 最严重最紧急	二级报警阈值 较严重较紧急	三级报警阈值 一般严重和紧急	四级报警阈值 轻微和不紧急
门架数据传输	门架连通率	<80%	[80%,90%)	[90%,95%)	—
	门架连通合格率	<80%	[80%,90%)	[90%,95%)	—
	门架 RSU 正常率	<80%	[80%,90%)	[90%,95%)	—
	门架车牌识别设备正常率	<80%	[80%,90%)	[90%,95%)	—
	门架交易数据上传及时率	<80%	[80%,90%)	[90%,95%)	—
	门架车牌识别数据上传及时率	<80%	[80%,90%)	[90%,95%)	—

3)运维保障子系统

(1)工单管理

工单管理主要是针对运行监测发现的异常和故障生成工单,通过工单的流转跟进问题的处理和反馈,形成业务闭环,完成运行监测与运维保障的一体化联动(图 5.2-11)。

部联网中心和省联网中心主要负责工单的生成及下发,对工单状态进行跟踪和归档,同时也要承担自身业务系统相关运维工单的处理和跟进工作。部联网中心负责监测设备状态和业务指标并自动生成工单下发至省联网中心及路段,省联网中心接收工单后按照运维分工进行处理或转发,路段接收工单后针对工单问题及时处理。各运维责任主体完成工单处理后需及时将工单信息同步反馈至省联网中心、部联网中心,在系统监测到设备状态和业务指标恢复正常后完成归档。

系统支持创建的工单包括部中心级系统工单、省中心级工单和路段工单。部中心级系统工单由部联网中心运维人员维修处理,省中心级工单和路段工单由部联网中心下发并进行督办。省中心级工单从部联网中心下发到省联网中心,由省联网中心的运维人员维修处理。路段工单支持两种流转方式:一是从部联网中心下发到省联网中心,由省联网中心根据本省(区、市)情况决定是否下发到路段,由路段的运维人员维修处理,若下发到路段,省联网中心要对路段运维处理情况进行监督;二是由部联网中心直接下发到路段,由路段运维人员维修处理。同时,系统支持通过接口方式将工单同步到省中心级系统或路段级系统,由省中心级系统或路段级系统完成具体的工单运维处理工作,并通过接口将运维结果反馈至全网运行监测系统,形成监测与运维的业务闭环。

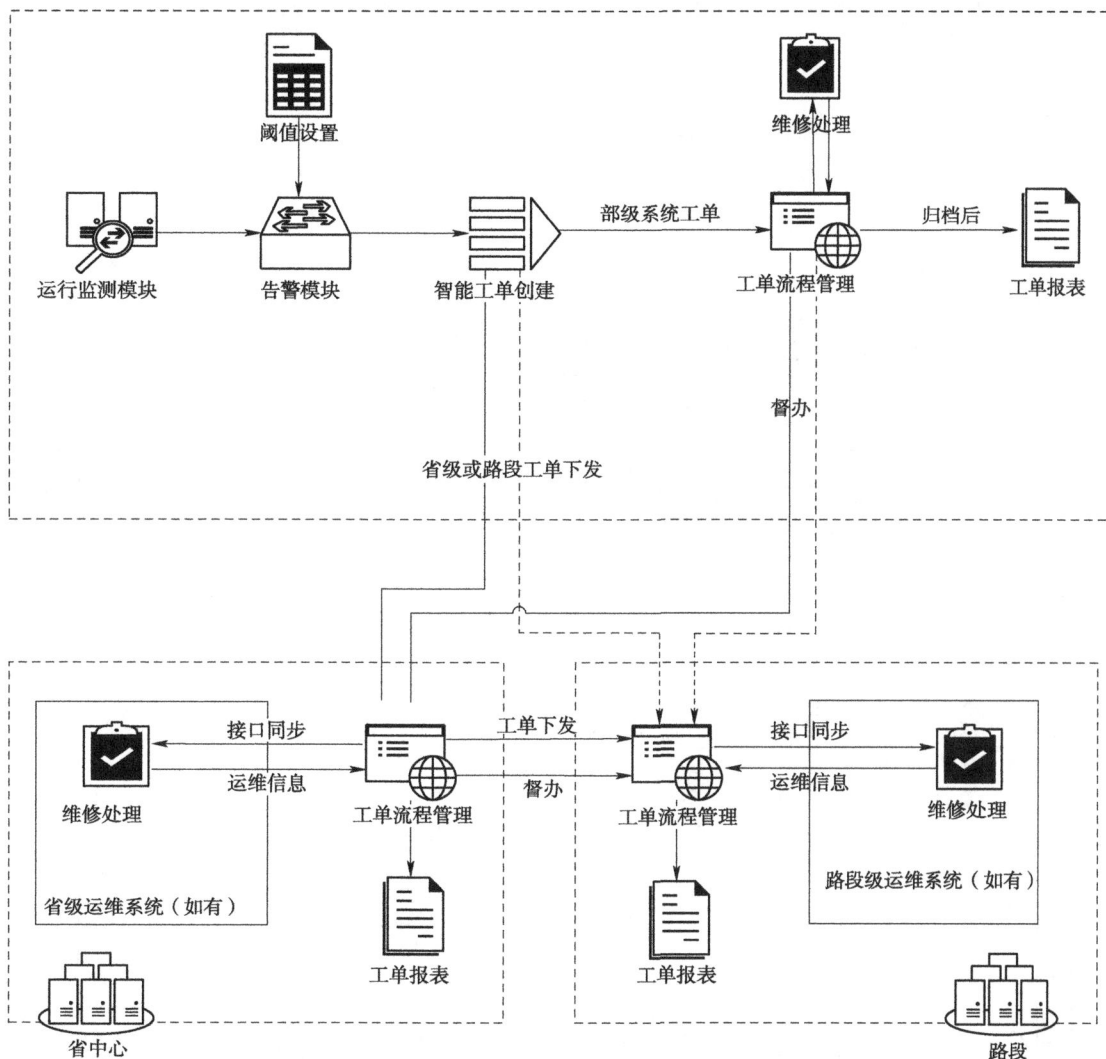

图 5.2-11　运维业务思路

全网运行监测系统工单业务流程图如图 5.2-12 所示。

(2)工单创建

全网运行监测系统能根据大部分用户的通用需求以及部联网中心制定的监测指标体系对较为严重的指标告警生成自动工单,而工单创建主要是针对用户的个性化需求、未在监测指标体系中的指标和人工线下巡检发现的异常故障实现手动创建人工工单,其与自动工单的流转规则保持一致。

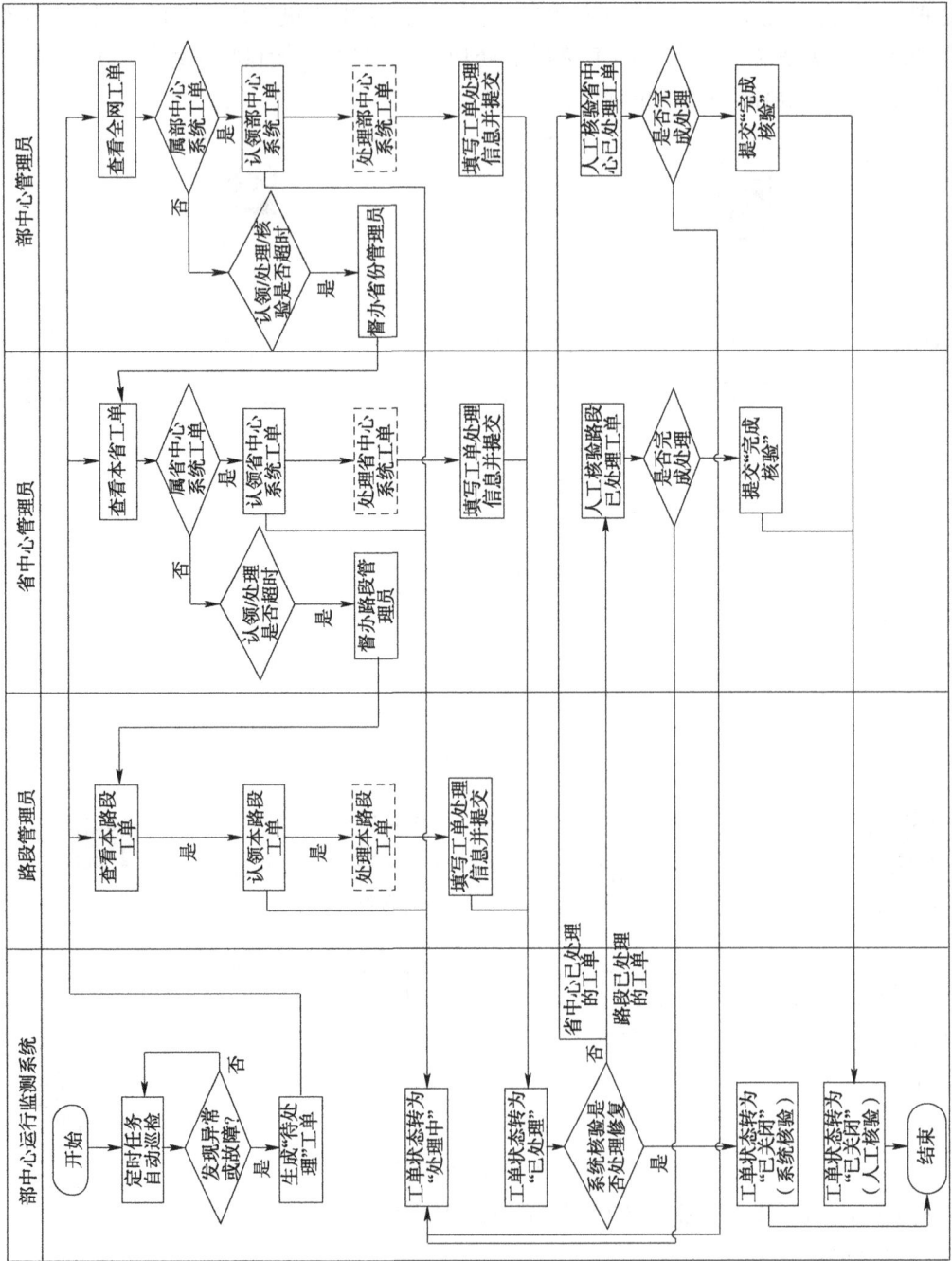

图5.2-12　全网运行监测系统工单业务流程图

（3）工单统计

工单统计主要是从待认领、处理中、待核验等不同状态工单的合计数、处理及时率、工单完成率、核验通过率等角度对各省（区、市）、各路段的工单处理情况进行分析、评价和督办（图5.2-13）。

图5.2-13　工单列表

4）系统支撑子系统

（1）基础信息管理

对收费站的公路编号、省（区、市）名称、路段编号、收费站编号、收费站名称、顺序码、收费广场数量、是否省界站、收费站状态、实体类型等基础信息，车道的公路编号、省（区、市）名称、路段编号、车道编号、收费站名称、车道顺序码、车道类型、车道状态等基础信息，以及门架的公路编号、省（区、市）名称、路段编号、门架编号、门架名称、是否省界门架、使用状态等基础信息进行管理。

（2）系统管理

主要包括资源管理、单位管理、角色管理、用户管理四个部分。

①资源管理实现对各功能模块的全域、全角色、全用户的权限控制。

②单位管理实现对各级单位的下属单位的管理，最小单位为车道和门架。

③角色管理实现对本系统的角色及其权限的管理，本系统角色包括超级管理员、部级管理人员、部级运维人员、省级管理人员、省级运维人员、路段管理人员、路段运维人员，各角色权限不一。

④用户管理实现对本系统所有用户的账号信息、账号使用状态等的管理。

5.2.3 应用效果

全网运行监测系统自2021年11月正式上线以来,为部联网中心、各省联网中心、各路段的管理工作、运维人员提供了极大便利,系统的主要应用效果如下:

1)各省(区、市)使用情况

自系统上线以来,系统日均登录次数已达10000余次,向各省(区、市)推送告警15000余条、生成运维工单1000余条,有效支撑了各省(区、市)联网收费系统的故障排查。

2)提升各省(区、市)考核指标

通过每日发布运行监测指标(考核指标、考核指标排名、提升指标及对应的异常明细),对于考核指标项低于95%的省(区、市)进行问题跟踪记录、故障排查数据支撑,督促各省(区、市)及时解决运行监测过程中发现的各项系统问题。截至2024年底,门架类和车道类关键指标趋于稳定,全部达到99%以上(表5.2-2、表5.2-3)。

2024 年全网门架关键指标　　　　　　　　　　　　　　　　表 5.2-2

时间	ETC 门架连通合格率	门架 RSU 正常率	门架车牌识别设备正常率	门架车牌识别数据上传及时率	门架交易上传及时率
1 月	99.76%	99.51%	99.71%	99.69%	99.81%
2 月	99.68%	99.49%	99.62%	99.71%	99.83%
3 月	99.65%	99.50%	99.62%	99.76%	99.86%
4 月	99.49%	99.37%	99.50%	99.75%	99.82%
5 月	99.62%	99.50%	99.60%	99.72%	99.81%
6 月	99.83%	99.71%	99.79%	99.69%	99.80%
7 月	99.88%	99.77%	99.85%	99.69%	99.81%
8 月	99.88%	99.78%	99.85%	99.64%	99.76%
9 月	99.89%	99.80%	99.86%	99.72%	99.82%
10 月	99.84%	99.74%	99.81%	99.68%	99.82%
11 月	99.86%	99.76%	99.83%	99.71%	99.81%
12 月	99.87%	99.70%	99.80%	99.74%	99.84%

2024 年全网车道关键指标　　　　　　　　　　　　　　　　表 5.2-3

时间	车道连通合格率	车道 RSU 正常率	车道车牌识别设备正常率	车道控制器正常率	入口收费站交易上传及时率	出口收费站交易上传及时率
1 月	99.95%	99.89%	99.93%	99.96%	99.83%	99.85%
2 月	99.95%	99.89%	99.93%	99.96%	99.86%	99.70%
3 月	99.93%	99.89%	99.93%	99.96%	99.89%	99.89%
4 月	99.96%	99.90%	99.94%	99.97%	99.83%	99.76%
5 月	99.95%	99.90%	99.93%	99.97%	99.81%	99.82%

时间	车道连通合格率	车道 RSU 正常率	车道车牌识别设备正常率	车道控制器正常率	入口收费站交易上传及时率	出口收费站交易上传及时率
6 月	99.93%	99.90%	99.93%	99.96%	99.86%	99.88%
7 月	99.93%	99.92%	99.93%	99.95%	99.83%	99.87%
8 月	99.92%	99.92%	99.93%	99.95%	99.73%	99.80%
9 月	99.94%	99.94%	99.94%	99.96%	99.77%	99.80%
10 月	99.93%	99.91%	99.92%	99.94%	99.80%	99.82%
11 月	99.93%	99.94%	99.93%	99.95%	99.82%	99.88%
12 月	99.91%	99.91%	99.91%	99.93%	99.87%	99.86%

此外,除门架及车道关键指标外,OBU 状态名单下载及时率及用户卡状态名单下载及时率等提升车道运营质量类指标实现质的提升。全网 OBU 状态名单下载及时率(省中心在 OBU 状态名单增量包产生半小时内下载视为及时)从 2021 年的 41.61%[包含指标为 0 的 16 个省(区、市)、指标低于 80% 的 2 个省(区、市)、指标高于 90% 的 9 个省(区、市)]提升至 2024 年的 98.23%[包含指标高于 90% 的 28 个省(区、市)];用户卡状态名单下载及时率从 2021 年的 50.40%[包含指标为 0 的 14 个省(区、市)、指标低于 80% 的 2 个省(区、市)、指标高于 90% 的 11 个省(区、市)]提升至 2024 年的 97.98%[包含指标高于 90% 的 28 个省(区、市)]。截至 2024 年底,具体数据如表 5.2-4 所示。

2024 年全网车道提升指标 表 5.2-4

时间	OBU 状态名单下载及时率	用户卡状态名单下载及时率
1 月	97.36%	97.04%
2 月	98.66%	98.43%
3 月	98.73%	98.51%
4 月	98.66%	98.42%
5 月	98.70%	98.61%
6 月	98.42%	98.18%
7 月	98.53%	98.35%
8 月	98.38%	98.38%
9 月	98.51%	98.28%
10 月	97.37%	97.17%
11 月	97.06%	97.14%
12 月	98.35%	97.31%

5.3 省中心级系统建设案例介绍

5.3.1 系统概况

省级运行监测与运维保障一体化系统的核心功能主要是对本省(区、市)的收费相关业务系统、收费站系统、ETC 门架系统的运行状态进行监测和运维保障,通过系统实现设备的自动化巡检、自动告警触发及工单流转,完成监测与运维保障业务的衔接和闭环。但目前在具体系统的建设过程中,很多时候并未实现运行监测与运维保障的一体化联动,仍然有很大的提升空间。

下面以某省建设的一套综合监控平台为例进行介绍。为实现省级运行监测与运维保障的一体化,以运行监测与运维保障的业务闭环为终极目标,某省建设的综合监控平台主要将全省范围内的门架系统、车道收费系统全部纳入监测范围内,通过定期自动巡检代替人工巡检,当发现异常时触发告警,并将告警信息推送至相关运维人员。后续平台还将优化运维流程,将运维人员作业全流程纳入综合监控平台中,实现线上化、无纸化处理,最终完成省级运行监测与运维保障一体化系统建设。

该综合监控平台于 2020 年部署上线运行,涉及 20 余个管理中心、30 余个收费路段、近 80 条收费路段、360 多个收费站、2000 多个收费单元、近 800 个收费门架,涉及用户包括省联网中心作业人员、省下辖路段作业人员共 1000 余人。

5.3.2 业务功能

1)功能架构

综合监控平台是从省(区、市)的角度,为省联网中心及下辖路段作业人员提供对应数据权限范围内的门架系统、车道系统及联网收费体系内相关业务系统的运行状态查看功能;为保障系统的平稳正常运行提供数据支撑,对各类运行异常提供报警提示;为异常应急提供决策分析数据依据,为系统整体运行趋势提供合理分析判断支撑。该平台的整体功能架构如图 5.3-1 所示。

2)系统功能

(1)首页

系统首页对全省(区、市)范围内各区的收费单元或收费站运行状况进行显示(图 5.3-2)。一方面,通过对本省(区、市)站点的异常数量、连接数量、总数等指标进行宏观展示,并使用地图的形式对全省(区、市)范围内所有站点的地理位置分布、运行状态进行展示,使得运维人员能快速、简洁、直接地获取全省(区、市)范围内的宏观指标,对总体运行情况有一个清晰了解;另一方面,通过站点详情页面对单一站点的详情进行展示,以便运维人员详细了解异常站点的具体情况。

(2)实时监控

实时监控从 ETC 门架和收费站两个维度,分别对门架和收费站的设备状态、业务运行和数据传输等指标进行实时监测,当各项指标数据不在预设阈值范围内时及时产生告警提示并推送至相关运维人员。

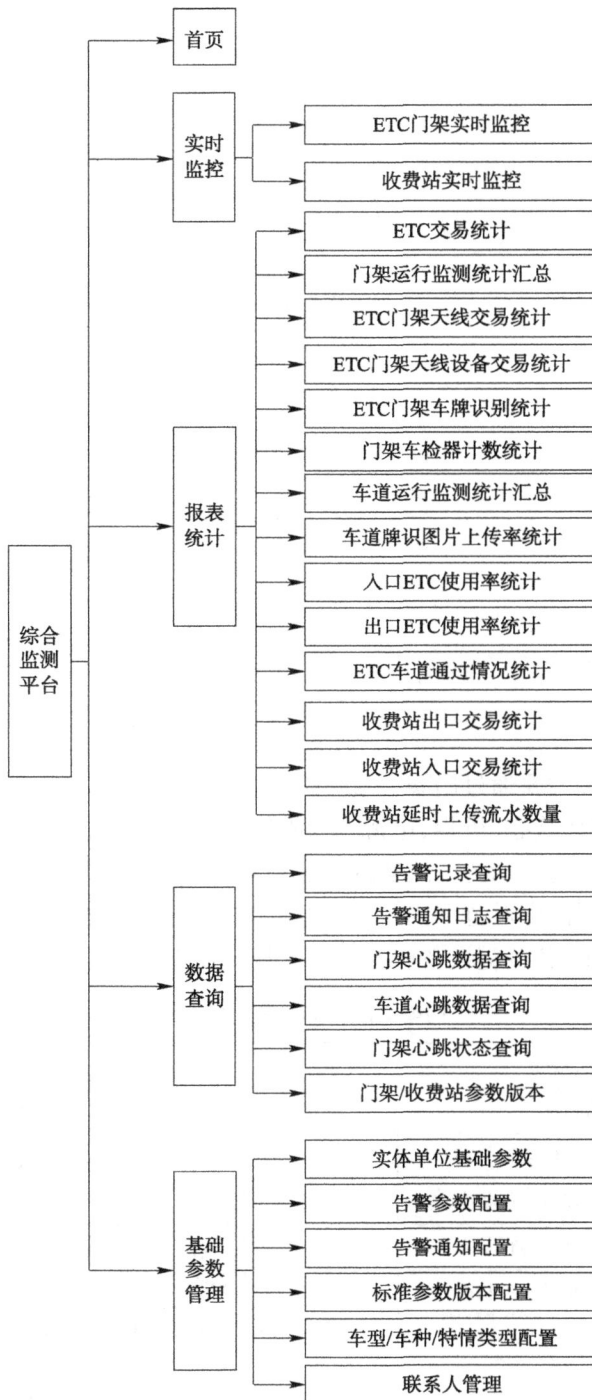

图 5.3-1 综合监测系统功能架构

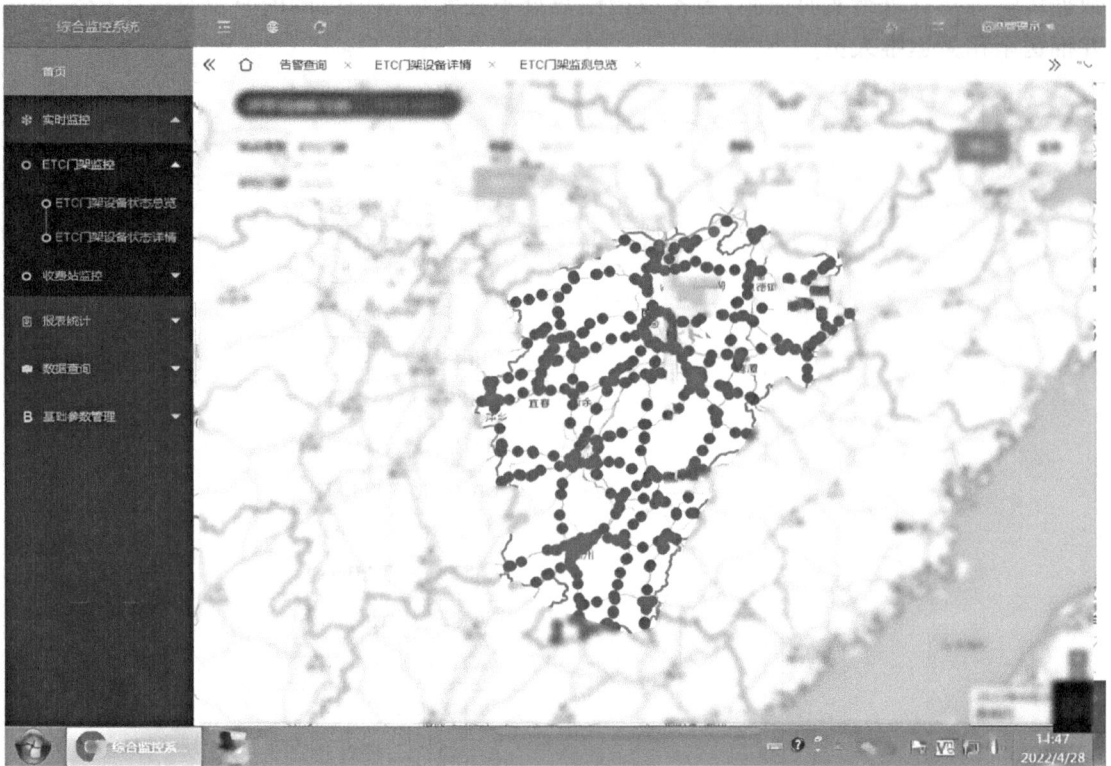

图 5.3-2　系统首页界面

①ETC 门架实时监控

ETC 门架实时监控主要通过门架心跳数据和机柜动环数据,对门架的前端工控机、后台服务器、天线、牌识、参数状态、机柜、电源、空调等关键设备进行监控,并通过整体门架监控总览和单一门架监控详情展示的方式实现从宏观到微观的信息展示。

在门架监控总览页面中对范围内门架的监控状态进行基础信息、心跳数据、机柜动环数据等的逐一判断和展示,各关键设备状态的判断规则如表 5.3-1 所示。

门架关键设备状态判断规则　　　　　　　　　　　　　　表 5.3-1

设备类型	指标	异常规则	判断规则
门架状态	以下所有指标	异常	有一个设备类型判断为异常时,则门架状态为异常
前端工控机	门架前端软件运行状态	异常	有一个主或备工控机正常即为正常,其他情况为异常
	前端北斗授时服务状态	异常	
后台服务器	门架后台软件运行状态	异常	有一个主或备服务器正常即为正常,其他情况为异常
	后台北斗授时服务状态	异常	
天线	路侧单元主状态参数	异常	心跳中设备数量与基础信息数量一致,且状态都为正常的情况为正常;心跳中设备数量与基础信息数量不一致,但状态都为正常的情况仍为正常,详情页提示缺失数量;其他情况为异常(存在天线头异常)
	RSU 天线头的状态信息(通信、发射、接收)	异常	

续上表

设备类型	指标	异常规则	判断规则
车牌识别	连接状态	断开	心跳中设备数量基础信息数量一致,且状态都为正常的情况为正常;心跳中设备数量与基础信息数量不一致,但状态都为正常的情况仍为正常,详情页提示缺失数量;其他情况为异常(存在牌识设备异常)
	工作状态	关闭	
参数状态	计费模块	与标准版本一致	标准版本为空时,状态无法判断,显示为正常;有一个参数版本与标准版本不符时,名单参数状态为异常
	计费参数	与标准版本一致	
电源	市电状态	异常	电源设备指标有一个异常则为异常
	市电电压(V)	非 170 ~ 250	
	市电电流(A)	大于 50	
	市电功率(kW)	大于 1500	
	市电频率(Hz)	非 45 ~ 55	
	UPS 运行状态	异常	
	UPS 使用状态	使用中	
	充电电压(V)	非 170 ~ 250	
	充电电流(A)	大于 50	
	放电电压(V)	非 170 ~ 250	
	放电电流(A)	大于 50	
	电池充电率	小于 60	
	供电剩余时间(min)	小于 120	
	剩余电池容量(Ah)	小于 20	
	UPS 温度(℃)	大于 60	
	整流模块状态	异常	
	输出电压(V)	非 170 ~ 250	
	输出电流(A)	大于 50	
	输出功率(kW)	大于 1500	
空调	设备状态	异常	设备状态异常
机柜	防雷器状态	异常	设备指标有一个异常则为异常
	烟感设备状态	异常	
	门禁设备状态	异常	
	温湿度设备状态	异常	
	水浸设备状态	异常	
	检测温度(℃)	大于 40	
	检测湿度(%)	大于 80	

在单一门架监控详情展示页面中对单一门架的总体运行状态、前端工控机、后台服务器、RSU、车牌识别设备、机柜组件等关键设备的实时状态进行分析和展示,展示信息如图5.3-3所示。

图5.3-3　门架设备监测详情

②收费站实时监控

收费站实时监控除了对设备状态进行总览及对单一收费站的车道设备详情进行展示外,根据实际业务需求,还可对车道交易成功率、车道通过情况、车道临时停用登记、车道数字签名异常信息等数据进行统计、分析和展示。

a)设备监控

设备监控内容包括车道开启状态、天线状态、车道控制器状态、车牌识别状态、站级服务器状态、其他设备状态、名单参数和费率参数状态等,各设备状态判断规则如表5.3-2所示。

车道关键设备异常状态判断规则　　　　　　　　　　表5.3-2

设备类型	指标	异常规则	判断规则
车道状态	以下所有指标	异常	有一个设备类型判断为异常时,则车道关键设备为异常
天线状态	天线设备状态	异常	设备状态值为异常,则车道关键设备为异常
车道控制器状态	车道控制器状态	异常	设备状态值为异常,则车道关键设备为异常
车牌识别状态	车牌识别状态	异常	设备状态值为异常,则车道关键设备为异常

设备类型	指标	异常规则	判断规则
站级服务器状态	站级服务器状态	异常	状态值为异常,则车道关键设备为异常
其他设备状态	读卡器状态	异常	设备中有一个设备状态值为异常的,则其他设备状态为异常;状态值为无设备的或无状态值的为正常
	自动栏杆机	异常	
	移动支付设备	异常	
	车检器状态	异常	
	轴型检测器状态	异常	
	光栅状态	异常	
	车道摄像机状态	异常	
	费额显示屏状态	异常	
	信息提示屏状态	异常	
	通行信号灯状态	异常	
	ETC 情报板状态	异常	
	入口治超设施状态	异常	
名单参数状态	当前信用灰名单版本号	与标准版本相符	标准版本为空时,状态无法判断,显示为正常;有一个参数版本与标准版本不符时,名单参数状态为异常
	当前信用黑名单版本号	与标准版本相符	
	当前 OBU 状态名单版本号	与标准版本相符	
	用户卡状态名单版本号	与标准版本相符	
	当前 CPC 卡灰名单版本号	与标准版本相符	
费率参数状态	在用最短路径计费参数版本号	与标准版本相符	标准版本为空时,状态无法判断,显示为未知;有一个参数版本与标准版本不符时,费率参数状态为异常
	待启用最短路径计费参数版本号	与标准版本相符	

同样,在车道设备监测详情中,对该车道的整体状态、设备、参数、软硬件等进行细节展示,具体信息如图 5.3-4 所示。

b)ETC 车道交易成功率统计

通过采集获取 ETC 车道日志数据,对车道的启用时长、逻辑交易成功率、一次交易成功率、交易成功率和车道通过率等指标进行统计分析。其中,逻辑交易成功率 =(一次交易成功数 + 多次交易成功数 + 逻辑失败数)/检测标签总数,该指标用于描述 ETC 车道系统交易性能;一次交易成功率 = 一次性交易成功数/(检测标签总数 - 逻辑失败数),该指标反映 ETC 车道一次进入交易区交易通过情况;交易成功率 =(一次交易成功数 + 多次交易成功数)/检测标签总数,该指标反映 ETC 车辆真实通过情况;车道通过率 =(一次交易成功数 + 多次交易成功数)/(检测标签总数 + 未检测标签数),该指标反映 ETC 车道所有车辆真实通行情况。

c)ETC 车道通过情况一览

ETC 车道通过情况一览的数据同样来源于 ETC 车道日志数据,通过对总车辆数、ETC 车辆数、ETC 车辆占比、非 ETC 车辆数、非 ETC 车辆数占比、ETC 一次交易成功数、ETC 一次交易占比、ETC 多次交易成功数、ETC 多次交易占比、ETC 物理交易失败数、ETC 物理交易失败占比、ETC 逻辑交易失败数、ETC 逻辑交易失败占比等指标进行统计来反映车道的实际通过情况。

图 5.3-4　车道设备监测详情

d) 车道临时停用登记

车道临时停用登记用于对车道的使用状态进行监测。为准确统计全省（区、市）范围内的车道开启状态，停用登记需要与参数管理模块中的收费车道状态相关联，若用户在车道临时停用登记模块中登记 A 车道某一段时间内为临时停用状态，则在参数管理的收费车道模块中，该车道在这一时段内显示的车道状态也应改为停用。

e) 车道数字签名异常信息查询

收费站接收车道心跳流水后对流水的数字签名进行验签，若验签不通过则判为异常，并将校验不通过的心跳信息保存到本地库，生成签名异常心跳数据通知，通过短信推送的方式告知相关责任人以排查异常情况。

f) 混合车道交易情况

通过交易失败流水，对混合车道的交易情况进行展示，包括对应的交易明细内容，以便用户对车道交易失败情况有更为深入的了解，也便于后续分析（图 5.3-5）。

g) ETC 车道交易失败明细

通过统计 ETC 车道交易失败流水，对交易失败的车道类型、编码、软件厂家、车道软件等基础信息与卡片表面号、OBU 表面号、车牌号码、ETC 交易失败类型、ETC 交易失败原因等细节信息进行逐一展示，以便对车道交易失败情况进行深入分析（图 5.3-6）。

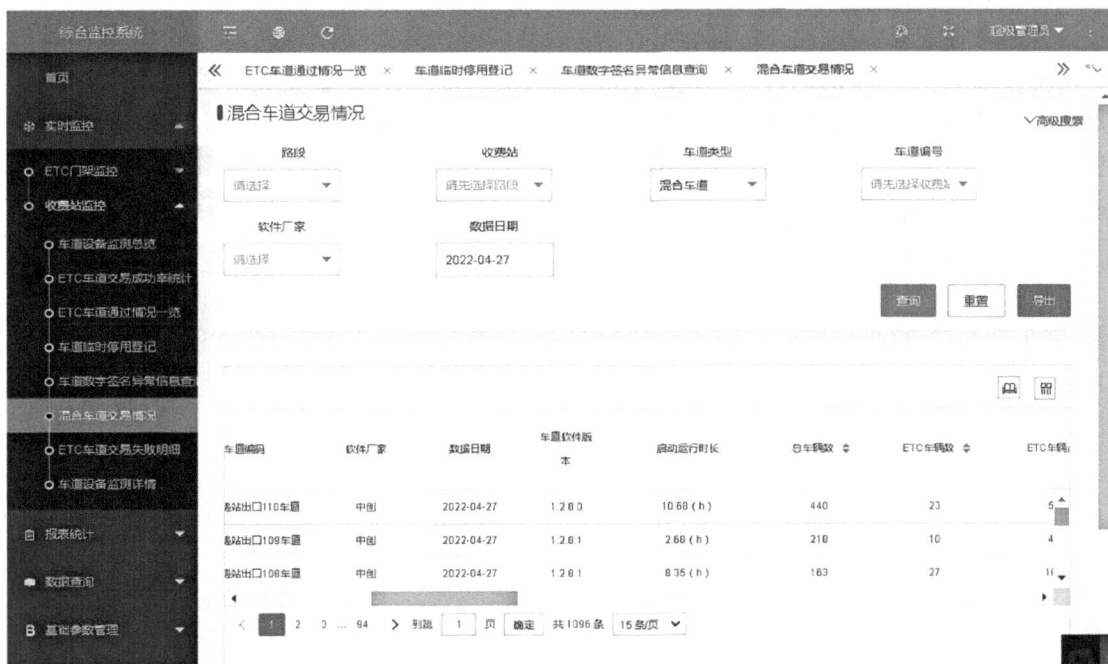

图 5.3-5　混合车道交易情况

图 5.3-6　ETC 车道交易失败明细

（3）报表统计

为下辖各管理中心、路段的运营日常、决策分析提供数据支持,从门架、车道、收费站等不同统计维度,对门架的运行监测整体情况、天线交易情况、天线设备交易成功率、门架车检器计数、车道的运行监测整体情况、牌识图片上传率、入口 ETC 使用率、出口 ETC 使用率、收费站入口交易情况、收费站出口交易情况等数据从不同机构、不同数据范围、不同时间段等进行报表统计和明细展示。

①ETC 交易统计

从收费站、路段、省(区、市)等不同维度,按照日、月、季度、年等不同时间范围对交易总量、客车交易量、货车交易量、专项作业车交易量、其他车型交易量进行统计(图5.3-7)。

序号	省份	路段	收费站	统计日期	总交易量	交易金额(元)	免费金额(
1	江西省	万宜路收费分中心	江西万载南站	2022-04-28	271	23704.78	
2	江西省	万宜路收费分中心	江西宜春北站	2022-04-28	354	103799.42	
3	江西省	万宜路收费分中心	江西袁州站	2022-04-28	786	107190.89	
4	江西省	上万路收费分中心	江西万年站	2022-04-28	52	3733.19	
5	江西省	上万路收费分中心	江西弋阳北站	2022-04-28	286	41392.33	
6	江西省	上万路收费分中心	江西横峰站	2022-04-28	315	84907.74	
7	江西省	上万路收费分中心	江西白田站	2022-04-28	99	24384.22	
8	江西省	上武路收费分中心	江西石塘站	2022-04-28	41	5390.78	
9	江西省	上武路收费分中心	江西铅山南站	2022-04-28	125	13276.56	
10	江西省	上武路收费分中心	江西黄岗山站	2022-04-28	31	5802.43	

图 5.3-7　ETC 交易统计

②门架运行监测统计汇总

以管理中心为单位,统计门架数量、连通合格率、RSU 正常率、牌识设备正常率、门架牌识上传及时率、门架交易流水上传及时率等指标(图5.3-8)。

③ETC 门架天线交易统计

以门架为单位,统计门架标签交易成功率、用户卡交易成功率、CPC 交易成功率等指标。

④ETC 门架天线设备交易统计

以门架为单位,统计门架天线设备成功数、天线交易总数、天线设备交易成功率等指标。

⑤ETC 门架车牌识别统计

以门架为单位,统计门架的车牌图像识别总数量、车牌图像识别成功数量、车牌图像识别成功率等指标。

图 5.3-8　门架运行监测统计汇总

⑥门架车检器计数统计

以门架为单位,从门架安装的车检器设备中采集车检器的车辆通过计数,并以小时为单位将统计结果上传到省联网中心。

⑦车道运行监测统计汇总

以管理中心为单位,对车道连通合格率、RSU 正常率、牌识设备正常率、收费站流水数据上传及时率、黑名单更新及时率、入口车道图片上传率、出口车道图片上传率等指标进行统计分析(图 5.3-9)。

⑧车道牌识别图片上传率统计

以管理中心为单位,对车道数量、省联网中心出/入口流水数量、牌识图片数量、无图数量、图片上传率等指标进行统计分析。

⑨入口 ETC 使用率统计

以收费站为单位,对收费站入口的通行量、客车总通行量、货车总通行量、ETC 客车量、ETC 货车量、客车 ETC 使用率、货车 ETC 使用率、ETC 使用合计等指标进行统计分析。

⑩出口 ETC 使用率统计

以收费站为单位,对收费站出口的通行量、客车总通行量、货车总通行量、ETC 客车量、ETC 货车量、客车 ETC 使用率、货车 ETC 使用率、ETC 使用合计等指标进行统计分析。

⑪ ETC 车道通过情况统计

以管理中心为单位,对车道的 ETC 逻辑交易成功率、一次交易成功率、交易成功率、车道通过率等指标进行统计分析。

图 5.3-9　车道运行监测统计汇总

⑫收费站出/入口交易统计

以收费站为单位,对出/入口收费站的交易量、交易金额、免费金额、ETC 交易量、CPC 交易量、ETC 交易占比、CPC 交易占比等指标进行统计分析。

⑬收费站延时上传流水统计

以收费站为单位,对收费站上传时间大于 5 分钟、10 分钟、15 分钟的流水数据进行统计分析。

(4)数据查询

系统为了满足日常运维工作需要,除了对实时监测数据进行展示外,还提供对门架心跳数据、车道心跳数据、门架最新参数版本信息、车道参数版本信息、告警信息、短信通知等的历史数据查询功能。

此外,为保障系统运行效率和数据安全,还需对数据查询有一定限制,如门架心跳数据、车道心跳数据等只允许查看 7 天内的历史数据,并且只允许用户查看权限范围内的数据。

①告警记录查询

告警记录查询主要包括对实时告警信息推送和历史告警信息的查询,对告警信息所属路段、收费站信息,告警的类型、等级、状态、通知状态、开始时间、指标描述、最小阈值、最大阈值、处理建议等信息进行展示(图 5.3-10)。一方面,当系统发现存在异常时,根据异常严重程度生成高、中、低等不同级别的告警信息,通过弹窗展示、短信推送等多种方式将告警信息实时推送至对应的业务人员;另一方面,对于已生成的告警信息将会进行保存,供运维人员查询。不同权限的运维人员只能查看和接收其权限范围内的告警信息。

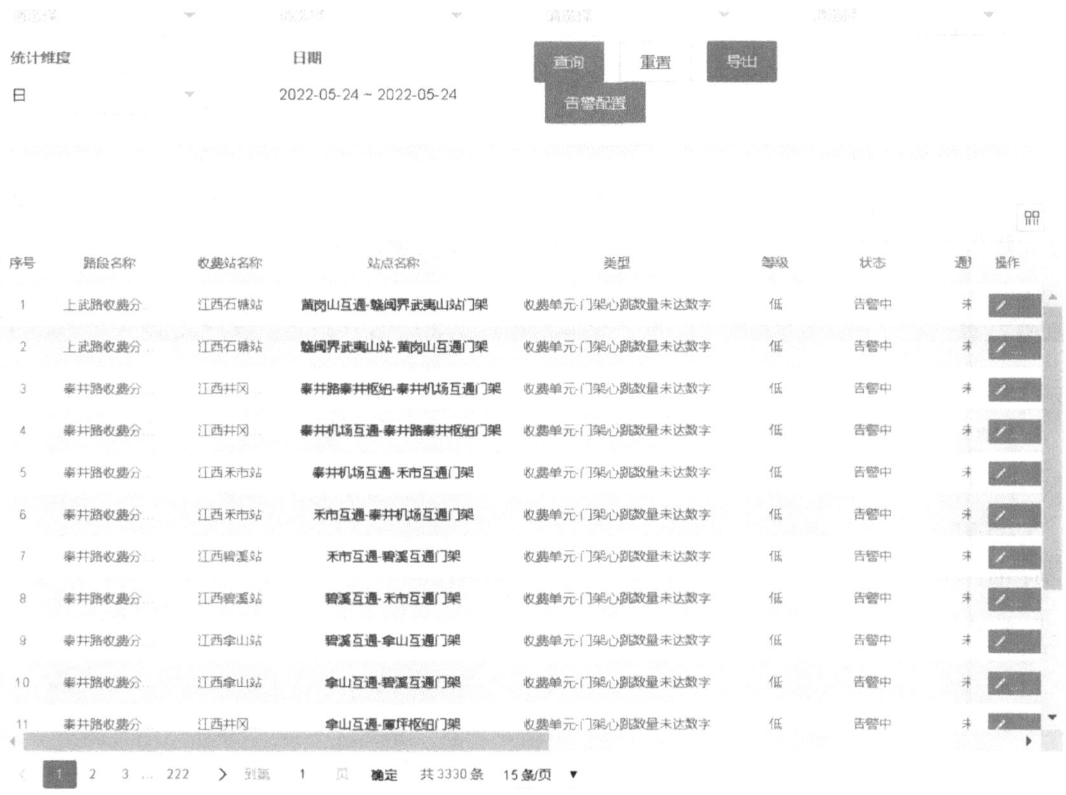

序号	路段名称	收费站名称	站点名称	类型	等级	状态	通	操作
1	上武路收费分...	江西石塘站	黄岗山互通-赣闽界武夷山站门架	收费单元-门架心跳数量未达数字	低	告警中	未	
2	上武路收费分...	江西石塘站	赣闽界武夷山站-黄岗山互通门架	收费单元-门架心跳数量未达数字	低	告警中	未	
3	泰井路收费分...	江西井冈...	泰井路泰井枢纽-泰井机场互通门架	收费单元-门架心跳数量未达数字	低	告警中	未	
4	泰井路收费分...	江西井冈...	泰井机场互通-泰井路泰井枢纽门架	收费单元-门架心跳数量未达数字	低	告警中	未	
5	泰井路收费分...	江西禾市站	泰井机场互通-禾市互通门架	收费单元-门架心跳数量未达数字	低	告警中	未	
6	泰井路收费分...	江西禾市站	禾市互通-泰井机场互通门架	收费单元-门架心跳数量未达数字	低	告警中	未	
7	泰井路收费分...	江西碧溪站	禾市互通-碧溪互通门架	收费单元-门架心跳数量未达数字	低	告警中	未	
8	泰井路收费分...	江西碧溪站	碧溪互通-禾市互通门架	收费单元-门架心跳数量未达数字	低	告警中	未	
9	泰井路收费分...	江西伞山站	碧溪互通-伞山互通门架	收费单元-门架心跳数量未达数字	低	告警中	未	
10	泰井路收费分...	江西伞山站	伞山互通-碧溪互通门架	收费单元-门架心跳数量未达数字	低	告警中	未	
11	泰井路收费分...	江西井冈...	伞山互通-厦坪枢纽门架	收费单元-门架心跳数量未达数字	低	告警中	未	

图 5.3-10　告警记录查询

②告警通知日志查询

以站点为单位,对已发送告警信息的所属站点、发送人及其电话、发送时间、短信内容等信息进行管理。

③门架/车道心跳数据查询

以门架或车道为单位,将上传的心跳数据翻译为各个设备的运行状态。

④门架心跳状态查询

以门架为单位,对上传心跳数据的心跳状态、前端工控机心跳数量、后台服务器心跳数量、天线心跳数量、车牌识别设备心跳数量等指标进行统计。

⑤门架/收费站参数版本

系统后台预留参数版本差距值 X 的设置,通过“当前时间”减去“参数增量版本号”的时间 $\leqslant X$ 的方法对当前版本进行校验,若符合则该版本视为正常,否则进行红色标注提示版本未及时更新。

(5)基础参数管理

参数管理是对本系统所运用的基础数据进行管理,一方面包括本省(区、市)所涵盖的管理中心、收费公路、收费路段、收费站、收费车道、收费广场、收费单元、收费门架、设备基础数据等实体单位的基础参数的增删改查等管理,另一方面是对告警通知配置、告警参数配置、标准参数版本配置、车型参数、车种参数、特情类型配置等系统所涉及的基础参数进行增删改查等管理。

①实体单位基础参数

包括管理中心、收费公路、收费路段、收费站、收费车道、收费广场、收费单元、收费门架、设备基础数据等不同模块,对它们的名称、编码、所属上级单位等基础信息进行管理。

②告警参数配置

对系统中所涉及的门架及车道不同设备的告警指标的等级、连续告警次数、最小阈值、最大阈值等信息进行配置,以定义不同监测指标产生告警的规则(图5.3-11)。

图5.3-11 告警参数配置

③告警通知配置

对告警指标的通知范围、告警类型、通知人、启用状态、通知时间段、是否首次告警立即通知等规则进行定义,其中,通知范围通过用户权限、路段名称、收费站等数据进行联动配置,支持多联系人通知(图5.3-12)。

图5.3-12 告警通知配置

④标准参数版本配置

根据不同参数的版本规则,通过手工录入或系统自动生成的方式,对门架及车道的标准版本进行管理(图 5.3-13)。

序号	站点类型	参数类型名称	参数类型	厂家	标准版本号	启用时间	操作
1	ETC门架	门架-计费模块...	1		3620201217001	2021-10-13 0...	修改 删除
2	ETC门架	门架-计费参数...	2		3620211226002	2021-12-28 1...	修改 删除
3	车道	收费车道-用户...	19		202205241445	2022-04-27 0...	修改 删除
4	车道	收费车道-在用...	21		220520001	2022-05-20 0...	修改 删除
5	车道	收费车道-车道...	24	0x21	3601.2104.2	2021-12-28 1...	修改 删除
6	车道	收费车道-车道...	24	0	2022010101	2022-01-19 1...	修改 删除
7	车道	收费车道-车道...	24	18	1.2.9.0	2022-05-02 0...	修改 删除

图 5.3-13　标准参数版本配置

⑤车型/车种/特情类型配置

根据接口中车型/车种/特情类型的编号,对相关车型/车种/特情类型取值进行翻译。

⑥联系人管理

对系统用户进行管理,包括对用户的权限、所属路段、所属收费站,以及用户的姓名、岗位、性别、电话、邮箱等个人信息进行管理(图 5.3-14)。

用户权限包括省联网中心、路段、收费站,不同权限的用户仅能查看其权限范围内的数据。

序号	用户性质	路段编号	路段	收费站编号	收费站名称	联系人名称	岗位	性别	联系电话
1	路段	S0080360..	寻全路收..	--		杨帅	--	男	152****6098
2	路段	S0046360..	抚吉路收..	--		陈喆	--	男	130****6278
3	路段	S0046360..	资里路收..	--		赵梦晴	--	男	151****4011
4	路段	G0035360..	瑞寻路收..	--		陈宗煜	--	男	180****0161
5	路段	S0089360..	萍洪路收..	--		潘明兴	--	男	158****4545
6	路段	S0038360..	昌栗路收..	--		李彬	--	男	139****8939
7	路段	S0038360..	昌栗路收..	--		潘明兴	--	男	158****4545
8	路段	G1517360..	船广路收..	--		余玉杰	--	男	188****5858
9	路段	G1517360..	船广路收..	--		宋雄	--	男	151****7148
10	路段	G6011360..	昌宁路南	--		宋雄	--	男	151****7148

图 5.3-14　联系人管理

5.3.3　应用效果

本平台现场部署从 2019 年 12 月 10 日正式开始,并于 2020 年 1 月 1 日正式运行。在此基础上,通过给本省(区、市)下辖路段开放系统及数据权限,保障省联网中心及路段作业人员能及时查看、处理相关数据和业务。根据省联网中心及路段作业人员对系统的使用感受反馈,验证了通过综合监控平台的建设,一方面能够有效实现本省(区、市)范围内站点运行状态监控一体化体系构建,另一方面能够实现站点异常从产生、发现到信息触达的全流程管理效率的极大提升,为异常处理打下坚实基础。

1)构建了站点运行状态监控一体化体系

通过标准化的接口获取收费站和门架的运行状态数据、交易数据、牌识数据以及门架机柜的动环数据,并将以上数据集中在统一的综合监控平台,实现设备状态、通行交易状态、指标状态的集中监测与管控。

2)站点异常发现效率极大提升

在综合监控平台使用前,各个站点的异常或故障主要通过人工巡检的方式发现,发现异常后通过电话或微信的方式通知现场维护人员处理,该方式存在耗时长、效率低、异常处理不及时的问题。通过综合监控平台的建设,保留各个收费站现场自行巡检,同时通过平台实时监测和定时巡检相结合的方式对全省(区、市)范围内的站点运行状态进行监控,当出现异常时,平台立即生成异常自动告警,并直接通过短信的方式告知相关作业人员。自平台正式上线至 2023 年 3 月以来,共发出 ETC 门架异常告警短信 907784 条、收费站异常告警短信 254088 条、特殊记录(省群发)171 条,最终在大幅减少运维、巡检、排障工作量的同时,极大地提升了异常处理效率。

3)规范告警管理制度

未使用综合监控平台前,作业人员通过人工巡检发现问题并采取纸质化的形式记录相关信息,对告警信息的管理不规范,容易造成管理难度大、信息易丢失、无法深入分析问题等情况。通过综合监控平台的建设,系统自正式上线至 2023 年 3 月以来共生成告警信息 2517412 条,日均生成告警信息 790 条,其中低级告警 1815872 条、中级告警 159053 条、高级告警 540263 条,当前已恢复告警共 2515184 条。一方面,通过不同等级告警判断机制和推送机制,有效提升省(区、市)内 ETC 门架系统及其他关键系统的稳定、健康运行;另一方面,通过系统实现了对省(区、市)内收费体系的监控、告警、运维业务闭环并实现告警信息留存,保障了所有告警信息均可查询、可调用、可支撑运营分析及决策工作。

5.4　路段级系统建设案例介绍

5.4.1　系统概况

路段范围内的运行监测与运维保障一体化系统主要是对本路段中心下辖的单条路段或者多条路段进行运行状态监测和异常故障运维,该层级的系统重点是针对高速公路日常收费的业务运管需求,极大地提升用户开展此项工作时的技术支撑能力、运营运维能力和对外服务能力。

以下重点介绍某路段公司应用的路段级运行监测系统,该路段公司下辖 4 条路段、13 个收费站、36 个 ETC 门架,涉及路段业务人员 93 人。

5.4.2 业务功能

1)功能架构

系统从路段的角度出发,为路段运维人员提供了在全路段门架、收费站运行状态监测与运维管理方面的支撑。其中,运行监测子系统主要是实现对高速公路机电设施和系统运行指标的全面监控和管理,对设备出现的异常进行及时告警,辅助运维管理子系统进行运维工作的联动,完成对相关设施具体保障的闭环处理;运维管理子系统主要是实现对机电设施的智能运维,通过更高效的业务流程机制,将运维参与单位贯穿成一条高效运作的流水作业线,减少相关责任主体间的衔接损耗,提升运维效率和运维质量。具体系统的功能架构如图 5.4-1所示。

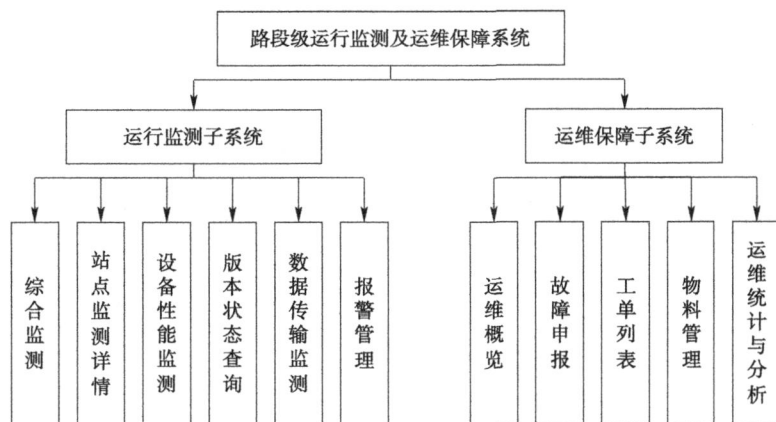

图 5.4-1 案例路段系统功能架构

2)运行监测子系统

(1)综合监测

根据收费站、ETC 门架的启用/停用状态,直接通过地图对路段的站点地理位置、基础信息、运行状态、站点数量/异常数量的统计数据、气象、流量等宏观数据进行展示,以实现路段人员对路段总体运营情况的把控(图 5.4-2)。

此外,路段级别的运行监测和运维保障一体化系统的建设与部级或省级系统相比,需求会更加多样化和个性化。因此,该系统的综合监测除了对门架及收费站等的常规监测外,也支持对如入口治超、中心机房、情报板等已经实现自动化接入的其他站点或者设备的个性化监测和展示。

除了使用地图进行展示外,还通过抽屉式的展示方式对整个路段的通行交易、业务性能、故障报警、数据传输等指标进行展示(图 5.4-3)。其中,通行交易指标包括交易额及通行量的 ETC/其他实时占比、车种/车型实时分布、趋势分布;业务性能指标包括门架和出口的交易成功率、车牌识别成功率趋势、特情分布情况;故障报警指标包括一/二级告警信息、当前告警信息分布与总数、工单数据统计、报警数量前三站点等数据;数据传输指标包括门架心跳数据/牌识数据/交易数据上传情况、车道数据上传情况、门架/车道数据上传趋势。

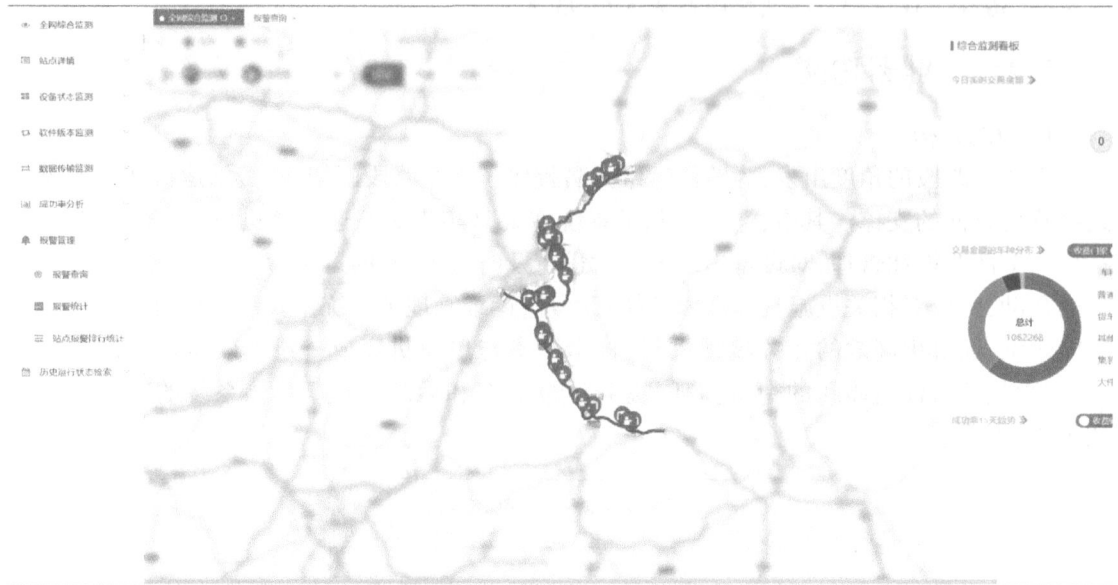

图 5.4-2　监测系统首页(1)

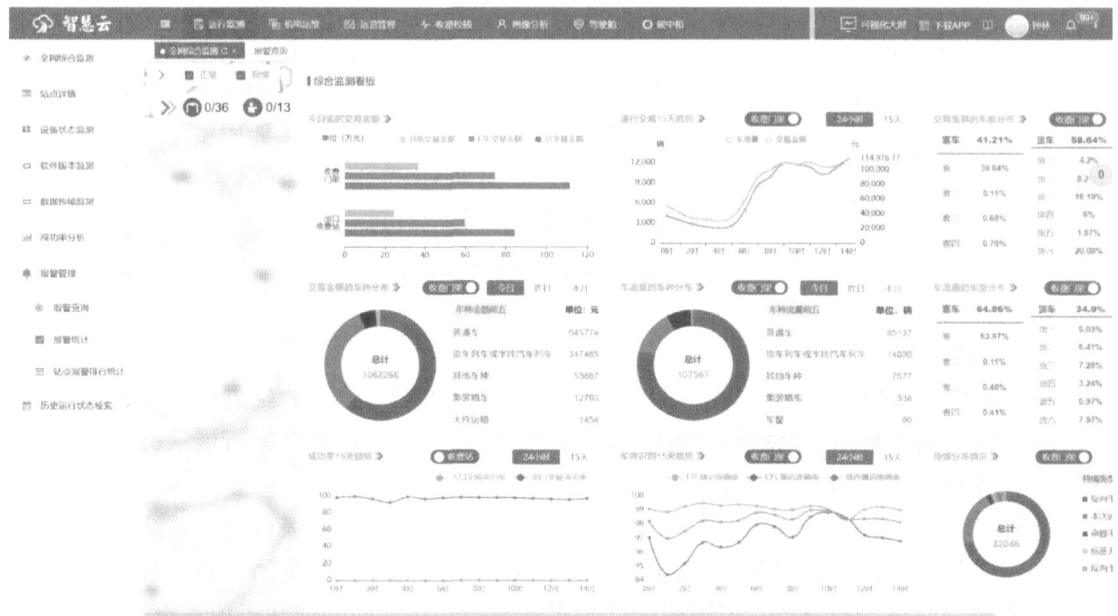

图 5.4-3　监测系统首页(2)

(2)站点详情监测

站点详情监测主要是按照路段需求对门架、收费站、视频监控站等不同类型站点的设备总体状态进行监测。需要判断某一设备、某一站点、某一类设备是否接入,通过基础数据查询各个站点的设备数量进行判断(图 5.4-4)。

其中,门架监测设备包括前端工控机、后台服务器、车牌识别设备、天线控制器、PSAM卡、天线头、市电/UPS、空调、温湿度传感器、门磁传感器、水浸传感器、烟雾传感器等;收费站监测设备包括:车道控制器、站级服务器、RSU、读卡器、移动支付设备、车牌识别、车检器、轴型检测器、光栅、车道摄像机、费额显示屏、信息提示屏、ETC 情报板、入口治超设施等。

视频监控站作为该路段的个性化需求,主要对路段下辖的不同监控站点的终端服务器、摄像机等设备类型的名称、品牌、IP 地址、连接状态等进行监测。

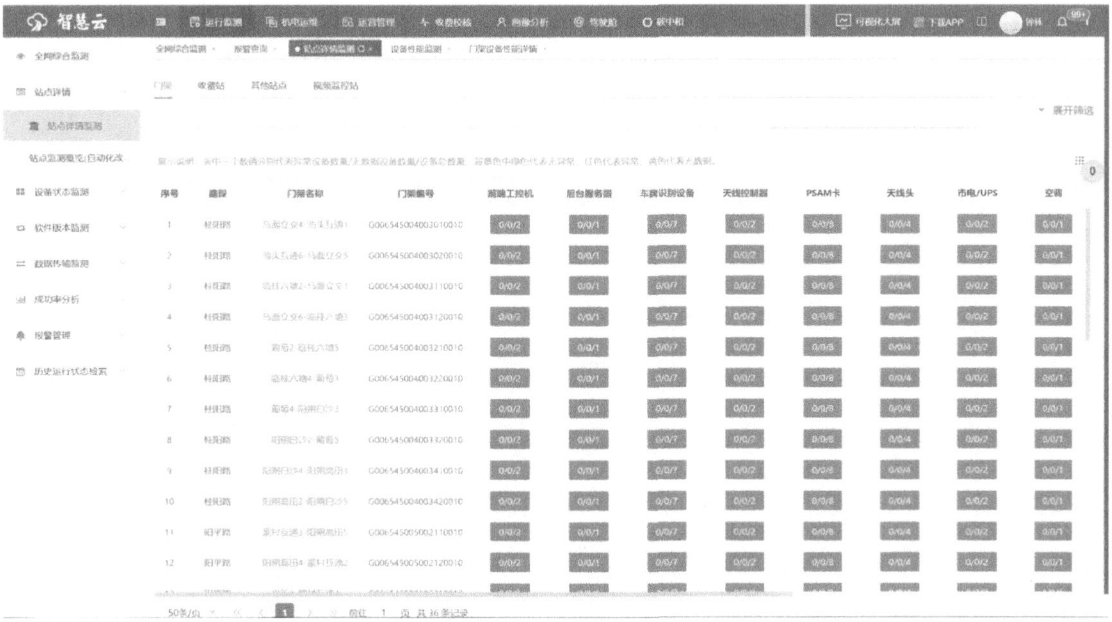

图 5.4-4　站点详情监测

系统通过层层下探的方式实现总览-详情-细节的信息查看模式,可获得从宏观到微观的不同监测信息,以支撑用户对本路段运行状态信息体系的建立(图 5.4-5)。

(3)设备性能监测

设备性能监测是在站点详情监测模块下,进一步对单一站点设备的运行状态的详情监测与展示。

(4)版本状态查询

全网运行监测与运维保障一体化系统中版本的基准版本判断时效是 4 个小时,但在路段监测过程中,为保证版本异常时有足够的时间进行修复,一般会通过自定义配置的方式,将版本的基准版本时效缩短。在本系统的各类版本状态判断规则中,根据不同类型版本分别对应基准版本的时效,选取设置时效范围内最旧的版本号作为站点该类型软件版本比对的标准,当站点某一版本号大于或等于对应基准版本号时,该版本视为正常,否则视为异常(图 5.4-6)。

门架监测版本类型包括计费参数版本号、计费模块版本号、前端软件版本号、前端基础参数版本号、前端软件参数版本号、前端发行参数版本号、后台服务器软件版本号、后台服务器运行参数版本号、车牌识别设备固件版本号_车头、车牌识别设备固件版本号_车尾、车牌识别设备软件版本号、天线控制器软件版本号等。

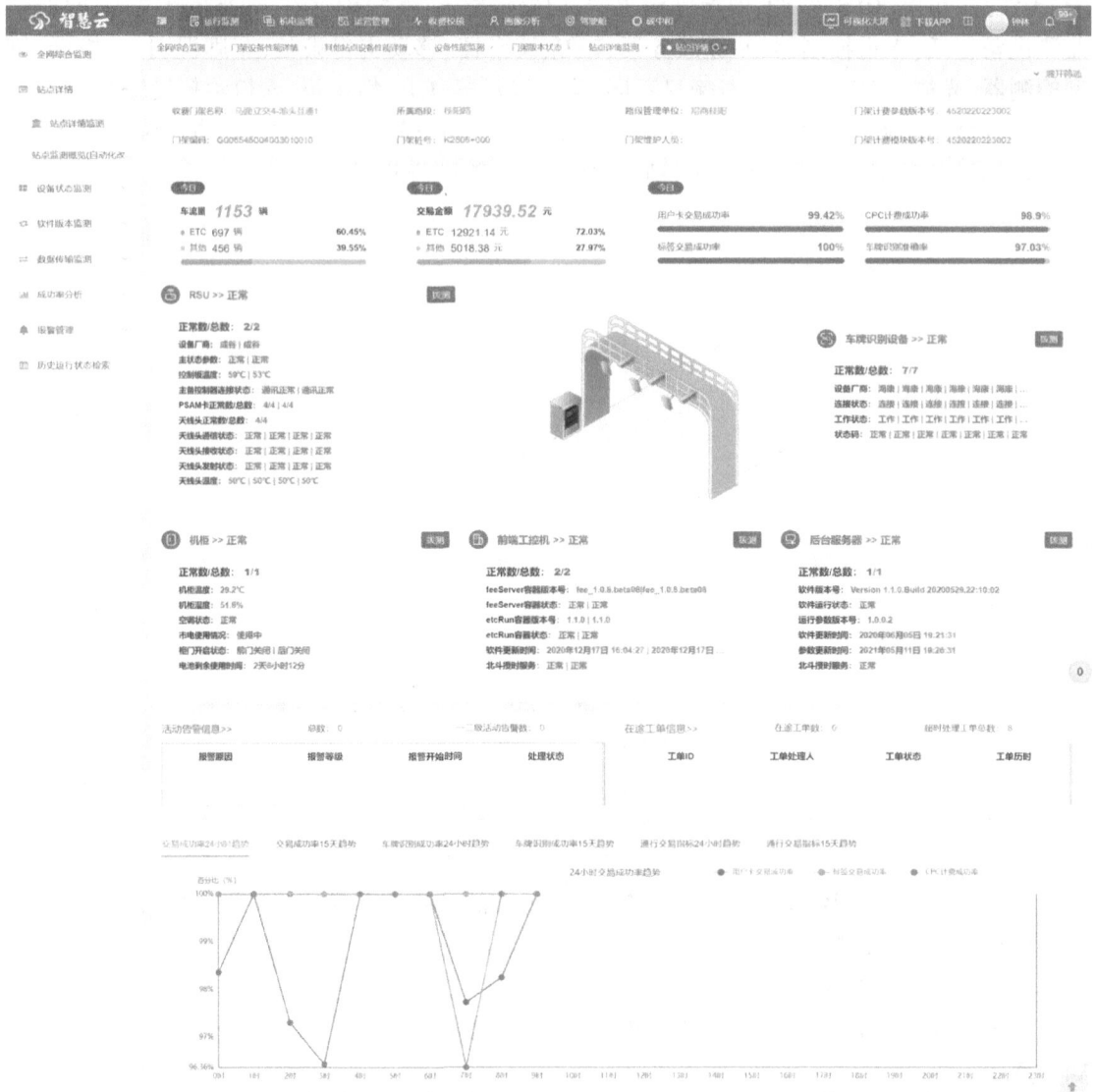

图 5.4-5　站点详情

收费站监测版本类型包括车道软件版本、OBU 状态名单版本、用户卡状态名单版本、最小费额计费参数版本、路侧单元硬件版本、路侧单元软件版本等。

（5）数据传输监测

根据路段对数据传输监测的需求，主要从上云数据传输和部/省数据传输两方面进行监测（图 5.4-7）。

上云数据传输监测是对门架及收费站的流水数据，根据从产生到上传至智慧收费云系统的情况，通过自定义设置的方式设定数据传输耗时最大值，以确定传输超时的数据量。评价上云数据传输的指标包括传输耗时、数据量、超时数据量、及时率、准确率等。值得注意的是,门架数据可直接传输到云平台,收费站数据需要经过省联网中心转发。其中,ETC 门架统计的流水包括 ETC 门架牌识数据、ETC 门架计费扣费数据、ETC 门架运行状态数据等,收费站统计的流水包括收费站车牌识别数据上传、入口站通行数据上传、出口站 ETC 通行数据、出口站其他交易数据、收费车道心跳数据、收费车道实时过车数据等。

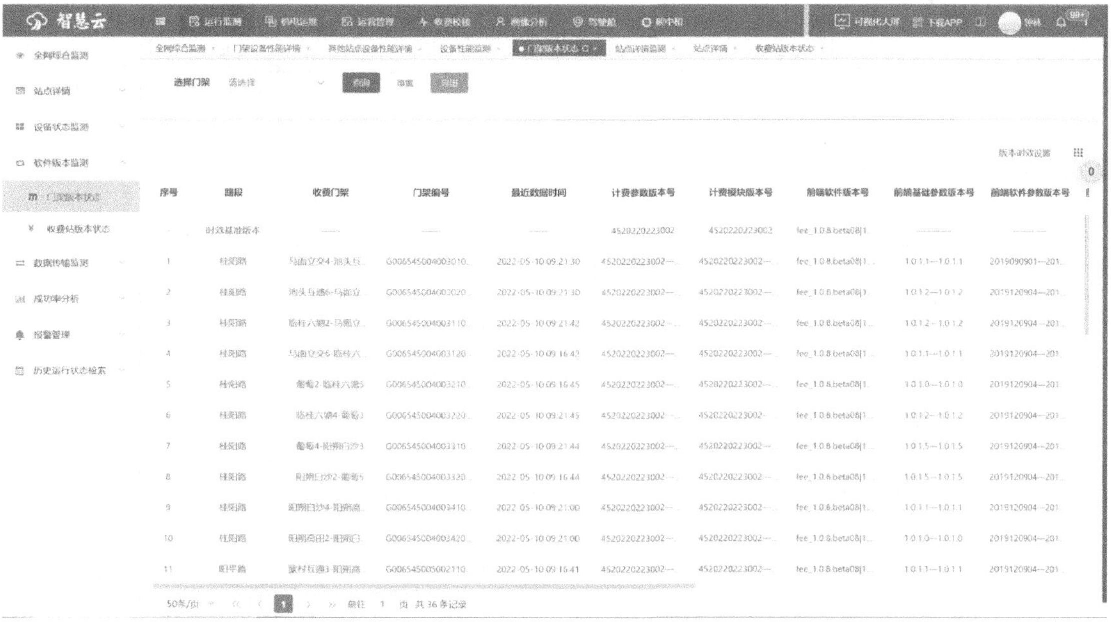

图 5.4-6　门架版本状态

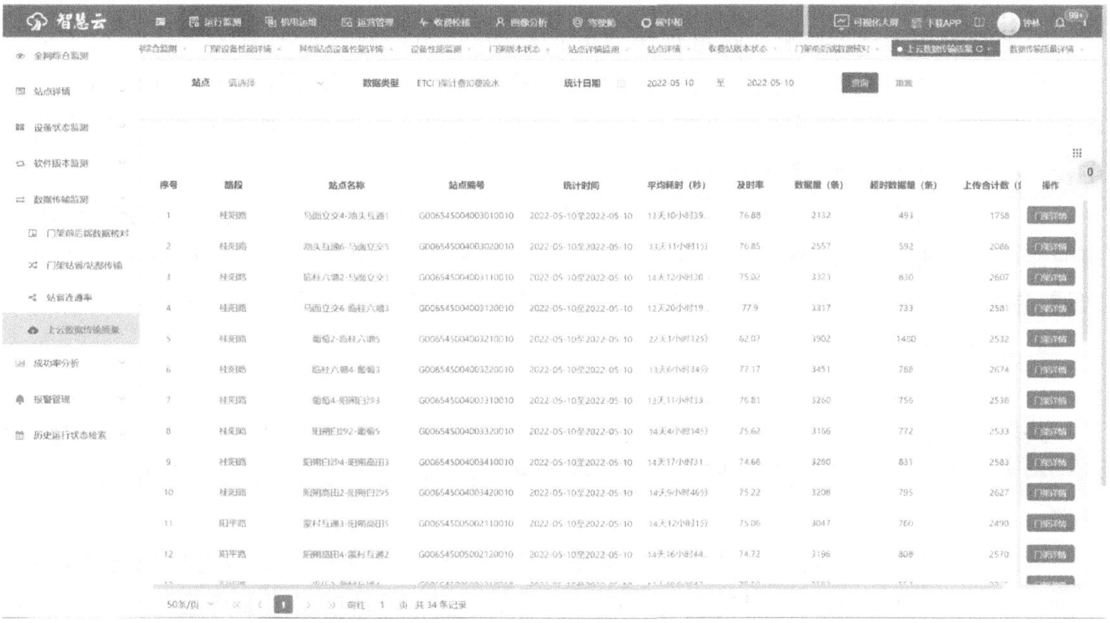

图 5.4-7　数据传输

部/省数据传输监测是从站点数据向部、省传输，以及站省连通情况的维度进行监测，以响应行业指导部门对站点监管的需求（图5.4-8）。路段层级对站点数据的部省传输监测设置考核指标包括向部/省已传数据量、向部/省未传数据量、向部/省传输异常数据量、向部/省滞留数据量、向部/省历史积压数据量、向部/省传输完整率等；针对站省连通情况设置的考核指标包括连通合格率、RSU/牌识设备/车道控制器正常率、流水上传及时率、流水上传不及时站点数量等。

图5.4-8 站省连通情况

（6）报警管理

报警管理作为运行监测与运维保障之间的纽带，一方面将运行监测的整体状态通过最终结论的方式触达至对应责任主体，保障相关责任人对本路段的运行状况做到可知、可查、可控；另一方面报警信息作为自动工单生成的基础，实现了监测与运维的衔接，确保路段机电设备在业务上的闭环（图5.4-9）。

为方便运维人员对异常或故障信息进行精准定位、分级处理和统计分析，系统在生成报警时需要对报警的地址、监控对象、报警指标项、报警原因、报警等级等基础信息进行详细的表述，并对已生成的报警从数量、异常时长、异常状态、处理状态等角度进行统计。

3）运维保障子系统

（1）运维概览

路段单位作为实际参与站点异常运维作业的主要责任主体，需要对站点异常做到精确定位、及时运维。围绕这个目标，运维概览模块主要包括地图展示和卡片信息两个功能。

地图展示模块实现对本路段站点的地理位置、故障情况、故障信息等总体情况的展示，帮助运维人员能够在第一时间确定有哪些站点存在异常，同时根据工单严重程度对站点标识不同颜色，以便运维人员能够及时查看、认领并处理对应工单（图5.4-10）。

图 5.4-9　告警列表

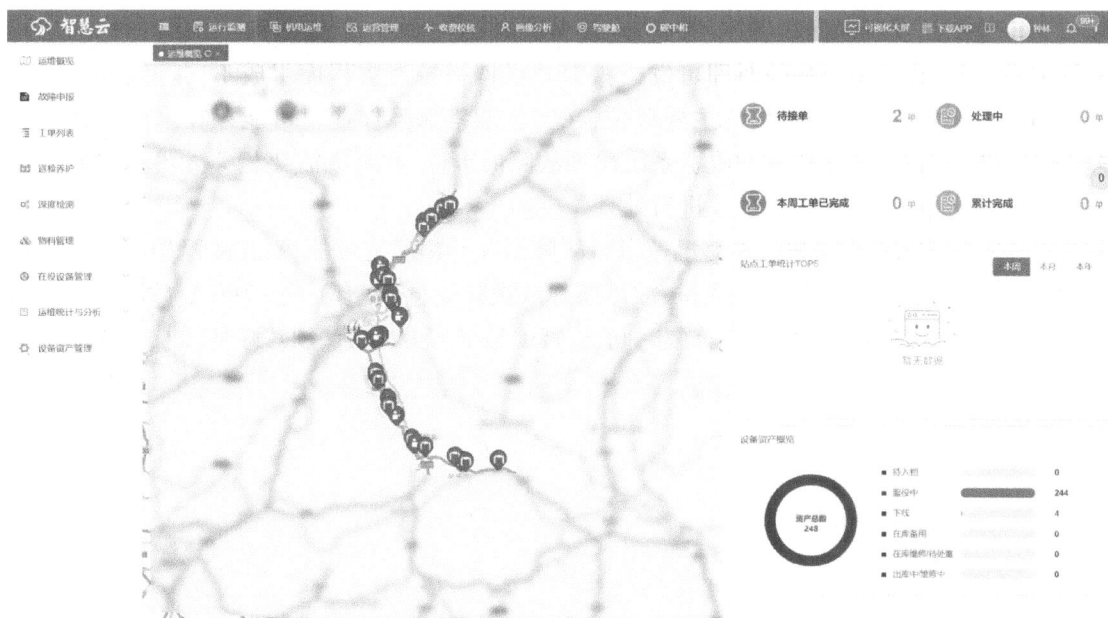

图 5.4-10　运维系统首页(1)

卡片信息模块通过抽屉式交互方式展开,此处与监测概览页面的交互方式一致,确保符合用户的系统使用习惯。卡片信息包括不同状态工单的数量统计、工单完成趋势、站点工单数量排名、故障设备类型统计、设备资产统计、巡检日历等信息(图5.4-11)。卡片信息一方面可以实现运维人员对本路段信息的统筹式查看,另一方面可以为运维人员的考核评价和站点的运行质量评价提供支撑。

图 5.4-11　运维系统首页(2)

(2)故障申报

运行监测是发现联网收费体系内机电设备异常的主要方式,通过建立关键指标的运行监测体系,当存在异常或故障时即可发出报警并根据报警严重程度生成不同等级的系统工单。但路段作为实施运维工作的主要单位,在实施运维保障作业时可能存在虽然不在运行监测指标体系内,但会导致联网收费系统出现故障的事件,此时就需要相关人员针对此类事件进行故障申报、生成人工工单并进行处理。

为保障运维人员在接单后能够迅速了解故障情况并精确定位故障,在故障申报时需要填写故障来源、故障位置、预计接报人员、故障照片或视频信息(若有)等。为减轻故障对于收费系统的影响,保修人员可设定预期修复时间,以督促运维人员尽快认领并修复(图 5.4-12)。

图 5.4-12　故障申报

故障申报后生成人工工单并进入工单列表,状态为待接单,具备相关数据权限的运维人员进入系统后可进行认领、处理并回单。

(3)工单列表

运行监测发现异常生成的系统工单和故障申报生成的人工工单均进入工单列表模块进行流转,运维人员登录系统后可对工单进行认领和回单,工单对应的故障经完成处理后可进行核验,工单核验通过后自动归档,完成工单的流转闭环(图5.4-13)。

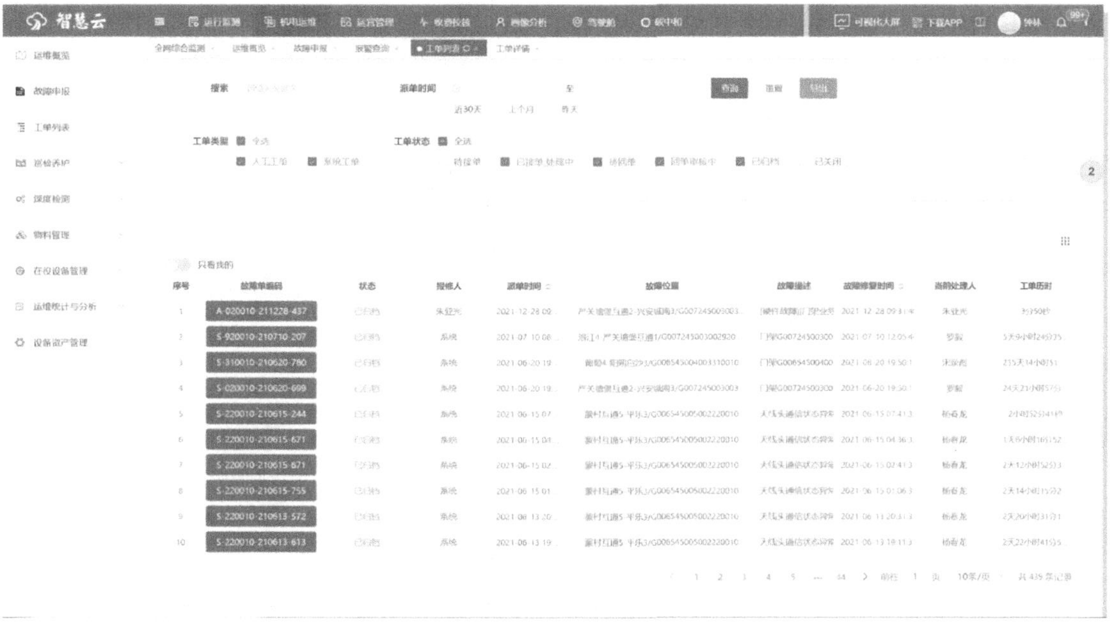

图5.4-13　工单列表

(4)物料管理

物料管理是对机电设备从采购、入库、在库设备管理、出库上线、下线的全生命周期进行管理,保障所有设备的来源和去向有迹可循。系统提供了机电设备的采购管理、入库管理、领用管理、在役设备管理、库存设备管理等功能,具体的物料管理流转如图5.4-14所示,在役设备列表如图5.4-15所示。

(5)运维统计与分析

运维统计与分析是从运维人员和设备质量两个不同维度进行评价。一方面,从故障工单数量、工单平均处理时间、人效统计等指标对路段运维人员绩效进行评价,提升运维人员服务能力;另一方面,通过对不同类型设备的在役数量、故障数量、故障率、品牌等数据信息进行统计,对各类设备的质量进行评价。

5.4.3　应用效果

该路段系统上线以来,通过对运行监测和运维保障进行一体化系统建设,有效实现了路段运行状态监控能力的增强、站点异常发现效率和机电设备运维质量的提升以及路段管理规范化能力的构建。

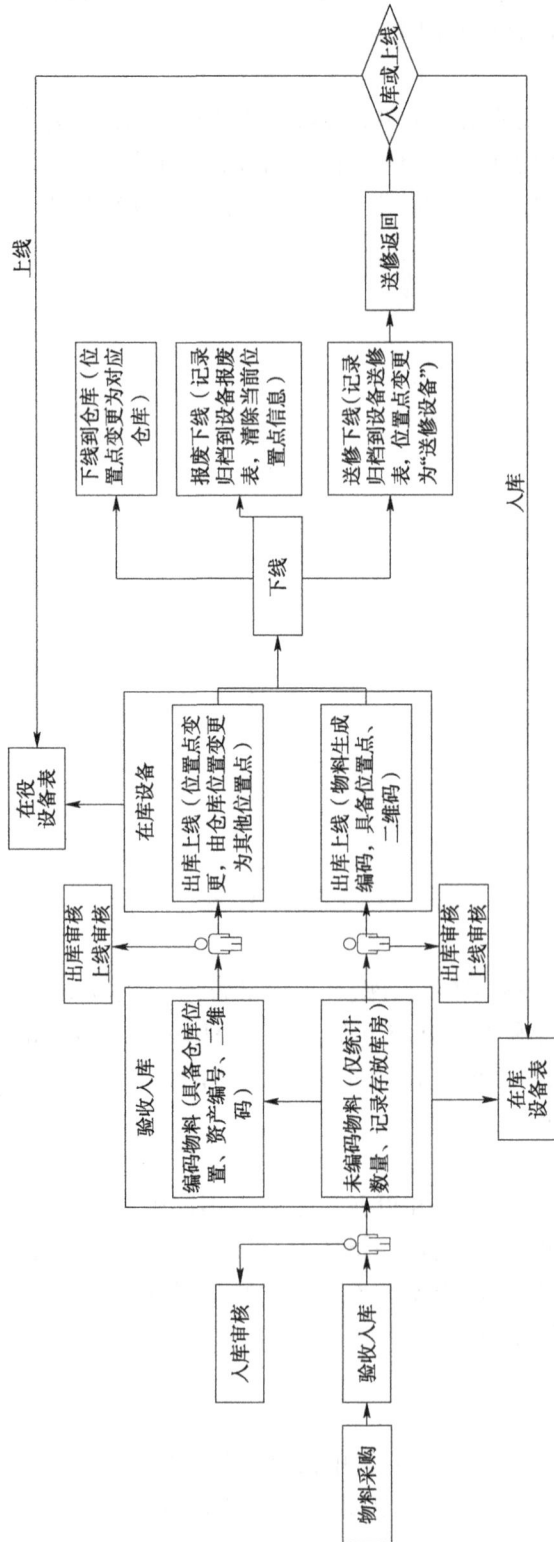

图5.4-14　物料管理流程图

图5.4-15　在役设备列表

（1）实现对路段设备的全方位监测。

将路段的门架、收费站、治超站的设备（设备明细见表5.4-1）全部纳入实时监控范围，并可以追溯这些系统的历史指标情况，为维护人员的运维工作提供了便利工具。

监测范围 表5.4-1

序号	收费门架	收费站	治超站
1	前端工控机	RSU	称重设备
2	后台服务器	车道控制器	车牌识别
3	监控控制器（B模块）	站级服务器	前身抓拍
4	车检器	读卡器	尾部抓拍
5	气象监测器	自动栏杆机	RSU
6	车型检测器	移动支付设备	轮廓仪
7	载重监测器	车牌识别设备	费显
8	温控设备	车检器	
9	供电设备	轴型检测器	
10	车牌识别设备	光栅	
11	天线控制器	车道摄像机	
12	天线头	费额显示屏	
13	电源	信息提示屏	
14	空调	通行信号灯	
15	门磁传感器	ETC情报板	
16	温湿度传感器	入口治超设施	
17	烟雾传感器		
18	水浸传感器		
19	防雷		

（2）实现告警信息、工单信息的回溯查看、分析。

从 2020 年 5 月系统试运行至 2022 年底，共生成 86511 条告警，其中一级告警 6692 条、二级告警 987 条、三级告警 21656 条、四级告警 57176 条。基于告警信息和巡检信息，共生成工单 1087 张，其中待接单、处理中、待回单、待审核均为 0，已归档 439 张，已关闭 648 张。

（3）实现路段运行状态的智能预警。

经过第三方测试，通过智慧收费云系统的建设，预警准确率可以达到 70% 即通过系统提供的预警事件触发运维作业响应，并最终确认事件或隐患是确实存在的占比达到 70%。

（4）通过多方式消息触达，确保告警、工单及时处理。

系统在发现问题时主要告警和工单的推送渠道有 5 个：站内信、App 消息推送、微信公众号、短信、邮件。通过配置多种消息推送方式，可以较好地将告警信息及时触达至运维人员，以便运维人员可以第一时间处理告警事件。

（5）规范了路段管理。

一方面，系统工单能够很好地满足报修业务需求，帮助用户快速地从纸质工单转向系统工单，规范了工单的填写和流转流程，有利于后续的数据统计和业务回溯；另一方面，系统的时效性约束以及考核评价对于运维人员的工作起到了较好的督促作用。

第6章 结 语

自2020年取消高速公路省界收费站以来,全国高速公路进入了"一张网运行、一体化服务"的新阶段,日均通行量由2019年的2800万辆次增长到2024年的近3500万辆次。2024年,ETC用户增长到近2.3亿,ETC交易占比大幅上升,全网联网收费系统相关设备总量接近65万台(套),收费门架已超过3万个。我国的联网收费系统已成为全球联网运行里程最长、用户量最大、交易最繁忙的高速公路生产服务系统,系统运行更加稳定,路网运行更加通畅,人民群众出行更加安全便捷,这些为促进物流降本增效、服务构建新发展格局奠定了坚实基础。

在此基础之上,随着联网收费系统与云计算、大数据、AI、5G、北斗等新兴技术的不断融合创新,为持续提升高速公路通行效率,多地已开始试点自由流收费、云收费、无人值守收费等新型收费方式,探索无人化、少人化的新运营模式,未来建设的运行监测与运维保障一体化系统,符合联网收费系统的未来发展方向,同时应加强以下两方面的工作。

(1)鼓励创新,规范技术创新管理。

习近平总书记指出:"创新是引领发展的第一动力,是建设现代化经济体系的战略支撑。要瞄准世界科技前沿,强化基础研究,实现前瞻性基础研究、引领性原创成果重大突破。"① 应鼓励高速公路联网收费各级运营主体积极开展新技术和新设备的试点应用,规范创新应用相关技术和设备接入联网收费系统的管理。技术创新涉及的新技术或新设备在投入试点应用前应经过充分评估和测试,形成评估报告/意见,重点聚焦在网络安全、数据安全以及运行中的物理安全等方面。评估确有应用价值的进行全网推广,持续对其创新应用效果进行跟踪评价。创新应用应提前向省联网中心、部联网中心报备,涉及的相关系统和设备试运行应纳入省联网中心和部联网中心的统一监测和管理,涉及使用密钥系统的须获得相关密钥管理单位授权,涉及业务规则变更的应经省联网中心、部联网中心报备,经多方充分论证后方可启动试点。

(2)推动联网收费运行监测与运维保障体系标准化。

标准化是一项重要的基础性工作,建立起了基本的秩序及准则,是行业管理现代化的技术支撑。第一,标准化可以为行业的可持续发展提供有力支撑,是提高管理效率、提升竞争能力的重要支撑,在规范相关工作、支撑技术创新和科技进步、保障产品质量等方面具有不可或缺、无可替代的作用。第二,标准化承载了行业科技进步和管理创新的结果,可有力地推动技术创新和运营管理融合,行业的智慧和知识源源不断地通过行业标准化的形式得到

---

① 习近平:《决胜全面建成小康社会 夺取新时代中国特色社会主义伟大胜利——在中国共产党第十九次全国代表大会上的报告》,《人民日报》2017年10月18日。

了有效的利用、保存与推广。

　　具体到联网收费系统的运行监测与运维保障一体化建设工作上来,首先,应建立标准化的运维保障管理制度,明确各级联网收费系统运维管理任务,细化运维工作要求,优化各级系统运维联动机制。其次,各级关键业务系统的运行状态监测与运维管理应加强联动,统一系统的数据传输接口,完善系统的运维预警及管理功能。最后,应依托系统加强对全网各省(区、市)系统运行情况的考核评价,定期开展系统运维专项治理行动,有效提升全网运维管理水平。

　　未来,应紧密结合新技术的发展,大力推动联网收费系统运行监测与运维保障一体化的创新与标准化工作,为行业的高质量发展奠定坚实基础。

附录1

缩略语	英文全称	中文全称
AI	Artificial Intelligence	人工智能
AIOps	AI Operations	智能运维
API	Application Programming Interface	应用程序编程接口
APP	Application	应用程序
ARP	Address Resolution Protocol	地址解析协议
ASON	Automatically Switched Optical Network	自动交换光网络
CGI	Common Gateway Interface	通用网关接口
CNN	Convolutional Neural Networks	卷积神经网络
CPC	Compound Pass Card	复合通行卡
CPU	Central Process Unit	中央处理单元
CSV	Comma-Separated Values	逗号分隔值
DevOps	Development Operations	开发运维一体化
DSRC	Dedicated Short Range Communication	专用短程通信
ETC	Electronic Toll Collection	电子不停车收费
ETL	Extract-Transform-Load	数据处理
FMEA	Failure Mode and Effect Analysis	失效模式和效果分析
GIS-T	Geography Information System -Transportation	交通地理信息系统
GPS	Global Positioning System	全球定位系统
HDFS	Hadoop Distributed File System	分布式文件系统
HEX	Hexadecimal	唯一标识码
I/O	Input/Output	输入/输出
IC 卡	Integrated Circuit Card	集成电路卡
ID	Identity Document	身份标识号码
IETF	The Internet Engineering Task Force	国际互联网工程任务组
IP RAN	IP Radio Access Network	无线接入网IP化
IP	Internet Protocol	网际互联协议
ITIL	Information Technology Infrastructure Library	信息技术基础构架库
ITS	Intelligent Traffic System	智能交通系统
KPI	Key Performance Indicator	关键绩效指标
LSTM	Long Short-Term Memory	长短期记忆网络
MAC	Media Access Control Address	媒体存取控制位址

缩略语	英文全称	中文全称
MSTP	Multi- Service Transport Platform	多业务传送平台
MTBF	Mean Time Between Failure	平均无故障工作时间
MTC	Manual Toll Collection	人工半自动收费
OBE	On Board Equipment	车载设备
OBE-SAM	On Board Equipment-Security Access Module	车载设备安全访问模块
OBU	On Board Unit	车载单元
OD	Origin-Destination	起-讫
OTN	Optical Transport Network	光传送网
PDCA	Plan、Do、Check、Action	PDCA 循环管理
PDH	Plesiochronous Digital Hierarchy	准同步数字系列
PSAM	Payment Security Access Module	消费安全访问模块
PTN	Packet Transport Network	分组传送网
RAID	Redundant Arrays of Independent Disks	磁盘阵列
RDB	Relational Database	关系数据库
RDF	Resource Description Framework	资源描述框架
RDP	Remote Desktop Protocol	远程桌面协议
RFB	Remote Framebuffer	远程帧缓冲
RFID	Radio Frequency Identification	无线射频识别
RNN	Recurrent Neural Network	循环神经网络
RSE	Roadside Equipment	路侧设备
RSU	Roadside Unit	路侧单元
SDB	Semantic DataBase	语义数据库
SDH	Synchronous Digital Hierarchy	同步数字体系
SD-WAN	Software Defined Wide Area Network	软件定义广域网
SNMP	Simple Network Management Protocol	简单网络管理协议
SSH	Secure Shell	安全外壳协议
TCP	Transmission Control Protocol	传输控制协议
TDB	Triple Store Database	三元组数据库
UDP	User Datagram Protocol	用户数据报协议
UPS	Uninterruptible Power Supply	不间断电源
URI	Uniform Resource Identifier	统一资源标识符
VNC	Virtual Network Computing	虚拟网络计算机
YARA	Yet Another Resource Negotiator	资源管理器

附录2

术 语 定 义

(1)ETC卡:面向社会公开发行的用于记录车辆信息、通行信息及交纳收费公路通行费的非接触IC卡。

(2)储值卡:储值卡采用实名制,卡内电子钱包记录资金信息,客户需在卡内预存通行费,其车辆在通过收费公路时,系统直接从卡内扣除当次通行费,并根据通行记录在卡账户中记账。储值卡已停止新发行,仅提供售后服务。

(3)记账卡:记账卡采用实名制,卡内不记录资金信息,根据交易记录并依照交易规则进行记账,通过客户绑定的支付账户按照记账结果扣取相关费用。

(4)车载单元(OBU):安装在车辆上并且支持与路侧单元进行信息交换的设备。包括单片、双片。

(5)ETC产品:指ETC卡和OBU。

(6)复合通行卡(CPC卡):集5.8GHz和13.56MHz通信功能于一体,具备无线读写功能、可重复使用的通行介质,简称CPC。

(7)纸质通行券:车辆通行收费公路时,用于记录车辆入口信息的纸质通行凭证。

(8)车种:指普通车和特种车,特种车指应急车、军警车、鲜活农产品运输车辆等。

(9)MTC/ETC混合车道:指全时混合车道,MTC和ETC车辆可在车道有序交替通行。

(10)ETC门架系统:在收费公路沿线断面建设的具备通行费分段计费、车牌图像识别等功能的专用系统及配套设施。

(11)分段计费:将高速公路全线划分为若干路段(一般为最小收费单元),各路段内分别计算费额收费的制式,又称开放式收费制式。

(12)通行路段:客户单次通行交易所包含的路段。

(13)通行省(区、市):客户车辆在路网内单次行程所途经的联网省级行政区划。

(14)可达最短路径:收费公路路网内两个收费站之间的若干条可达行驶路径中里程最短的路径。

(15)可达路径最小费额:收费公路路网内两个收费站之间若干条可达行驶路径中收费金额最小的费额。

(16)ETC交易:通过ETC账户或ETC卡支付通行费的交易,包括不停车和停车两种形式。

(17)其他交易:除ETC交易外的现金支付、移动支付等其他形式的交易。

(18)ETC门架交易流水:ETC门架系统对OBU、ETC卡和CPC卡完成计费所产生的记录。

(19)ETC出口交易记录:出口车道完成对ETC卡的电子钱包复合消费交易,所产生的具有不可抵赖性的记录,作为后台记账和清分结算的凭证。

(20)ETC交易清分:按照参与方已完成确认(包含记账和不记账)的结果对交易数据等

进行分类汇总。明确是 ETC。

（21）拆分：将通行费按照通行路径分配至通行省（区、市）、通行路段的业务，主要分为省际拆分和省（区、市）内拆分。

（22）资金结算：各参与方根据清分和拆分统计结果进行资金收付的业务。

（23）状态名单：在运营服务和业务管理过程中，限制使用的 OBU、ETC 卡或车牌号的列表。

（24）费率参数：由路径参数、计费参数、计费模块三部分组成，用于计算路网的计费路径及各车型的收费标准，是费率管理的重要基础数据。

（25）全网入/出口可达路径最小费额：根据全网可达路径信息，通过计费参数和路径参数生成各车型的入/出口可达路径最小费额数据。部级费率平台根据出口收费站进行数据压缩和打包，提供给各省（区、市）下载，用于出口匝道进行兜底计费。

（26）费率：经主管部门审查批准的各车型单位里程的收费额，亦称收费标准。

（27）收费车型：为了使不同公路使用者合理负担通行费，而将车辆按大、中、小等多种档次划分的类型。

（28）收费处理：对普通（缴费）车辆按规定在收费车道收取通行费的处理。收费处理按付款方式可分为现金收费、非现金收费等两种；按处理方式又可分为正常处理和特殊处理两大类。正常处理指收费操作中没有任何特殊情况的处理；特殊处理，又称为特情，指收费操作中出现一种及一种以上特殊情况处理。

附录3

绩效评价指标参考

（1）运行指标

运行指标，用于表示联网收费系统中主要保障设施的整体运行状况（附表3-1）。与运行监测体系的监测指标略有差异，该评价指标更关注这些设施的可用性、运行的持续性，以此体现出保养、维护等关联工作的实际效果。

设施运行方面的考核评价指标示意   附表3-1

一级指标	二级指标	三级指标
部、省、路、站等关键计算资源环境的运行状态指标	关键计算资源环境的 MTBF 指标	关键服务器（含虚拟化）MTBF
		关键存储（含文件、数据等）MTBF
		关键负载均衡 MTBF
		关键配置平台（如虚拟管理平台）MTBF
		……
	关键计算资源环境的可用率指标	关键服务器（含虚拟化）可用率
		关键存储（含文件、数据等）可用率
		关键负载均衡可用率
		关键配置平台（如虚拟管理平台）可用率
		……
	关键计算资源环境的运行率指标	关键服务器（含虚拟化）运行率
		关键存储（含文件、数据等）运行率
		关键负载均衡运行率
		关键配置平台（如虚拟管理平台）运行率
		……
部、省、路、站等关键网络及安全保障资源环境的运行状态指标	关键网络及安全保障资源环境的MTBF指标	关键路由器 MTBF
		关键交换机 MTBF
		关键防火墙 MTBF
		关键安全防入侵设备 MTBF
		……
	关键网络及安全保障资源环境的可用率指标	关键路由器可用率
		关键交换机可用率
		关键防火墙可用率
		关键安全防入侵设备可用率
		……
	关键网络及安全保障资源环境的运行率指标	关键路由器运行率
		关键交换机运行率
		关键防火墙运行率
		关键安全防入侵设备运行率
		……
	网络安全异常情况指标	状态类安全事件产生数
		攻击类安全事件产生数
		行为类安全事件产生数
		程序类安全事件产生数
		……

续上表

一级指标	二级指标	三级指标
部、省、路、站等关键业务系统运行状态指标	部、省关键业务系统的 MTBF 指标	清分结算系统 MTBF
		拆分结算系统 MTBF
		费率管理系统 MTBF
		数据汇聚管理系统 MTBF
		……
	部、省关键业务系统的可用率指标	清分结算系统可用率
		拆分结算系统可用率
		费率管理系统可用率
		数据汇聚管理系统可用率
		……
	部、省关键业务系统的运行率指标	清分结算系统运行率
		拆分结算系统运行率
		费率管理系统运行率
		数据汇聚管理系统运行率
		……
	发行方关键业务系统的 MTBF 指标	密钥服务系统 MTBF
		二次发行系统 MTBF
		……
	发行方关键业务系统的可用率指标	密钥服务系统可用率
		二次发行系统可用率
		……
	发行方关键业务系统的运行率指标	密钥服务系统运行率
		二次发行系统运行率
		……
	路关键业务系统的 MTBF 指标	××门架系统 MTBF
		××站收费系统 MTBF
		××站 ETC 车道系统 MTBF
		××站混合车道系统 MTBF
		……
	路关键业务系统的可用率指标	××门架系统可用率
		××站收费系统可用率
		××站 ETC 车道系统可用率
		××站混合车道系统可用率
		……
	路关键业务系统的运行率指标	××门架系统运行率
		××站收费系统运行率
		××站 ETC 车道系统运行率
		××站混合车道系统运行率
		……

一级指标	二级指标	三级指标
部、省、路、站的关键系统程序运行状态指标	操作系统运行状态	操作系统 MTBF
		操作系统可用率
		操作系统运行率
	数据库运行状态	数据库 MTBF
		数据库可用率
		数据库运行率
	关键中间件运行状态	关键中间件(如 MQ、Kafka 等)MTBF
		关键中间件(如 MQ、Kafka 等)可用率
		关键中间件(如 MQ、Kafka 等)运行率

（2）服务指标

服务指标,用于表达在联网收费系统运维保障过程中的服务情况,如处理量、响应率、处理耗时等,以此体现相关保障团队、人员等的服务规模、质量及效果(附表3-2)。

设施运行方面的考核评价指标示意　　　　　　　　　　附表 3-2

一级指标	二级指标
服务对象规模指标	保障覆盖的设施数(含软件、硬件、网络、数据等,也可理解为对象数)
服务配置资源指标	运维工具完好率
	服务回访率
	备品备件可用率
	知识库可用率
服务质量情况指标	维护作业数量
	维护作业一次成功率
	维护作业失败率
	人工输录任务单率(即人工发起的任务单占总任务单数比例)
	任务响应率
	任务平均响应时间
	任务响应超时率
	任务再分配率(即第一次分配失败,如不合理、无响应等而再次分配的比例)
	任务平均解决时间
	任务按时解决率
	任务关闭率
	任务处置客户满意度
	紧急(即发起等级为紧急)事件发布数
	发布成功率
服务级别相关指标	单次最长故障时间
	重大事件(被定义为极高级别)发生次数
	重大事件平均恢复时间
	月/季/半年/年的巡检保养次数
	服务报告提交完整率
	服务报告制定时间

附录4

巡检保障检查指标参考

(1)省联网中心常见巡检保障检查指标(附表4-1)

省联网中心常见巡检保障检查指标　　　　　　附表4-1

序号	类别	子类别	运维子项	事项	指标
1	省联网中心	软件	数据交互	与部联网中心系统数据交互服务运行正常	每日巡检≥2次,服务程序正常运行,接口正常启用
2				与省(区、市)内下辖层级收费系统(如路段中心、收费站的收费系统)数据交互服务运行正常	每日巡检≥2次,服务程序正常运行,接口正常启用
3				与省(区、市)内下辖ETC门架系统(如路段中心、收费站的收费系统)数据交互服务运行正常	每日巡检≥2次,服务程序正常运行,接口正常启用
4				与发行方系统数据交互服务运行正常	每日巡检≥2次,服务程序正常运行,接口正常启用
5				与结算银行系统数据交互服务运行正常	每日巡检≥2次,服务程序正常运行,接口正常启用
6			跨省清分	从部联网中心下载跨省(区、市)ETC交易记账结果功能正常	每日巡检≥2次,服务程序正常运行,文件存放路径正确,前端页面可查询(若有)到文件按要求正常下载
7				从部联网中心下载争议处理结果功能正常	每日巡检≥2次,服务程序正常运行,文件存放路径正确,前端页面可查询(若有)到文件按要求正常下载
8				从部联网中心下载跨省(区、市)ETC清分文件功能正常	每日巡检≥1次,服务程序正常运行,文件存放路径正确,前端页面可查询(若有)到文件按要求正常下载
9				根据相同passID组合通行省(区、市)门架通行记录功能正常	每日巡检≥2次,负责完成记录组拼的程序或业务正常,根据规则完成记录组拼,且组拼结果存放路径正确

序号	类别	子类别	运维子项	事项	指标
10	省联网中心	软件	跨省拆分	从部联网中心下载 ETC 拆分通行省（区、市）门架通行记录功能正常	每日巡检≥2 次,服务程序正常运行,文件存放路径正确,前端页面可查询(若有)到文件按要求正常下载
11				从部联网中心下载 ETC 拆分文件功能正常	每日巡检≥2 次,服务程序正常运行,文件存放路径正确,前端页面可查询(若有)到文件按要求正常下载
12				向部联网中心上传发票基础数据功能正常	每日巡检≥2 次,服务程序正常运行
13				正常访问和登录部联网中心系统,并且跨省(区、市)ETC 清分通知书的确认功能正常	每日巡检≥1 次,通过登录系统完成清分通知书确认
14				正常访问和登录部联网中心系统,并且省际拆分通知书的确认功能正常	每日巡检≥1 次,通过登录系统完成省际拆分通知书确认
15				正常访问和登录部联网中心系统,并且争议处理功能正常	每日巡检≥2 次,通过登录系统可进行争议处理业务
16			省内清分/拆分	省联网中心向发行方发送 ETC 交易数据功能正常	每日巡检≥2 次,服务程序正常运行,数据正常发送到发行服务机构系统
17				省联网中心从发行方接收记账结果功能正常	每日巡检≥2 次,服务程序正常运行,文件存放路径正确,前端页面可查询(若有)到文件按要求正常下载
18				省联网中心下发省(区、市)内 ETC 交易清分通知书功能正常	每日巡检≥1 次,服务程序正常运行,清分通知书正常生成和发送
19				省联网中心提供省(区、市)内的相关参与方对 ETC 交易清分通知书进行确认的功能正常	每日巡检≥1 次,服务程序或确认功能页面正常运行,参与方可正常确认;并且确认完,省联网中心系统实现封账
20				省联网中心省(区、市)内拆分功能正常	每日巡检≥1 次,服务程序运行正常,分路段逐条交易完成拆分,拆分文件存放路径正确
21				省联网中心下发省(区、市)内拆分通知书功能正常	每日巡检≥1 次,服务程序正常运行,拆分通知书正常生成和发送

续上表

序号	类别	子类别	运维子项	事项	指标
22	省联网中心	软件	费率管理	省联网中心管理本省(区、市)费率模块和费率参数与部联网中心版本保持同步	每日巡检≥2次,后台与部级费率同步程序运行正常,通过部级平台进行本省(区、市)版本比对和核实,确保一致
23				省联网中心通过部联网中心获取全网已发布的费率版本号接口,确保省联网中心下载的全网可达收费站间最短路径费率数据版本最新	每日巡检≥2次,服务程序运行正常,通过版本查询接口获取最新版本号并比较,确保版本最新
24			绿通预约	省联网中心管理的绿色通道查验结果下载与部联网中心版本保持同步	每日巡检≥1次,服务程序运行正常,最新版本文件存放准确路径,确保版本最新
25				省联网中心管理的绿色通道查验详情下载与部联网中心版本保持同步	如果业务需要,则每日巡检≥1次,服务程序运行正常,最新版本文件存放准确路径,确保版本最新
26				省联网中心出口交易数据与绿色通道查验结果校核后,查验合格车辆按规程进行二次优惠处理功能正常	每日巡检≥1次,服务程序运行正常,通过后台或者页面对合格车辆进行二次处理业务
27				自建查验系统的,省联网中心管理的绿色通道鲜活农产品品种编码表下载与部联网中心版本保持同步	每周巡检≥1次,服务程序运行正常,最新版本文件存放准确路径,确保版本最新
28				自建查验系统的,省联网中心管理的绿色通道鲜活农产品品种图册下载与部联网中心版本保持同步	每周巡检≥1次,服务程序运行正常,最新版本文件存放准确路径,确保版本最新
29				自建查验系统的,省联网中心出口交易数据实时上传至部联网中心预约服务平台	每日巡检≥1次,服务程序运行正常,最新版本文件存放准确路径,确保版本最新
30				自建查验系统的,省联网中心应实时上传查验信息至部联网中心预约服务平台	每日巡检≥1次,服务程序运行正常
31			逃费稽核	省联网中心逃费稽核服务或业务页面功能正常	每日巡检≥2次,服务程序运行正常,前端业务操作页面正常登录,稽核业务功能正常运行

序号	类别	子类别	运维子项	事项	指标
32			运行监测	连通情况检查,通过全网运行监测平台"门架连通监测""收费站连通监测"功能对本省(区、市)ETC门架、收费站连通情况进行查看,对于故障站点及时通知各级运维管理员及相关单位修复	每日巡检≥1次,使用中门架、收费站连通状态正常
33		软件		数据传输情况检查,通过全网运行监测平台"接口传输情况"功能对本省ETC门架、收费站的部站数据上传情况进行查看,对于故障站点及时通知各级运维管理员及相关单位修复	每日巡检≥1次,使用中门架、收费站业务数据上传正常
34				设备运行状态检查,通过全网运行监测平台查看本省(区、市)设备是否存在故障,对于故障站点及时通知各级运维管理员及相关单位修复	每日巡检≥1次,使用中门架、收费站设备状态正常
35	省联网中心		其他	省联网中心影响到联网收费业务运作的其他关键系统后台服务或业务页面功能正常	每日巡检≥1次,服务程序运行正常,或者前端业务页面功能正常
36			网络设备	巡检网络设备(如路由器、交换机、负载均衡等)	每日巡检≥2次,硬件设备无异常告警,端口峰值流量≤80%,CPU峰值≤60%,内存峰值≤70%,系统日志无异常告警
37			服务器	巡检应用服务器	每日巡检≥2次,设备无异常告警,CPU峰值≤60%,内存峰值≤70%,磁盘空间使用率≤80%,各应用软件无漏洞
38		硬件	安全设备	巡检安全设备(如防火墙、防病毒网关等)	每日巡检≥1次,硬件设备无异常告警,安全策略正常配置,无安全事件提示
			北斗授时	巡检北斗授时设备	每日巡检≥1次,硬件设备无异常告警,能够准确授时
39			数据库	巡检数据库	每日巡检≥2次,硬件设备无异常告警,CPU峰值≤50%,内存峰值≤70%,磁盘空间使用率≤80%,磁盘IO≤60%
40			数据备份设备	巡检数据备份设备	每日巡检≥1次,硬件设备无异常告警,数据能够正常备份,异常情况能够恢复
			供电设备	供电设备状态正常	每日巡检≥1次,使用中配电设备状态正常,后备电源状态正常

续上表

序号	类别	子类别	运维子项	事项	指标
41				向部联网中心系统上传数据的积压情况	每日巡检≥2次,数据上传服务正常,查看数据存放区是否存在数据积压;若存在,应在8小时内完成上送
42				省联网中心基础数据及时更新至部联网中心,包括收费公路业主、收费公路、收费路段、收费单元等	每日巡检≥2次,数据更新服务正常,并查看数据是否存在更新,若有更新,应在8小时内更新到部联网中心系统
43				省联网中心管理的OBU状态名单与部联网中心版本保持同步	每日巡检≥1次,数据下载和下发服务正常,确保版本最新;并且获取最新版本后,应在2小时内向下辖系统更新
44				省联网中心管理的用户卡状态名单与部联网中心版本保持同步	每日巡检≥1次,数据下载和下发服务正常,确保版本最新;并且获取最新版本后,应在2小时内向下辖系统更新
45	省联网中心	数据	数据管理	省联网中心管理的稽核灰/黑名单与部联网中心版本保持同步	每日巡检≥1次,数据下载和下发服务正常,确保版本最新;并且获取最新版本后,应在2小时内向下辖系统更新
46				省联网中心管理的预追缴灰/黑名单与部联网中心版本保持同步	每日巡检≥1次,数据下载和下发服务正常,确保版本最新;并且获取最新版本后,应在2小时内向下辖系统更新
47				省联网中心管理的绿色通道预约名单与部联网中心版本保持同步	每日巡检≥1次,数据下载和下发服务正常,确保版本最新;并且获取最新版本后,应在2小时内向下辖系统更新
48				省联网中心管理的大件运输预约黑名单与部联网中心版本保持同步	每日巡检≥1次,数据下载和下发服务正常,确保版本最新;并且获取最新版本后,应在2小时内向下辖系统更新
49				省联网中心管理的大件运输预约名单与部联网中心版本保持同步	每日巡检≥1次,数据下载和下发服务正常,确保版本最新;并且获取最新版本后,应在2小时内向下辖系统更新

（2）发行方常见巡检保障检查指标（附表4-2）

发行方常见巡检保障检查指标   附表4-2

序号	类别	子类别	运维子项	事项	指标
1	发行方	软件	数据交互	与部联网中心发行认证与监管系统数据交互服务运行正常	每日巡检≥2次，服务程序正常运行，接口正常启用
2				与省联网中心系统数据交互服务运行正常	每日巡检≥2次，服务程序正常运行，接口正常启用
3				与请款银行系统数据交互服务运行正常	每日巡检≥2次，服务程序正常运行，接口正常启用
4			记账处理	从省联网中心接收ETC交易数据功能正常	每日巡检≥2次，后台服务正常，接收数据存放路径准确，前端页面可查询（若有）到接收到的数据
5				对ETC交易进行记账处理功能正常	每日巡检≥2次，后台服务正常，记账完成生成文件存放路径准确
6				向省联网中心发送ETC交易记账结果功能正常	每日巡检≥2次，后台服务正常，记账结果发送给省联网中心
7				从省联网中心接收ETC清分结算文件功能正常	每日巡检≥2次，后台服务正常，清分结算文件存放路径准确
8				对省联网中心清分通知书确认功能正常	每日巡检≥1次，后台服务或前端页面正常，可对清分通知书进行确认
9				对争议处理功能正常	每日巡检≥2次，后台服务或前端页面正常，可对争议进行处理
10			卡签发行	调取部级ETC发行认证与监管平台的车牌验证接口正常	每日巡检4次，接口正常调用
11				向部级ETC发行认证与监管平台发送总对总的请款文件正常	每日巡检≥2次，后台服务正常，通过接口正常发出请款文件
12				向部级ETC发行认证与监管平台发送总对总的日终文件正常	每日巡检≥1次，后台服务正常，通过接口正常发出日终文件

续上表

序号	类别	子类别	运维子项	事项	指标
13	发行方	软件	卡签发行	发行的用户、车、卡和签发送到 ETC 发行认证与监管平台正常	每日巡检≥2 次,后台服务正常,通过接口正常发送数据
14			其他	发行方影响到联网收费业务运作的其他关键系统后台服务或业务页面功能正常	每日巡检≥1 次,服务程序运行正常,或者前端业务页面功能正常
15		硬件	网络设备	巡检网络设备(如路由器、交换机、负载均衡等)	每日巡检≥2 次,硬件设备无异常告警,端口峰值流量≤80%,CPU 峰值≤60%,内存峰值≤70%,系统日志无异常告警
16			服务器	巡检应用服务器	每日巡检≥2 次,设备无异常告警,CPU 峰值≤60%,内存峰值≤70%,磁盘空间使用率≤80%,各应用软件无漏洞
17			安全设备	巡检安全设备(如防火墙、防病毒网关等)	每日巡检≥1 次,硬件设备无异常告警,安全策略正常配置,无安全事件提示
18			数据库	巡检数据库	每日巡检≥2 次,硬件设备无异常告警,CPU 峰值≤50%,内存峰值≤70%,磁盘空间使用率≤80%,磁盘 IO≤60%
19			数据备份设备	巡检数据备份设备	每日巡检≥1 次,硬件设备无异常告警,数据能够正常备份,异常情况能够恢复
			供电设备	供电设备状态正常	每日巡检≥1 次,使用中配电设备状态正常,后备电源状态正常
20		数据	数据管理	向省联网中心系统上传数据的积压情况	每日巡检≥2 次,识别是否存在数据积压;若存在,应在 8 小时内完成上送
21				向部级 ETC 发行认证与监管平台上传数据的积压情况	每日巡检≥2 次,识别是否存在数据积压;若存在,应在 8 小时内完成上送
22				发行方基础数据及时更新至省联网中心,包括发行方信息、客服合作机构信息、服务网段信息等	每日巡检≥2 次,数据更新服务正常,并查看数据是否存在更新,若有更新,应在 8 小时内更新到部联网中心系统
23				发行方管理的 OBU 状态名单与省联网中心版本保持同步	每日巡检≥1 次,数据下载和下发服务正常,确保版本最新;并且获取最新版本后,应在 2 小时内向下辖系统更新
24				发行方管理的用户卡状态名单与省联网中心版本保持同步	每日巡检≥1 次,数据下载和下发服务正常,确保版本最新;并且获取最新版本后,应在 2 小时内向下辖系统更新

(3)路段常见巡检保障检查指标

①中心常见巡检保障措施(附表 4-3)

中心常见巡检保障措施　　　　　　　　　　附表 4-3

序号	类别	子类别	运维子项	事项	指标
1	路段业主	软件	数据交互	与省联网中心系统数据交互服务运行正常	每日巡检≥1 次,服务程序正常运行,接口正常启用
2				与省(区、市)内下辖层级收费系统(如收费站的收费系统)数据交互服务运行正常	每日巡检≥1 次,服务程序正常运行,接口正常启用
3			其他	路段中心影响到联网收费业务运作的其他关键系统后台服务或业务页面功能正常	每日巡检≥1 次,服务程序运行正常,或者前端业务页面功能正常
4		硬件	网络设备	巡检网络设备(如路由器、交换机、负载均衡等)	每日巡检≥1 次,硬件设备无异常告警,端口峰值流量≤80%,CPU 峰值≤60%,内存峰值≤70%,系统日志无异常告警
5			服务器	巡检应用服务器	每日巡检≥1 次,设备无异常告警,CPU 峰值≤60%,内存峰值≤70%,磁盘空间使用率≤80%,各应用软件无漏洞
6			安全设备	巡检安全设备(如防火墙、防病毒网关等)	每日巡检≥1 次,硬件设备无异常告警,安全策略正常配置,无安全事件提示
7			数据库	巡检数据库	每日巡检≥1 次,硬件设备无异常告警,CPU 峰值≤50%,内存峰值≤70%,磁盘空间使用率≤80%,磁盘 IO≤60%
			北斗授时	巡检北斗授时设备	每日巡检≥1 次,硬件设备无异常告警,能够准确授时
8			数据备份设备	巡检数据备份设备	每日巡检≥1 次,硬件设备无异常告警,数据能够正常备份,异常情况能够恢复
			供电设备	供电设备状态正常	每日巡检≥1 次,使用中配电设备状态正常,后备电源状态正常

续上表

序号	类别	子类别	运维子项	事项	指标
9	路段业主	数据	数据管理	向省联网中心系统上传数据的积压情况	每日巡检≥1次,识别是否存在数据积压;若存在,应在8小时内完成上送
10				从省联网中心下载的OBU状态名单版本最新	每日巡检≥1次,数据下载和下发服务正常,确保版本最新;并且获取最新版本后,应在2小时内向下辖系统更新
11				从省联网中心下载的用户卡状态名单版本最新	每日巡检≥1次,数据下载和下发服务正常,确保版本最新;并且获取最新版本后,应在2小时内向下辖系统更新
12				从省联网中心下载的稽核灰/黑名单版本最新	每日巡检≥1次,数据下载和下发服务正常,确保版本最新;并且获取最新版本后,应在2小时内向下辖系统更新
13				从省联网中心下载的预追缴灰/黑名单版本最新	每日巡检≥1次,数据下载和下发服务正常,确保版本最新;并且获取最新版本后,应在2小时内向下辖系统更新
14				从省联网中心下载的绿色通道预约名单版本最新	每日巡检≥1次,数据下载和下发服务正常,确保版本最新;并且获取最新版本后,应在2小时内向下辖系统更新
15				从省联网中心下载的大件运输预约黑名单版本最新	每日巡检≥1次,数据下载和下发服务正常,确保版本最新;并且获取最新版本后,应在2小时内向下辖系统更新
16				从省联网中心下载的本省(区、市)费率模块和费率参数版本最新	每日巡检≥1次,数据下载和下发服务正常,确保版本最新
17				从省联网中心下载的全网可达收费站间最短路径费率数据版本最新	每日巡检≥1次,数据下载和下发服务正常,确保版本最新

②收费站常见巡检保障措施(附表4-4)

收费站常见巡检保障措施　　　　　　附表4-4

序号	类别	子类别	运维子项	事项	指标
1	收费站	软件	数据交互	与部联网中心系统部—站数据交互服务运行正常	每周巡检≥1次,服务程序正常运行,接口正常启用
2				与省(区、市)内上级系统(如省联网中心、路段中心系统)数据交互服务运行正常	每周巡检≥1次,服务程序正常运行,接口正常启用
3				与下辖车道系统、ETC门架系统数据交互服务运行正常	每周巡检≥1次,服务程序正常运行,接口正常启用
4			绿通预约	绿通查验App已正常更新至最新版本,且系统运行正常	每周巡检≥1次,确保版本最新,系统运行正常
5				绿通车辆查验App中的查验信息数据准确填写,且及时上传	每周巡检≥1次,后台服务运行正常
6			逃费稽核	部级逃费稽核系统或业务页面功能正常	每周巡检≥1次,系统业务操作页面正常登录,稽核业务功能正常运行
7			CPC管理	部级CPC管理系统或业务页面功能正常	每周巡检≥1次,系统业务操作页面正常登录,CPC卡管理功能正常运行
8			其他	收费站影响到联网收费业务运作的其他关键系统后台服务或业务页面功能正常	每周巡检≥1次,服务程序运行正常,或者前端业务页面功能正常
9		硬件	网络设备	巡检网络设备(如路由器、交换机、负载均衡等)	每周巡检≥1次,硬件设备无异常告警,端口峰值流量≤80%,CPU峰值≤60%,内存峰值≤70%,系统日志无异常告警
10			服务器	巡检应用服务器	每周巡检≥1次,设备无异常告警,CPU峰值≤60%,内存峰值≤70%,磁盘空间使用率≤80%,各应用软件无漏洞
11			安全设备	巡检安全设备(如防火墙、防病毒网关等)	每周巡检≥1次,硬件设备无异常告警,安全策略正常配置,无安全事件提示
12			北斗授时	北斗授时设备	每日巡检≥1次,硬件设备无异常告警,能够准确授时
			数据库	巡检数据库	每周巡检≥1次,硬件设备无异常告警,CPU峰值≤50%,内存峰值≤70%,磁盘空间使用率≤80%,磁盘IO≤60%
13			数据备份设备	巡检数据备份设备	每周巡检≥1次,硬件设备无异常告警,数据能够正常备份,异常情况能够恢复
			供电设备	供电设备状态正常	每日巡检≥1次,使用中配电设备状态正常、后备电源状态正常

续上表

序号	类别	子类别	运维子项	事项	指标
14	收费站	数据	数据管理	向省(区、市)内上级系统上传数据的积压情况	每周巡检≥1次,识别是否存在数据积压;若存在,应在8小时内完成上送
15				向部联网中心系统上传部一站数据的积压情况	每周巡检≥1次,识别是否存在数据积压;若存在,应在8小时内完成上送
16				从省(区、市)内上级系统下载的OBU状态名单版本最新	每周巡检≥1次,数据下载和下发服务正常,确保版本最新;并且获取最新版本后,应在2小时内向下辖系统更新
17				从省(区、市)内上级系统下载的用户卡状态名单版本最新	每周巡检≥1次,数据下载和下发服务正常,确保版本最新;并且获取最新版本后,应在2小时内向下辖系统更新
18				从省(区、市)内上级系统下载的稽核灰/黑名单版本最新	每周巡检≥1次,数据下载和下发服务正常,确保版本最新;并且获取最新版本后,应在2小时内向下辖系统更新
19				从省(区、市)内上级系统下载的预追缴灰/黑名单版本最新	每周巡检≥1次,数据下载和下发服务正常,确保版本最新;并且获取最新版本后,应在2小时内向下辖系统更新
20				从省(区、市)内上级系统下载的绿色通道预约名单版本最新	每周巡检≥1次,数据下载和下发服务正常,确保版本最新;并且获取最新版本后,应在2小时内向下辖系统更新
21				从省(区、市)内上级系统下载的大件运输预约黑名单版本最新	每周巡检≥1次,数据下载和下发服务正常,确保版本最新;并且获取最新版本后,应在2小时内向下辖系统更新
22				从省(区、市)内上级系统下载的本省(区、市)费率模块和费率参数版本最新	每周巡检≥1次,数据下载和下发服务正常,确保版本最新
23				从省(区、市)内上级系统下载的全网可达收费站间最短路径费率数据版本最新	每周巡检≥1次,数据下载和下发服务正常,确保版本最新

③收费车道常见巡检保障事项及检查指标(附表4-5)

收费车道常见巡检保障事项及检查指标 附表4-5

序号	类别	子类别	运维子项	事项	指标
1	ETC车道	软件	交易处理	ETC入口车道处理逻辑正常	每2周巡检≥1次,通过车道日志识别是否正常放行车辆或拦截车辆
2				ETC出口处理逻辑正常	每2周巡检≥1次,通过车道日志识别是否正常放行车辆或拦截车辆
3			计费处理	ETC出口车道对省(区、市)内计费模块和参数加载正常,调用模块和参数进行计费处理功能正常	每2周巡检≥1次,通过车道日志或界面识别计费模块和参数正常加载,以及车辆交易时计费结果正常输出
4			名单判别	ETC车道调用状态名单、稽核灰/黑名单等进行判别的功能正常	每2周巡检≥1次,通过车道日志或界面识别名单参数正常获取,以及车辆交易时通过正常调用名单执行判别逻辑
5			数据交互	与站级收费系统数据交互服务运行正常	每2周巡检≥1次,服务程序正常运行,接口正常启用
6			数据生成	车道交易流水的生成功能正常	每2周巡检≥1次,查看是否正常产生流水,流水存放到准确的路径,流水内容无异常(如必填字段缺失、乱码等)
7				支撑车道运行监测的数据生成功能正常	每2周巡检≥1次,查看是否正常产生日志数据,数据存放到准确的路径,数据内容无异常(如必填字段缺失、乱码等)
8			版本管理	车道软件版本最新	每2周巡检≥1次,车道软件运行正常,版本最新
9			跟车干扰	不因车道软件问题导致跟车干扰	每半年巡检≥1次,通过实车检测,无跟车干扰
10			旁道干扰	不因车道软件问题导致旁道干扰	每半年巡检≥1次,通过实车检测,无旁道干扰

序号	类别	子类别	运维子项	事项	指标
11			RSU天线	RSU(含天线控制器和天线)控制器状态正常	每2周巡检≥1次,运行状态正常
12				RSU的天线方向正常,检测车道之间是否存在信号干扰	每季度巡检≥1次,不存在信号干扰
13			车牌识别设备	车牌识别设备识别运行正常,识别结果正常	每2周巡检≥1次,运行状态正常,识别角度适当,识别镜头经清理
14			车检器	车检器设备运行正常	每2周巡检≥1次,运行状态正常,准备识别车辆到达和驶离
15		硬件	光栅	光栅(若有)设备运行正常	每半年巡检≥1次,运行状态正常
16			费额显示器	费额显示屏文字显示正常	每2周巡检≥1次,运行状态正常,灯管损坏不影响文字显示,通行信号显示
17			车道控制器	车道控制器与车道设备交互正常	每2周巡检≥1次,运行状态正常,系统盘容量占用不超过80%,软件所在盘容量占用不超过80%,CPU占有率不超过80%
18	ETC车道		栏杆机	栏杆机正常起落杆	每2周巡检≥1次,栏杆机起落正常
			供电设备	供电设备状态正常	每2周巡检≥1次,使用中配电设备状态正常、后备电源状态正常
19				向收费站系统上传数据的积压情况	每2周巡检≥1次,识别是否存在数据积压;若存在,应在8小时内完成上送
20				从省(区、市)内上级系统下载的OBU状态名单版本最新	每2周巡检≥1次,数据下载和下发服务正常,确保版本最新;并且获取最新版本后,应在2小时内向下辖系统更新
21				从省(区、市)内上级系统下载的用户卡状态名单版本最新	每2周巡检≥1次,数据下载和下发服务正常,确保版本最新;并且获取最新版本后,应在2小时内向下辖系统更新
22		数据	数据管理	从省(区、市)内上级系统下载的稽核灰/黑名单版本最新	每2周巡检≥1次,数据下载和下发服务正常,确保版本最新;并且获取最新版本后,应在2小时内向下辖系统更新
23				从省(区、市)内上级系统下载的预追缴灰/黑名单版本最新	每2周巡检≥1次,数据下载和下发服务正常,确保版本最新;并且获取最新版本后,应在2小时内向下辖系统更新
24				从省(区、市)内上级系统下载的绿色通道预约名单版本最新	每2周巡检≥1次,数据下载和下发服务正常,确保版本最新;并且获取最新版本后,应在2小时内向下辖系统更新
25				从省(区、市)内上级系统下载的大件运输预约黑名单版本最新	每2周巡检≥1次,数据下载和下发服务正常,确保版本最新;并且获取最新版本后,应在2小时内向下辖系统更新
26				从省(区、市)内上级系统下载的本省(区、市)费率模块和费率参数版本最新	每2周巡检≥1次,数据下载和下发服务正常,确保版本最新
27				从省(区、市)内上级系统下载的全网可达收费站间最短路径费率数据版本最新	每2周巡检≥1次,数据下载和下发服务正常,确保版本最新

续上表

序号	类别	子类别	运维子项	事项	指标
28			交易处理	ETC入口车道处理逻辑正常	每2周巡检≥1次,通过车道日志识别是否正常放行车辆或拦截车辆
29				ETC出口处理逻辑正常	每2周巡检≥1次,通过车道日志识别是否正常放行车辆或拦截车辆
30				ETC交易失败转MTC处理逻辑正常	每2周巡检≥1次,通过车道日志识别
31				MTC入口车道处理逻辑正常	每2周巡检≥1次,通过车道日志识别是否正常放行车辆或拦截车辆
32				MTC出口处理逻辑正常	每2周巡检≥1次,通过车道日志识别是否正常放行车辆或拦截车辆
33	混合车道	软件	计费处理	出口车道对省(区、市)内计费模块和参数加载正常,调用模块和参数进行计费处理功能正常	每2周巡检≥1次,通过车道日志或界面识别计费模块和参数正常加载,以及车辆交易时计费结果正常输出
34			名单判别	车道调用状态名单、稽核灰/黑名单等进行判别的功能正常	每2周巡检≥1次,通过车道日志或界面识别名单参数正常获取,以及车辆交易时通过正常调用名单执行判别逻辑
35			数据交互	与站级收费系统数据交互服务运行正常	每2周巡检≥1次,服务程序正常运行,接口正常启用
36			数据生成	车道交易流水的生成功能正常	每2周巡检≥1次,查看是否正常产生流水,流水存放到准确的路径,流水内容无异常(如必填字段缺失、乱码等)
37				支撑车道运行监测的数据生成功能正常	每2周巡检≥1次,查看是否正常产生日志数据,数据存放到准确的路径,数据内容无异常(如必填字段缺失、乱码等)
38			版本管理	车道软件版本最新	每2周巡检≥1次,车道软件运行正常,版本最新
39			跟车干扰	不因车道软件问题导致跟车干扰	每半年巡检≥1次,通过实车检测,无跟车干扰
40			旁道干扰	不因车道软件问题导致旁道干扰	每半年巡检≥1次,通过实车检测,无旁道干扰
41			绿通预约	出口车道正常生成出口车道二维码,且确保信息准确	每2周巡检≥1次,生成准确二维码

序号	类别	子类别	运维子项	事项	指标
42			RSU天线	RSU(含天线控制器和天线)控制器状态正常	每2周巡检≥1次,运行状态正常
43				RSU的天线方向正常,检测车道之间是否存在信号干扰	每季度巡检≥1次,不存在信号干扰
44			车牌识别设备	车牌识别设备识别运行正常,识别结果正常	每2周巡检≥1次,运行状态正常,识别角度适当,识别镜头经清理
45			车检器	车检器设备运行正常	每2周巡检≥1次,运行状态正常,准备识别车辆到达和驶离
46		硬件	费额显示器	费额显示屏文字显示正常	每2周巡检≥1次,运行状态正常,灯管损坏不影响文字显示、通行信号显示
47			车道控制器	车道控制器与车道设备交互正常	每2周巡检≥1次,运行状态正常,系统盘容量占用不超过80%,软件所在盘容量占用不超过80%,CPU占有率不超过80%
48			读卡器	非接触式读卡器运行正常,固件为最新版本	每2周巡检≥1次,读卡器正常
49	混合车道		栏杆机	栏杆机正常起落杆	每2周巡检≥1次,栏杆机起落正常
			供电设备	供电设备状态正常	每2周巡检≥1次,使用中配电设备状态正常、后备电源状态正常
50				向收费站系统上传数据的积压情况	每2周巡检≥1次,识别是否存在数据积压;若存在,应在8小时内完成上送
51				从省(区、市)内上级系统下载的OBU状态名单版本最新	每2周巡检≥1次,数据下载和下发服务正常,确保版本最新;并且获取最新版本后,应在2小时内向下辖系统更新
52				从省(区、市)内上级系统下载的用户卡状态名单版本最新	每2周巡检≥1次,数据下载和下发服务正常,确保版本最新;并且获取最新版本后,应在2小时内向下辖系统更新
53		数据	数据管理	从省(区、市)内上级系统下载的稽核灰/黑名单版本最新	每2周巡检≥1次,数据下载和下发服务正常,确保版本最新;并且获取最新版本后,应在2小时内向下辖系统更新
54				从省(区、市)内上级系统下载的预追缴灰/黑名单版本最新	每2周巡检≥1次,数据下载和下发服务正常,确保版本最新;并且获取最新版本后,应在2小时内向下辖系统更新
55				从省(区、市)内上级系统下载的绿色通道预约名单版本最新	每2周巡检≥1次,数据下载和下发服务正常,确保版本最新;并且获取最新版本后,应在2小时内向下辖系统更新
56				从省(区、市)内上级系统下载的大件运输预约黑名单版本最新	每2周巡检≥1次,数据下载和下发服务正常,确保版本最新;并且获取最新版本后,应在2小时内向下辖系统更新
57				从省(区、市)内上级系统下载的本省(区、市)费率模块和费率参数版本最新	每2周巡检≥1次,数据下载和下发服务正常,确保版本最新
58				从省(区、市)内上级系统下载的全网可达收费站间最短路径费率数据版本最新	每2周巡检≥1次,数据下载和下发服务正常,确保版本最新

④ETC 门架常见巡检保障事项及检查指标(附表4-6)

ETC 门架常见巡检保障事项及检查指标 附表4-6

序号	类别	子类别	运维子项	事项	指标
1	ETC 门架	软件	交易处理	ETC 计费处理逻辑正常	每2周巡检≥1次,通过日志识别正常执行 ETC 计费处理
2				CPC 计费处理逻辑正常	每2周巡检≥1次,通过日志识别正常执行 CPC 计费处理
3				ETC 的0元计费处理功能正常	每2周巡检≥1次,通过日志识别对 ETC 执行0元扣费操作
4			计费处理	对计费模块和参数加载正常,调用模块和参数进行计费处理的功能正常	每2周巡检≥1次,通过车道日志或界面识别计费模块和参数正常加载,以及车辆交易时计费结果正常输出
5			数据交互	与门架后台系统数据交互服务运行正常	每2周巡检≥1次,服务程序正常运行,接口正常启用
6			数据生成	交易流水的生成功能正常	每2周巡检≥1次,查看日志或流水记录是否正常产生流水,流水存放到准确路径,流水内容无异常(如必填字段缺失、乱码等)
7				支撑车道运行监测的数据生成功能正常	每2周巡检≥1次,查看是否正常产生日志数据,数据存放到准确的路径,数据内容无异常(如必填字段缺失、乱码等)
8			版本管理	门架软件版本最新	每2周巡检≥1次,门架前端和后台软件运行正常,版本最新
9		硬件	RSU 天线	RSU(含天线控制器和天线)控制器状态正常	每2周巡检≥1次,运行状态正常
10				RSU 的天线方向正常,确保 ETC 交易区间	每半年巡检≥1次,角度和投射区合适
11			车牌识别设备	车牌识别设备状态正常	每2周巡检≥1次,运行状态正常
12				车牌识别角度正常,识别率正常	每半年巡检≥1次,车牌识别角度正常,镜头经清洗
13			工控机	前端工控机状态正常	每2周巡检≥1次,运行状态正常,系统盘容量占用不超过80%,软件所在盘容量占用不超过80%,CPU 占有率不超过80%
14			服务器	后台服务器状态正常	每2周巡检≥1次,运行状态正常,设备无异常告警,CPU 峰值≤60%,内存峰值≤70%,磁盘空间使用率≤80%

续上表

序号	类别	子类别	运维子项	事项	指标
15	ETC门架	硬件	北斗授时	北斗授时设备	每日巡检≥1次,硬件设备无异常告警,能够准确授时
16			门架机柜	门架机柜正常	每2周巡检≥1次,柜体正常,空调运行正常,门锁正常
17			供电设备	供电设备状态正常	每2周巡检≥1次,使用中配电设备状态正常,后备电源状态正常
18		数据	数据管理	前端向门架后台系统上传数据的积压情况	每2周巡检≥1次,识别是否存在数据积压;若存在,应在8小时内完成上送
19				门架后台系统向省级系统上传数据的积压情况	每2周巡检≥1次,识别是否存在数据积压;若存在,应在8小时内完成上送
20				门架后台系统向部级系统上传数据的积压情况	每2周巡检≥1次,识别是否存在数据积压;若存在,应在8小时内完成上送
21				从上级系统下载的费率模块和费率参数版本最新	每2周巡检≥1次,数据下载服务正常,确保版本最新

(4)通信系统常见巡检保障事项及检查指标(附表4-7)

通信系统常见巡检保障事项及检查指标 附表4-7

序号	类别	事项	指标
1	数据传输	省联网中心将状态名单推送至车道的平均时长(单位:分钟)	≤120分钟,下发时间超过120分钟的站次比例≤0.5%
2		收费站将出口交易记录上传至省联网中心的平均时长(单位:分钟)	≤30分钟,上传时间超过30分钟的数据占比≤1%
3		ETC门架将ETC门架交易流水上传至省联网中心的平均时长(单位:分钟)	≤30分钟,上传时间超过30分钟的数据占比≤1%
4		省联网中心将全网最短路径费率下发至收费站	≤120分钟
5		省联网中心将计费模块下发至收费站(含ETC门架)(单位:分钟)	≤120分钟
6	设备状态	省联网中心承担省站通信传输的设备(包括网络交换机、路由器等)业务高峰状态	CPU使用率≤60%,内存占用率≤70%
7		区域中心/路段业主承担省站通信传输的设备(包括网络交换机、路由器等)业务高峰状态	CPU使用率≤60%,内存占用率≤70%
8		收费站(含ETC门架)承担省站通信传输的设备(包括网络交换机、路由器等)业务高峰状态	CPU使用率≤60%,内存占用率≤70%

序号	类别	事项	指标
9	网络传输	省联网中心至区域中心/路段业主业务高峰时的网络带宽占用率	≤80%
10		区域中心/路段业主至收费站业务高峰时的网络带宽占用率	≤80%
11		省联网中心至区域中心/路段业主业务高峰时的网络时延	≤100ms
12		区域中心/路段业主至收费站业务高峰时的网络时延	≤100ms
13		部站传输业务高峰时的网络时延	≤200ms
14		省联网中心至区域中心/路段业主业务高峰时的网络丢包率	≤1%
15		区域中心/路段业主至收费站业务高峰时的网络丢包率	≤1%
16		省联网中心至区域中心/路段业主的链路是否主备冗余、切换是否正常	是/否
17		区域中心/路段业主至收费站的链路是否主备冗余、切换是否正常	是/否
18	运营维护	省联网中心是否配备网络管理员	是/否
19		区域中心/路段业主是否配备网络管理员	是/否
20		省联网中心日常巡检要求（包括网络通信设备是否正常、网络是否畅通等）	≥2 次/天
21		区域中心/路段业主日常巡检要求（包括网络通信设备是否正常、网络是否畅通等）	≥1 次/天
22		收费站日常巡检要求（包括网络通信设备是否正常、网络是否畅通等）	≥1 次/周
23		车道、ETC 门架日常巡检要求（包括网络通信设备是否正常、网络是否畅通等）	≥1 次/2 周
24		省联网中心至区域中心/路段业主的网络修复平均时间	≤2 小时
25		区域中心/路段业主至收费站的网络修复平均时间	≤4 小时
26		省联网中心至区域中心/路段业主的网络故障频率	≤0.5 次/月（每条线路）
27		区域中心/路段业主至收费站的网络故障频率	≤1 次/月（每条线路）

续上表

序号	类别	事项	指标
28		省联网中心网络通信设备是否进行冗余配置	是/否
29		省联网中心网络通信设备是否有备品备件	是/否
30	运营维护	区域中心/路段业主网络通信设备是否进行冗余配置或备品备件	是/否
31		收费站网络通信设备是否进行冗余配置或备品备件	是/否

参 考 文 献

［1］钱军.关于加强专业技术人员能力建设的思考［J］.继续教育,2002(06):55.

［2］章伟.深圳市智能交通系统运维模式及评价体系研究［D］.大连:大连海事大学,2012.

［3］韩惠婷.高速公路交通数据采集技术方案选择［J］.中国交通信息化,2013(05):117-119.

［4］化立志.基于知识图谱的领域知识库管理系统的设计与实现［D］.北京:北京邮电大学,2018.

［5］黄伟.基于机器学习的AIOps技术研究［D］.北京:北京交通大学,2019.

［6］翟静峤.基于ITIL的IT运维管理体系应用研究［D］.唐山:华北理工大学,2019.

［7］付雷.提高数据中心基础设施可用性运维管理体系研究［D］.南昌:南昌大学,2019.

［8］杜文良.高速公路运行监测系统研究［J］.西部交通科技,2020(06):133-135.

［9］黄焕.机电设备大数据接入服务与故障分析［D］.桂林:桂林电子科技大学,2020.

［10］王鑫,孙楠,王婵.高速公路ETC自由流收费系统运行监测体系探究［J］.中国交通信息化,2021(09):98-101.

［11］赵静.基于DevOps的电信运营支撑运维系统应用研究［D］.石家庄:河北经贸大学,2021.

［12］钟依欣.基于机电设备运维知识图谱的智能搜索技术研究与实现［D］.北京:北京交通大学,2021.

［13］孙博.基于时序知识图谱的机电设备故障预测研究与实现［D］.北京:北京交通大学,2021.

［14］沈阳,朱立,丁雪.高速公路收费站智能运维监测系统的设计与实现［J］.中国交通信息化,2022(03):112-114,123.

［15］胡汉桥,陆由,雷伟.高速公路机电系统运维管理一体化探究与实践［J］.中国交通信息化,2022(01):36-39.

［16］孙文侠,何涛.高速公路机电运维管理智慧化发展浅析［J］.公路,2022,67(02):386-391.